Lorenzo Da Ponte

Mein abenteuerliches Leben

Die Erinnerungen des
Mozart-Librettisten

Aus dem
Italienischen von
Eduard Burckhardt
Mit einem
Nachwort von
Wolfgang Hildesheimer

Diogenes

Editorische Notiz
am Schluß dieses Bandes
Das Nachwort wurde dem Band
›Wolfgang Hildesheimer, Mozart‹
Copyright © Suhrkamp Verlag,
Frankfurt am Main, 1977 entnommen
und erscheint mit freundlicher Genehmigung
des Suhrkamp Verlags
Frontispiz: ›Lorenzo Da Ponte‹, Stich von
Michele Pekenino nach einem Gemälde
von Nathan Rogers, Copyright © Archiv für
Kunst und Geschichte, Berlin
Umschlagillustration:
Pietro Longhi, ›Il Rinoceronte‹,
1751 (Ausschnitt) Ca' Rezzonico, Venedig
Foto: Scala, Antella (Florenz)

Inhalt

1. Kapitel

Kindheit in Ceneda - Ein schlechter Lehrer - Der Bischof Lorenzo Da Ponte ermöglicht den Eintritt ins Seminar - Erste Versuche als Dichter

Ich veröffentliche meine Erinnerungen. Da ich jedoch nicht die Geschichte eines Mannes schreibe, der durch seine Geburt, seine Talente oder durch den Glanz der seinem Vaterlande geleisteten Dienste berühmt ist, so werde ich möglichst wenig von meinem Lande, meiner Familie und meiner Kindheit sprechen; ich werde mich vielmehr auf Tatsachen beschränken, die, wenn sie auch sonst nicht denkwürdig sind, dennoch durch ihre Seltsamkeit und dadurch, daß sie unerwartet eintraten, meinen Lesern mindestens ein Stündchen der Zerstreuung zu gewähren vermögen.

Ich bin am 10. März 1749 zu Ceneda, einem kleinen Städtchen, geboren, das jedoch in den venetianischen Staaten einiges Ansehen genoß. In meinem fünften Jahr verlor ich meine Mutter. Die Väter bekümmern sich im allgemeinen wenig um die ersten Lebensjahre ihrer Kinder; die meinigen wurden gänzlich vernachlässigt; Lesen und Schreiben machte bis zum elften Jahre mein ganzes Wissen aus. Erst um diese Zeit dachte mein Vater daran, mir einigen Unterricht erteilen zu lassen. Leider fiel seine Wahl auf einen schlechten Lehrer. Er war der Sohn eines Bauern; seine Ochsen und seinen Pflug hatte er mit der Schulmeisterrute vertauscht und trug in seine neue Amtswürde die ganze Roheit seines Ursprungs hinüber; er gab mir Alvaros Grammatik in die Hände und war keck genug, mich lateinisch lehren zu wollen. Zwar betrieb ich es mehrere Monate hindurch, lernte aber unbedingt gar nichts. Trotz dieses Mangels allen Wissens beharrte doch alle Welt darauf, mich wie ein Wunder anzustaunen; ich war mit einem vortrefflichen Gedächtnis und einem nicht gewöhnlichen Fassungsvermögen begabt; man fand in mir eine große Leichtigkeit im Ausdruck, Schnelligkeit im Antworten und hauptsächlich eine unersättliche Wißbegierde. Bei all diesen glücklichen Anlagen wunderte sich mein Vater natürlich, daß ich so wenig in den Unterrichtsstunden meines Lehrers erlernte. Er wollte die Ursache davon ergründen, die freilich nicht schwer zu entdecken war. Eines Tages kam er in mein Studierstübchen und beobachtete mich hinter dem Rücken meines Schulmeisters. Dieser, ärgerlich über einen Fehler, den ich eben bei Wiederholung einer Lektion begangen, fiel mit geballter Faust über mich her und schlug mich mit solcher Gewalt auf den Kopf, wie sie nur ein Grobschmied gegen seinen Amboß anwenden konnte; dies war übrigens sein täglicher Zeitvertreib. Ich weiß nun nicht, ob es die Schmach oder der Schmerz war, was mir eine heimliche Träne entlockte; diese Träne entging meinem Vater nicht. Sie fiel in sein Herz hinein. Sich auf ihn stürzen, ihn bei den Haaren fassen, im Zimmer herumziehen und die Treppe hinabwerfen war das Werk eines Augenblicks, während er alles, was ihm unter die Hände kam, bis auf Alvaros Grammatik, die erste Ursache dieses Auftritts, hinter ihm herschleuderte. Drei Jahre hindurch war von Latein nicht mehr die Rede. Mein Vater war überzeugt, daß es nur meiner Abneigung gegen meinen Lehrmeister – und vielleicht war dies auch die Wahrheit – zuzuschreiben sei, daß ich so wenig Fortschritte in dem Studium dieser Sprache gemacht hätte.

Der Ausgang dieser Szene war verhängnisvoll für mich; bis zu meinem vierzehnten Jahre blieb mir alles Wissen vollständig fremd; und während alle Welt über meine natürlichen geistigen Anlagen in Entzücken geriet, errötete ich darüber, daß ich von allen jungen Leuten Cenedas die wenigsten Fortschritte gemacht hatte und mir aus Spott der Beiname »der dumme Geistliche« erteilt worden war. Es ist mir unmöglich, zu schildern, welche Beschämung ich hierüber empfand und welcher Wissensdurst sich in mir regte. Eines Tages geriet ich auf den Boden, wo mein Vater gewöhnlich seine alten Papiere aufbewahrte, und hier fand ich einige Bücher, die, wie ich glaube, seine ganze Bibliothek ausmachten. In diesem Durcheinander mehr oder weniger bekannter Schriftsteller fiel mir zunächst ein Band von Metastasio in die Hände. Ich las ihn in einem Zuge durch und die Verse dieses himmlischen Dichters machten auf mein Inneres den Eindruck der hinreißendsten Musik.

Zehn Jahre nach dem Verlust meiner Mutter ging mein Vater eine zweite Ehe ein und gab mir ein junges, noch nicht siebzehnjähriges Mädchen zur Stiefmutter; er war bereits über vierzig. Angetrieben von dem Verlangen, meinen Geist auszubilden, und hauptsächlich in Voraussicht der Folgen einer an Jahren so ungleichen Ehe, begriff ich bald, daß ich mir anderwärts Mittel suchen müsse, die ich im väterlichen Hause nicht mehr zu finden hoffen konnte.

Zu jener Zeit war Monsignore Lorenzo Da Ponte Bischof von Ceneda: es war dies ein Mann von hoher Frömmigkeit, großer Toleranz und mit den seltensten christlichen Tugenden begabt; außerdem besaß er noch eine innige Zuneigung für die ganze Familie. Ich stellte mich daher ihm entschlossen vor und bat ihn, mich eben so wie einen meiner Brüder in dem unter seiner Leitung stehenden Seminar aufzunehmen. Mein Schritt gefiel diesem ehrwürdigen Prälaten. Er sah darin unsrerseits ein lebhaftes Verlangen nach Belehrung, welches mit vortrefflichen Anlagen verbunden war. Mit Freuden ging er auf diesen Wunsch ein und nahm mit einer seltenen Güte sogar die Verpflichtung auf sich, die ziemlich bedeutenden Kosten unseres Unterhalts vollständig zu tragen. Die Fortschritte, die wir in unseren Studien machten, entsprachen den Hoffnungen unseres Wohltäters. In weniger als zwei Jahren schrieben wir mit Eleganz das Latein, das uns in diesem gelehrten Seminar als unerläßlich für die dem Priesterstande bestimmten Zöglinge mit besonderer Sorgfalt gelehrt wurde. Was die neueren Sprachen anlangt, so wurden sie nur beiläufig gelehrt. Mein Vater, der sich über meinen Beruf irrte und sich mehr von den Umständen als von seiner Vaterpflicht leiten ließ, bestimmte mich für die Kirche; ich wurde also erzogen, um Priester zu werden, obschon ich mich durch Geschmack und durch natürliche Anlagen zu ganz entgegengesetzten Studien hingezogen fühlte; und in einem Alter von achtzehn Jahren war ich bereits imstande, in einem halben Tage eine Rede oder mehr als fünfzig Verse im elegantesten Latein zu verfertigen, während ich in meiner Muttersprache kaum einen Brief von nur einigen Zeilen zu schreiben verstand. Der, welcher zuerst diesen Fehler in der Erziehung bemerkte und ihn zu verbessern sich bemühte, war der Abbate Cagliari, ein junger Priester von einer glühenden und poetischen Phantasie, der erst vor kurzem aus dem Kollegium von Padua gekommen war, woselbst das Lesen Dantes und Petrarcas ebenso gewöhnlich wie des Horaz und Virgils betrieben wurde, zunächst begann er mit einer großen Zahl der Zöglinge, aus denen seine Klasse bestand, die Prosa ebensowohl wie die Verse unserer nationalen Dichter zu lesen, zu erklären und uns den Geschmack dafür beizubringen.

Unter den fleißigsten Jünglingen in diesen Unterrichtsstunden zeichneten sich vor allem Girolamo Peruchini und Michele Colombo aus. Ich verdanke dem Wetteifer, den sie in mir weckten, mehr als jeder andern Veranlassung die überaus schnellen Fortschritte, die ich in der Dichtkunst machte. Bei dieser Gelegenheit glaube ich eine Tatsache anführen zu müssen, die, wie kindisch sie auch erscheinen mag, eine Idee von der Macht gibt, welche ein guter Rat oder die Furcht vor einem öffentlichen Tadel auf eine junge Einbildungskraft auszuüben vermag.

Colombo hatte große Studien gemacht; er schrieb italienische

Verse voll Reiz und Anmut. Ein besonderes Vergnügen machte es ihm, sie mir von Zeit zu Zeit vorzulesen, um auch mich anzuregen, einen Versuch meiner poetischen Begeisterung zu wagen. Ich unternahm es also. Da ich von meinem Vater eine bescheidene Geldsumme zu erbitten hatte, so glaubte ich, dieselbe leichter zu erlangen, sobald ich mein Gesuch in der Form eines Sonetts an ihn richten würde. Nachdem ich meinen Geist stark angestrengt hatte, brachte ich endlich die ersten vier Verse heraus:

> »Send' ein'ge Bajocchi mit gütiger Hand,
> Mein Vater mir hochgeehrt,
> Mit der Gitarre dann zieh' ich durchs Land
> Und preise des Geldes Wert!«

Ich wollte schon weiter fortfahren, als ein Ausbruch von Gelächter hinter meinem Rücken mich veranlaßte, mich rasch umzudrehen; hier bemerkte ich den Colombo, der meine letzten beiden Verse las und sie in einem Tone wiederholte, mit welchem die blinden Bettler ihre Klagelieder mit Begleitung einer Mandoline herleiern. Ich weinte vor Wut, und drei Tage lang getraute ich mir nicht, Colombo ins Auge zu sehen, der die Spötterei aufs Äußerste trieb und mich unablässig mit seinen Pantomimen verfolgte; endlich, nachdem er mich eine ziemlich lange Zeit gequält hatte, bewies er mir seine Freundschaft und gab mir den Rat, mich nicht entmutigen zu lassen, sondern zu versuchen, es besser zu machen. Ich gab mir also Mühe, unsere guten Schriftsteller zu lesen und zu studieren, so daß ich Essen und Trinken darüber vergaß; Dante, Petrarca, Ariosto und Tasso waren meine Muster; in weniger als einem halben Jahr wußte ich fast die ganze *Hölle* des ersten, die schönsten Sonette des zweiten und die denkwürdigsten Bruchstücke der beiden anderen auswendig. Nachdem ich mehr als zweitausend Verse gemacht und wieder verbrannt hatte, faßte ich endlich Hoffnung, mich mit meinen Mitschülern in einen Kampf einlassen zu können.

Bei Gelegenheit der Promotion unseres Rektors zu einem höheren Grad verlas ich ein Sonett. Ich spreche hier nur davon, um eine Idee von den Fortschritten zu geben, die ich in diesen sechs Monaten gemacht hatte. Da ich verstohlen gearbeitet hatte, wollten alle meine Kameraden nicht glauben, daß ich der Verfasser dieser Verse sei. Ein einziger, Colombo, war überzeugt davon. Er ging sogar so weit, daß er den Schwur ablegte, nicht mehr im Italienischen zu schreiben, einen Schwur, zu dessen Brechung ihn später ein junges, schönes Mädchen veranlaßte, in welche wir uns beide verliebten und an die wir gleichzeitig die Eingebungen unserer Muse richteten.

Diese allgemeine Ungläubigkeit ließ mich, indem sie meinen Stolz anregte, meine Anstrengungen verdoppeln und den Entschluß fassen, mich einzig und allein der Poesie zu widmen. In weniger als zwei Jahren hatte ich nicht nur alle unsere klassischen Autoren, sondern alle Werke von nur einigem Verdienst verschlungen; ich las sie, ich übertrug die merkwürdigsten Stellen ins Lateinische, schrieb sie mehrmals ab, erläuterte sie, kritisierte sie und prägte sie meinem Gedächtnis ein; ich versuchte mich in allen Arten von Ausarbeitungen, in allen Rhythmen, lernte ihre schönsten Gedanken auswendig und suchte meinen Stil zu ihrer Höhe zu erheben, mit einem Wort: ich identifizierte mich so viel als möglich mit diesen unnachahmlichen Mustern, unter denen der göttliche Petrarca allezeit einen entschiedenen Vorzug behauptete und bei dem ich stets, nach jeder Lesung und in jedem Verse, einen neuen Reiz entdeckte.

Auf diese Weise gelang es mir durch hartnäckige Arbeit und nach Verlauf von drei Jahren mich zu vervollkommnen und so kam es, daß meinen Versen oft die Ehre eines Triumphes zuteil wurde.

Eine unter den ausgezeichnetsten jungen Leuten von Ceneda

in Umlauf gesetzte Kantate brachte mir die größten Glückwünsche ein; weit entfernt, mich durch diese Lobeserhebungen stolz machen zu lassen, bildete ich mir ein, daß ich sie nur der Höflichkeit und der Ermutigung verdankte, die man stets bereit ist, der Jugend zukommen zu lassen; ich arbeitete daher rüstig fort, um mit der Zeit dahin zu gelangen, sie zu verdienen. Auf diese Weise vermied ich die Klippe, an welcher gewöhnlich die jungen Talente scheitern, die sich auf ihrem Gipfel wähnen, während sie ihre Studien erst ernstlich beginnen sollten. Einige glückliche Naturanlagen, eine große Liebe zur Poesie und die reinsten Prinzipien hätten mir ohne Zweifel den Ruf eines Dichters verschafft, wenn mein Mißgeschick nicht stets meinen besten Absichten in die Quere gekommen wäre und mich unaufhörlich an einen unwiderstehlichen Abhang getrieben hätte, indem es mich jenem Frieden und jener süßen Muße entriß, ohne welche der menschliche Geist niemals das vorgesteckte Ziel zu erreichen vermag.

2. Kapitel

Tod des Bischofs - Im Priesterseminar von Portogruaro - Lehr-
stuhl für Rhetorik - Verläßt Seminar und geht nach Venedig -
Rendezvous mit einer schönen Unbekannten - Die Geschichte
der schönen Neapolitanerin und ihr Heiratsantrag - Eifer-
suchtsszenen - Unstetes Glück im Spielkasino - Die Geschichte
des reichen Bettlers und seiner schönen Tochter - Ein weiterer
Heiratsantrag - Zwist mit der Geliebten - Ein Diebstahl -
Absage an das lockere Leben in Venedig und Rückkehr ins
Seminar

Ich hatte mir durch Sparsamkeit eine kleine Sammlung von
Büchern erworben, die ich mir durch Ankauf der besten italienischen Autoren zu vermehren vornahm.

Wir besaßen zu Ceneda einen alten Buchhändler, der, trotz
seiner geringen Kenntnisse, Geschmack genug besaß, um in
seinem Laden die besten Werke unserer Literatur zu vereinigen,
weshalb ich leicht diejenigen auffinden konnte, die mir noch
fehlten. Ich wählte mir hier einige Elzevir aus, deren Preis jedoch
den Inhalt meiner armen Börse weit überstieg. Der brave Alte
fand aber ein Auskunftsmittel, durch welches seine und meine
Angelegenheiten in Ordnung gebracht wurden; er hatte einen
Sohn, welcher Schuhmacher war; es handelte sich also darum,
ihm Leder aus der Fabrik meines Vaters zu bringen und auf diese
Weise meine Rechnung bei ihm zu decken. Das Mittel sagte mir
zu, ich lief nach Hause, schlich mich heimlich in das Magazin,
nahm drei Felle, machte ein sorgfältig gebundenes Paket daraus
und schob es zwischen meinen Rücken und mein Oberkleid; so
eilte ich der Haustüre zu, an welcher meine Stiefmutter mit den

Nachbarinnen schwatzte. Zitternd, daß sie nicht meinen Diebstahl bemerkte, machte ich eine Kreiswendung, um mich durch eine andere Türe davonzuschleichen; als ich jedoch auf der Straße war, konnte ich es nicht vermeiden, vor diesem weiblichen Kongreß passieren zu müssen. Kaum hatte ich einige Schritte vorwärts getan, als ich eine der Frauen mit lauter Stimme sagen hörte: »Schade, daß ein so hübscher, junger Mann buckelig ist!« Ich machte einen Seitensprung; bei dieser schnellen Bewegung fiel aber mein Paket zur großen Freude der Klatschschwestern zur Erde. Meine Stiefmutter sprang herzu, um es aufzuheben, während ich, meinen Weg fortsetzend, aus allen Kräften zu meinem guten Buchhändler lief und ihm meinen Unfall erzählte. Ich gab ihm etwas Draufgeld und bat ihn inständig, mir die ausgewählten Bücher aufzuheben, was er auch gern versprach. Meine Stiefmutter hatte mich ungesäumt bei meinem Vater verklagt; dieser kam daher am nächsten Tag ins Kollegium und überhäufte mich mit Vorwürfen, ohne daß es mir gelang, ihn zu besänftigen und noch weniger die Summe von ihm zu erhalten, deren ich benötigt war und die sich kaum auf zwölf Piaster belief. Inzwischen schlug die Sache doch zu meinem Vorteil aus; der ehrwürdige Bischof ließ mich zu sich kommen und verlangte eine genaue Erzählung des Vorgefallenen von mir, die er mit Tränen in den Augen anhörte, worauf er mir die Mittel verschaffte, meine Schuld zu tilgen. Das Vergnügen, welches ich über meine Erwerbung empfand, war aber nur von kurzer Dauer; eine furchtbare Krankheit, die ein halbes Jahr hindurch meine Familie meinetwegen in fortwährende Besorgnis setzte, mehrere häusliche Unglücksfälle, die meinen Vater trafen, vor allem aber der Tod des Monsignore Da Ponte, meines Protektors, entzogen mir nicht allein jede Hoffnung, meine Studien fortsetzen zu können, sondern brachten auch meine Familie in bedürftige Verhältnisse, während sie früher durch die Mildtätigkeit dieses Prälaten Unterstützung und Hilfe fand.

Das war ein Jahr der Verluste! ich sah mich genötigt, den größten Teil meiner Bücher zu veräußern, um teils meine Garderobe im Stande zu halten, teils den täglichen Bedürfnissen der Meinigen nachzukommen. Dieser Zustand von Quasi-Mangel bestimmte mich, auf die Hand eines jungen Mädchens, das ich zärtlich liebte, zu verzichten, und während er mich zwang, einen meinem Geschmack und meinen Studien entgegengesetzten Stand zu erwählen, öffnete er tausend Zwischenfällen die Türe, welche der Neid und der Haß meiner Feinde benutzten, um mich zwanzig Jahre lang zu Boden zu drücken. Ich übergehe die Einzelheiten dieser grausamen Phase, um zu dem Zeitpunkt zu gelangen, wo das Glück mir wieder zu lächeln schien.

Monsignor Ziborghi, der achtungswerte Domherr der Kathedrale, wollte gern den Wohltäter, den wir beweinten, ersetzen und sich zum Beschützer meiner Brüder wie meiner selbst aufwerfen. Er erleichterte uns den Zutritt zu einer jener schönen Institutionen, auf welche Venedig früher stolz war. Auf seine Empfehlung wurde ich mit zweien meiner Brüder in dem Seminar von Portogruaro aufgenommen, wo es mir gestattet war, meine früheren Studien wieder aufzunehmen. Ich verfolgte hier den Kursus der Philosophie und der mathematischen Wissenschaften, ohne jedoch meine teuren Musen aus den Augen zu verlieren, und während unser Professor sich abmühte, uns den Euklid, Galilei und Newton zu erklären, las ich heimlich und lernte die *Aminta* Tassos oder den *Pastor Fido* von Guarini auswendig. Am Jahresschluß trug ich unter einstimmigem Beifall ein Gedicht auf den heiligen Ludwig vor; namentlich gefielen die letzten Verse:

>»Der Himmel nahm in seiner Eifersucht
>Uns unsern Freund und Schützer wieder,
>Als ob noch dieser Stern mit seinem Strahl
>Dem Glanz des Firmaments gemangelt!«

Der hohe Beifall, den diese Verse bei einer hervorragenden Persönlichkeit fanden, verschaffte mir den Lehrstuhl der Rhetorik, den Monsignore de Concordia mir noch an demselben Tage antrug. Seit einiger Zeit hatte ich mir in den Kopf gesetzt, mich in dem Studium des Hebräischen zu vervollkommnen, das ich schon kannte, und mich mit Eifer auf die griechischen Autoren zu legen, denn ich war überzeugt, daß niemand ohne ihre gründliche Kenntnis ein Poet werden könne. Ich trug daher Bedenken, diesen Lehrstuhl anzunehmen; endlich gab ich jedoch dem Drängen unseres Rektors nach, der eine große Freundschaft zu mir hegte, während wohl noch mehr die Hoffnung dazu beitrug, auf diese Weise die Lage meines Vaters zu verbessern; ich nahm ihn also an und wagte mich in einem Alter, wo ich selbst noch großer Studien bedurfte, an die schwierige Aufgabe, andere in den schönen Wissenschaften zu unterrichten. Ich war kaum zweiundzwanzig Jahre alt; mehr als dreißig Jünglinge, voll Wissensdrang und Wetteifer, noch tags zuvor meine Mitschüler, waren jetzt meiner Sorgfalt anvertraut. Der Bischof hörte nicht auf, meine Selbstliebe und meinen Eifer anzuspornen, die ganze Stadt lenkte ihre Blicke auf mich; man kann sich daher leicht meine fortwährende Besorgnis denken. Ich verdoppelte meine Anstrengungen, um die Pflichten, die man mir auferlegt hatte, würdig zu erfüllen; und wozu meine Lehrer keine Zeit gehabt, mich zu unterrichten, das erlernte ich jetzt, indem ich es meinen Zöglingen erklärte. Wie schon der gelehrte Rabbiner sagt: »Ulmissamidai rabadi micubam.« (Von meinen Schülern lernte ich am meisten.)

Meine Erhebung auf diesen Lehrstuhl zog mir die Erbitterung von zwei oder drei Professoren des Seminars zu, die jetzt meine heftigsten Verfolger wurden. Ihrer Meinung nach war meine Erziehung, da ich weder Physik noch die mathematischen Wissenschaften gründlich studiert hatte, mangelhaft und verstümmelt, ich war nur ein oberflächlicher Schwätzer, ein schlechter

Versemacher. Um auf diese Schmähungen zu antworten, verfertigte ich einige Stücke italienischer und lateinischer Dichtung über verschiedene Gegenstände, unter anderm eine Dithyrambe zu Ehren der Wohlgerüche, und ich sorgte dafür, daß sie am Jahresschluß durch die Zöglinge meiner Klasse im Publikum verbreitet und gelesen wurden; sie erwarben sich allgemeinen Beifall. Welche Demütigung für meine Feinde, mich als Gegenstand des Enthusiasmus bei der ganzen Genossenschaft der Studierenden, bei den hervorragendsten Gelehrten und bei dem Bischofe selbst zu sehen! Endlich, nach zwei Jahren des Kampfes, der Ausdauer und der Selbstverleugnung, fand ich die Aufgabe doch für meine Kräfte zu groß und reichte daher meine Entlassung ein; um jene Zeit führte mich mein böser Stern, während tausend verschiedene Pläne in mir auf und nieder wogten, nach Venedig.

Im Aufbrausen des Alters und der Leidenschaften, von angenehmem Äußern, fortgerissen vom Zauber des Beispiels, überließ ich mich allen Verführungen des Vergnügens und vernachlässigte gänzlich die Literatur und die Studien. Ich hatte eine heftige Leidenschaft für eine der schönsten, aber auch launenhaftesten Sirenen jener Hauptstadt gefaßt; alle meine Zeit wurde mit frivolen, gehaltlosen Beschäftigungen vergeudet. Abgesehen von einigen, dem Schlafe abgebrochenen und dem Lesen gewidmeten Stunden weiß ich nur, daß ich während der drei Jahre, die diese Verbindung dauerte, nicht das geringste zu dem, was ich schon wußte, hinzugelernt hatte.

Nur ein Mal schien die Vorsehung Mitleid mit mir zu empfinden und mir eine einzige Gelegenheit zu zeigen, der Gefahr zu entgehen. Aus Ärger über die Eifersucht und die Launen des Weibes, an welches ich gefesselt war, hatte ich mir glücklicherweise angewöhnt, meine Abendstunden im Café der Literaten, dem Versammlungsorte aller Schöngeister Venedigs, zu verbringen.

Als ich mich eines Abends während des Karnevals daselbst befand, sah ich einen Gondolier eintreten, der, nachdem er in mysteriöser Weise umhergeschaut, mir ein Zeichen gab, aufzustehen und ihm zu folgen. Er führte mich nach einem benachbarten Kanal und ließ mich in eine dem Café gegenüberliegende Barke einsteigen; da ich keinen Augenblick zweifelte, daß er von meiner Geliebten abgeschickt sei, die mich oftmals auf diesem Platze getroffen hatte, setzte ich mich schweigend neben eine Frau hin, die ich in der Barke vorfand. Die Nacht war dunkel und nachdem der Türvorhang der Gondel niedergefallen war, trat vollständige Finsternis ein. Nach den ersten gewechselten Worten, in denen ich keine mir befreundete Stimme erkannte, war ich überzeugt, daß meine mehr als zweideutige Lage die Folge eines Versehens sei; da ich jedoch hier nicht ein Abenteuer beenden wollte, dessen Anfang meine Neugier erregte, ergriff ich eine Hand und brachte sie, nach italienischer Sitte, an meine Lippen; diese Hand war niedlich und ich fühlte, daß man sich bemühte, sie zurückzuziehen; ich hielt sie sanft fest, indem ich die achtungsvollste Versicherung meiner Ehrerbietung gab. Meine schöne Unbekannte hörte jedoch nicht auf, mich um meine Entfernung zu bitten. Ich versprach, was sie wollte. Da ich an der Reinheit ihrer Aussprache erkannte, daß sie eine Fremde war, wendete ich meine ganze Beredsamkeit an, damit sie mir wenigstens gestattete, sie bis zu ihrer Wohnung zurückzubegleiten; sie verweigerte dies sogar hartnäckig, und ich mußte mich darein fügen, ohne noch weiter in sie zu dringen. Die einzige Gunst, die ich von ihr erhielt, war, daß sie die Gnade hatte, ein Glas Eis anzunehmen, das ich von unserem Gondolier besorgen ließ.

Beim Schein einer Laterne, die er mitbrachte, erblickte ich eine junge Frau von merkwürdiger Schönheit aus den vornehmsten Ständen; sie konnte ungefähr achtzehn Jahre zählen, ihre Kleidung zeugte von dem untadelhaftesten Geschmack, ihr ausgezeichnetes Benehmen und ihre Unterhaltung ließen einen feinen und gebildeten Geist durchblicken. Voll Verwunderung wahrte ich Stillschweigen; da ich aber zu bemerken glaubte, daß mein Anblick einen Eindruck auf sie machte, der nicht zu meinen Ungunsten ausfiel, so faßte ich Mut und fühlte nur ein heftiges Verlangen, sie kennenzulernen. Von der Achtung, die ich ihr bezeigte, gütiger gestimmt, entschloß sie sich endlich, mir zu sagen, daß die sonderbare Lage, in der sie sich befände, es ihr zum Gesetz mache, meine Bitte zurückzuweisen, daß aber die Umstände sich ändern und wir uns dann vielleicht eines Tages wiedersehen könnten. Sie gab mir ihr Wort, daß sie in diesem Falle die Gelegenheit dazu herbeiführen wolle; ich erwiderte ihr Vertrauen, indem ich mich nannte, und wir bestimmten Ort und Stunde unseres zukünftigen Rendezvous, worauf ich sie allein sich entfernen ließ.

Ich verfehlte nicht, mich allabendlich diensteifrig ins Café zu begeben, und allabendlich fand ich nur eine Hintergehung, zugleich aber neue Nahrung für eine Leidenschaft, die, durch die Hindernisse gereizt, von Tag zu Tag zunahm und um so mehr an Kraft gewann, als das Joch, in welchem ich schmachtete, unerträglich zu werden begann. Niedergeschlagen und entmutigt entschloß ich mich, Venedig zu verlassen und mich auf Reisen zu begeben; die Hoffnung war jedoch vergebens, die ich auf dieses große Heilmittel gegen Herzenswunden setzte; die Entfernung ließ meine Erinnerungen nur um so lebhafter wieder erwachen, und nach Verlauf von acht Tagen des Kampfes mit mir selbst kehrte ich, noch stärker von meiner Leidenschaft eingenommen, nach Venedig zurück. Erkläre sich, wer's vermag, diese Grillenhaftigkeiten des Herzens! Mit einem einzigen Bilde beschäftigt, war ich doch leichtsinnig genug, das verhaßte Joch, dem ich entflohen, wieder aufzunehmen, und das Anerbieten meiner ehemaligen Geliebten, bei ihr zu wohnen, zu genehmigen.

Nichtsdestoweniger war meine erste Sorge, nach dem Café zu eilen und mich zu unterrichten, ob irgendeine Botschaft unter meiner Adresse angelangt sei. Zu meinem großen Bedauern vernahm ich, daß ein Gondolier dagewesen sei und man ihm zur Antwort gegeben habe: ich wäre verreist. Ich schloß daraus, daß ich alle Hoffnung aufgeben müsse, meine schöne Unbekannte jemals wieder anzutreffen. Eines Tages aber, als ich auf dem St. Markusplatz spazierenging, fühlte ich mich an meinem Rock gezogen und hörte gleichzeitig meinen Namen nennen; es war der nämliche Gondolier, der mich zu meinem ersten Rendezvous geführt hatte und der jetzt, voll Freude im ganzen Gesicht, in dem Ruf ausbrach: »Welches Glück! Ich will es gleich meiner Herrin sagen! Auf diesen Abend!« Darauf eilte er, ohne meine Antwort abzuwarten, davon; und in der Tat, am Abend traf ich ihn wieder, mich auf demselben Platze erwartend, und folgte ihm.

Kaum hatte ich meinen Fuß in seine Gondel gesetzt, als eine Stimme, die mich freudig erbeben machte, mir zurief: »Da bin ich; ich habe mein Wort gehalten«; und in demselben Augenblicke gab sie Befehl, sie wieder nach ihrer Behausung zurückzubringen. Ich wurde in ein elegantes, aber einfaches Zimmer geführt; sie hieß mich, an ihrer Seite Platz zu nehmen und begann: »Vor allem ist es recht, daß Sie endlich wissen, wer ich bin und durch welche Verkettung von Umständen ich mich in Venedig befinde.«

»Ich bin zu Neapel geboren; mein Name ist Mathilde; ich bin die Tochter und einzige Erbin des Herzogs von M. Mein Vater, der nur zwei Kinder besaß, als er das Unglück hatte, meine Mutter zu verlieren, vermählte sich nach zehnjähriger Witwerschaft mit einem Mädchen von niederer Herkunft, die sich beeilte, die unbedingteste Herrschaft über ihn auszuüben. Die Schwäche seines Charakters benutzend gelang es ihr, alles väterliche Gefühl in ihm, wenn nicht gänzlich zu erlöschen, doch mindestens zu unterdrücken. Der erste Akt ihrer Autorität bestand darin, meinen Bruder nach Wien zu schicken, wo er in einem Kollegium untergebracht wurde, in welchem er noch vor Ablauf eines halben Jahres starb. Was mich betrifft, die ich damals nicht ganz elf Jahre zählte, so setzte sie es durch, daß ich in ein Kloster von Pisa eingesperrt wurde, in welchem ich sechs Jahre verblieb, ohne mich des Trostes zu erfreuen, meinen Vater zu sehen oder auch nur eine Kunde von ihm zu erhalten. Die Ordensschwestern hatten leichtes Spiel, alle Künste der Verführung anzuwenden, um mich zu bestimmen, den Schleier zu nehmen; ich setzte ihnen jedoch einen hartnäckigen Widerstand entgegen.

Eines Morgens trat zu meinem großen Erstaunen meine Stiefmutter in meine Zelle; sie war abends vorher mit meinem Vater angekommen, der, wie sie sagte, von der Reise allzu ermüdet, sich vor der Gemütsbewegung scheue, welche mein Anblick jedenfalls in ihm hervorrufen werde. Hierauf erheuchelte sie in bezug auf mich alle Zärtlichkeit einer Mutter und sagte zu mir:

›Ich vernehme mit Vergnügen, daß Sie keinen Beruf zum Klosterleben in sich spüren; deshalb habe ich mich entschlossen, Sie der großen Welt wiederzugeben. Ihr Vater, der mir Ihre Zukunft anvertraut hat und der es weiß, daß ich Sie inniger liebe, als wenn Sie meine eigene Tochter wären, trägt Ihnen einen Gemahl meiner Wahl an. Sie können nur glücklich mit ihm werden. Wenn Sie mir versprechen, sich gänzlich meinen Anordnungen zu fügen, so werden Sie morgen schon diese Mauern verlassen, wo nicht...‹

Bei meinem Abscheu vor dem Kloster brannte ich, nach sechsjähriger Gefangenschaft, vor Verlangen, meinen Vater zu umarmen und so hatte ich kaum ihre Worte vernommen, als ich sie in meine Arme schloß und ihr zurief: ›Ich nehme alles an, was Sie mir vorschreiben.‹ Sie drückte mich an ihr Herz und verlangte, indem sie mich mit Küssen überhäufte, daß ich noch zur selbigen Stunde das Haus verlassen und nicht erst bis zum nächsten Morgen warten sollte. Auf der Stelle eilten wir nach dem Hotel, in welchem mein Vater abgestiegen war; als er mich erblickte, drängte sich ein einziger Ausruf über seine Lippen:

›Meine Tochter!‹

›Ihre Tochter, und Ihre gehorsame Tochter!‹ entgegnete meine Stiefmutter. Die Natur trat wieder in alle ihre Rechte ein, unsere Freude und unser Glück war außerordentlich.

Ohne Zeitverlust reisten wir nach Neapel ab, wo nur noch von den Vorbereitungen zu meiner Vermählung die Rede war. Meine Stiefmutter ließ zwei aneinanderstoßende Zimmer in ihren Gemächern herrichten; ich wurde in dieselben eingeführt, aber nur zu bald bemerkte ich, daß ich der Gegenstand der strengsten Überwachung war; ohne ihre Erlaubnis durfte ich nicht ausgehen, und es war mir unmöglich, das geringste Gespräch, außer wenn sie zugegen war, anzuknüpfen. Eines Tages, als ich in Betrachtungen vertieft, wie gewöhnlich allein in meinem Zimmer saß, trat sie schnell zu mir ein, zog mich in ihre Gemächer und schloß die Türe hinter sich; hierauf nahm sie von einem Schranke ein Schmuckkästchen voll Perlen und Edelsteinen.

›Dieses Kollier‹, sagte sie zu mir, ›ist das erste Geschenk Ihres Zukünftigen; es ist nur der Vorläufer reicher Schmucksachen, die Sie in seinem Palaste finden und die des Ranges würdig sind, welchen Sie am Hofe einnehmen sollen. Lassen Sie es sich angelegen sein, nicht undankbar zu erscheinen und wissen Sie mir es Dank, was ich für Sie getan habe.‹ Plötzlich öffnen sich die Doppeltüren und ich sehe einen häßlichen Greis hereintreten, begleitet von zwei Priestern und einem zahlreichen Gefolge von Livreebedienten und Pagen. Mein Vater befand sich hinter ihnen, schweigend und mit gesenktem Haupte.

›Hier ist Ihr Gemahl, Mathilde‹, sprach meine Stiefmutter zu mir und zu dem Greis gewendet, fuhr sie fort: ›Prinz, hier ist die Gemahlin, die Sie zunächst aus meiner Hand und dann aus der dieser ehrwürdigen Geistlichen empfangen.‹

Mir versagte die Stimme. Der Prinz murmelte einige Worte,

die ich nicht mehr vernahm; wieder zu mir gekommen, stieß ich, außer mir vor Schmerz und Verzweiflung, einen furchtbaren Schrei aus und riß den Schleier, den man mir auf dem Haupte befestigt hatte, herab. Indem ich mir einen Weg durch die Menge öffnete, sank ich mit dem von Schluchzen unterbrochenen Rufe: ›Gnade! Gnade!‹ zu den Füßen meines Vaters nieder. In einem Augenblick war das Zimmer verlassen.

Dieser Akt des Ungehorsams erregte den Zorn dieses arglistigen Weibes. Allein mit mir und meinem Vater zurückgeblieben, dem jede Tatkraft, mich zu verteidigen, mangelte, zog meine Stiefmutter heftig an der Klingel. Zwei Diener eilten herbei und schleppten mich, mehr tot als lebendig, in einen Wagen, wo ich in eine Ohnmacht fiel. Als ich wieder zu mir kam, befand ich mich in einem Zimmer, dessen Meublement aus einem elenden Lager, zwei Stühlen und einem Tisch bestand; die Fenster desselben waren mit Eisengittern verschlossen und so hoch gelegen, daß es unmöglich war, bis zu ihnen zu gelangen. Von tausend Gedanken aufgeregt, verging mir der Tag unter Seufzen und Tränen. Gegen Abend ließ sich von außen ein Schlüsselgerassel vernehmen, die Türe öffnete sich und ich sah eine Frau von widerlichem Anblick und abstoßender Gestalt hereintreten. Ohne ein Wort zu sagen, setzte sie einen Korb auf den Tisch und zog sich dann, nachdem sie mich aufmerksam betrachtet hatte, wieder zurück. Als ich diesen Korb öffnete, fand ich in demselben ein Stückchen Brot und eine Flasche Wasser. So vergingen vierzehn Tage, innerhalb welcher ich dieselbe Frau täglich wiedersah und dieselbe Nahrung empfing.

Ich befürchtete schon, daß dieses Gemach mein Grab sein solle, als ich in der fünfzehnten Nacht, kaum eingeschlafen, durch das Geräusch einer Person geweckt wurde, die zu mir eintrat. Es war eine Frau, die sich vorsichtig zu mir heranschlich und mir ins Ohr flüsterte: ›Fürchte nichts, ich bin deine Amme!‹ Ich warf mich an ihren Hals; sie forderte mich auf, ihr ohne Verzug zu folgen, was ich auch tat; an der Türe des Hauses fanden wir eine angespannte Postkutsche und einen jungen Mann in bäuerlicher Kleidung, der in seiner Hand ein Paket mit einem Männeranzug hielt. Meine Amme sagte mir, daß sie mich ihrem Sohne anvertraue und daß meine einzige Lebensrettung in der Flucht bestünde. Ich legte schleunigst die Kleider an, die man mir darbot, und wir reisten ab. Mit Pfeilesschnelle eilten wir durch Rom und Florenz und machten erst in Padua halt, wo ich etwas ausruhte. Während der Reise benutzte mein Reisegefährte die Zeit, mir zu erzählen, wie meine Stiefmutter infolge eines schmachvollen Handels meine Person und ein bedeutendes Lehen, das mir von mütterlicher Seite zugehörte und meine Mitgift enthielt, ausgeliefert hat und dagegen von dem Mann, der mich heiraten wollte, eine ansehnliche Geldsumme erhalten habe; wie mein Vater, der nichts von diesem abscheulichen Handel wußte, in Betrübnis über meine traurige Lage meine Amme ermächtigt habe, sich meiner Befreiung zu unterziehen, und wie er ihm endlich, um dieses Werk zu fördern und zu erleichtern, eine Börse voll Gold und ein Kästchen mit Edelsteinen übergeben habe, die er mir treulich zustellte. Ich betrachtete mich wie eine dem Schiffbruch Entronnene und stattete der Vorsehung meinen Dank dafür ab. Wir wußten jedoch nicht, was wir weiter beginnen sollten; diese Juwelen, welche dazu bestimmt waren, uns nützlich zu werden, konnten unsere Entdeckung herbeiführen. Der Aufenthalt in Padua schien mir nicht sicher genug; wir entschlossen uns daher, nach Venedig zu gehen, wo der autorisierte Gebrauch der Masken mir eine Chance der Sicherheit darbot. Ich mietete also einen Platz auf dem Schiffe, das von Padua nach dieser Stadt abging. Am ersten Tage waren wir nur drei Reisende, zwei arme Frauen und ein junger Mann, der nach dem Ansehen, das er bei dem Schiffsvolk genoß, meinem Urteile nach eine Person von Distinktion sein mußte; er hatte ein leidendes Aussehen und bediente sich deshalb fortwährend eines Taschentuchs, das er vor sein Gesicht hielt. Er sprach wenig. Nach Verlauf von zwei Stunden hatte er mein Geschlecht erraten und sagte es mir. Mein Erröten, das seinen Verdacht bestätigte, machte ihn weniger vorsichtig; dennoch war er zartfühlend genug, zu mir nur in einer Weise zu sprechen, daß niemand ein Wort von unserer Unterhaltung vernehmen konnte. In der Unmöglichkeit, in welcher ich mich befand, seine Mutmaßungen zu verhindern, konnte ich ihn wenigstens bitten, seine Beobachtungen für sich allein zu behalten, während ich ihm versprach, sofort, wenn wir in Venedig angelangt wären, seine Neugier zu befriedigen. Er berichtete mir, daß er der edlen Familie der Mocenigo angehöre, einer der erlauchtesten der Republik. Beim Aussteigen aus dem Schiffe bot er mir seinen Arm an, um ein Hotel aufzusuchen und ich, eingenommen von seinem ausgezeichneten Betragen, beruhigt durch die Anständigkeit seiner Rede, glaubte, da ich nicht ohne Schutz in dieser fremden Stadt weilen konnte, ihm einen Teil meines Geheimnisses anvertrauen zu dürfen.

In weniger als acht Tagen hatten sich unsere Beziehungen in den innigsten Verkehr umgewandelt. Es hatte zwischen uns ein Wechsel zärtlicher Gefühle stattgefunden. Wir waren zwar nicht positiv voneinander eingenommen, fühlten aber gegenseitig einfach eine lebhafte Sympathie. Er besaß Geist und eine vollendete Erziehung. Es erschien mir um so dringender, mich unter seinen Schutz zu begeben, als der Sohn meiner Amme den Wunsch gegen mich äußerte, nach Gaëta zurückzukehren, woselbst er eine Frau und drei Kinder zurückgelassen hatte, die ihn nicht entbehren konnten. Ich verließ daher mein Hotel, um dieses Haus hier zu beziehen, in welchem ich Sie empfange und wo ich in unbedingter Zurückgezogenheit lebe.

Trotz alledem fühlte ich wohl, daß meine Stellung eine falsche sei, und es überkam mich ein Gefühl von Traurigkeit, deren Grundursache Mocenigo nicht entgehen konnte. Er schlug mir vor, sich mit mir zu vermählen. Er könne es, sagte er, denn er sei frei und hänge von niemand ab. Sein Vorschlag rührte mich, dennoch verlangte ich Zeit zur Überlegung. Am Abend erschien er zu einer ungewöhnlichen Stunde bei mir und bat mich, ihm hundert Zechinen zu leihen, die er mir am nächsten Morgen zurückerstatten wollte. Ich gab sie ihm. In den folgenden Tagen setzte er seine Besuche fort, ohne etwas von Geld zu erwähnen. Eines Morgens überbrachte mir sein Diener ein Billet, in welchem er mich um eine gleiche Summe bat. Ich hatte noch viel Geld, überdies konnte ich, da mein Schmuckkästchen von großem Werte war, ohne mir Zwang anzutun, seinen Wünschen genügen, was ich auch sofort tat. Diese beiden wiederholten Darlehen begannen jedoch Zweifel in mir aufsteigen zu lassen. Besaß dieser Jüngling vielleicht, wie fast alle Edeln seines Heimatlandes, die traurige Leidenschaft des Spielens? Ich wagte diese Saite anzuschlagen und siehe, ich hatte recht. Er gestand mir sogar, daß er während des Karnevals ansehnliche Summen verloren habe, die er nicht zu bezahlen imstand sei; in der Tat versprach er, sich zu bessern; ich gelangte jedoch leicht zu der Einsicht, daß diese Versprechungen ganz denen aller übrigen Spieler gleichkamen. Nach und nach begannen seine Besuche seltener und kürzer zu werden; er war zerstreut und tiefsinnig; stets fand er einen Vorwand, um sich der Pflicht zu entziehen, mich zu begleiten, obschon er genau wußte, daß ich niemals allein ausgehen würde; und gerade diesem Umstande verdanke ich das Zusammentreffen mit Ihnen. Er sollte sich in dem Café befinden, in welchem Sie am Tage unserer ersten Zusammenkunft waren; eine Ähnlichkeit der Gestalt, der Tracht, der Maske, die Sie in der Hand hielten, waren Ursache der Verwechslung. Das übrige wissen Sie. Was Sie jedoch nicht wissen, ist, daß ich seit meiner unseligen Entdeckung zwischen meinen Gefühlen für ihn und den von der Klugheit diktierten Ratschlägen gekämpft habe; sein Wortbruch hat meine letzte Unschlüssigkeit behoben. Da ich nicht im Zweifel war, daß ich ihn in dem Spielhause, wo er täglich zu verkehren pflegte, antreffen würde, begab ich mich dahin, um mich zu vergewissern und ihm meinen Entschluß mitzuteilen, jede Beziehung zwischen uns abzubrechen. Sei es nun, daß er eine andere Frau liebte oder daß er durchaus von der ihn beherrschenden Leidenschaft eingenommen war, kurz, er war gegen alles, außer ihr, unempfindlich, zeigte nicht die geringste innere Bewegung und fügte sich leicht den Gründen, die ich gegen ihn geltend machte, um unsere Besuche aufhören zu lassen. Später verließ er Venedig.

Fortan suchte ich, treu dem Ihnen gegebenen Versprechen, Sie wiederzufinden. Als ich Ihre Abreise vernahm, begann ich bereits alle Hoffnungen aufzugeben, als das Schicksal uns wieder vereinigte. Hören Sie nun, was ich Ihnen vorschlage. Wenn Ihr Herz noch frei ist, was freilich in Ihrem Alter schwer sein dürfte, wenn Sie den Mut fühlen, Ihr Vaterland zu vergessen und auf dasselbe zu verzichten, so biete ich Ihnen meine Hand und mein Vermögen an, das ich für ansehnlich genug erachte, um uns eine angemessene Stellung in dem Weltteile, den Sie auswählen werden, zu verschaffen. Mich kümmert der Ort wenig, vorausgesetzt, daß ich daselbst meine Freiheit genieße, so werde ich dort mit Ihnen glücklich sein.«

Wie verführerisch mir auch dieser Vorschlag erschien, so kam er mir doch so plötzlich, daß ich mich nicht sofort entscheiden konnte. Ich bat um drei Tage Bedenkzeit, die mir auch zugestanden wurde, ohne daß sie über diesen Aufschub ungehalten schien. Nur betrachtete sie mich mit einem traurigen Blick und wie von einem düsteren Vorgefühl betroffen.

Ich war zwei Stunden bei ihr geblieben; als ich nach Hause zurückkehrte, hatte ich eine schauderhafte Eifersuchtsszene zu bestehen, in deren Folge ich mich in mein Gemach zurückzog und ins Bett legte. Aber die innern Kämpfe, die in mir tobten, hielten mich die ganze übrige Nacht wach. Ich stellte einen Vergleich zwischen den beiden Frauen an, die sich um mein Schicksal stritten. Die eine, lebhaft, aufgeweckt, ohne die geringste Erziehung, begabt mit einem natürlichen Geist, welcher alle, die in ihre Nähe kamen, bezauberte; blond, klein, von einem schwächlichen und zarten Äußeren, besaß sie doch eine Heftigkeit, die sich bis zur Wut steigerte. Aufbrausend und despotisch bot ihr Inneres den vollständigen Gegensatz gegen ihr Äußeres dar. Die andere, groß, edel, imposant, mit Augen und Haaren von Ebenholzschwärze besaß dagegen unter dem äußeren Schein der Herrschaft die Sanftmut eines Kindes und die Arglosigkeit eines Engels. Man mußte sie bewundern. Was überdies auch nicht zu verachten war, sie verfügte über ein Vermögen, welches weit über meine ehrgeizigen Träume hinausging. Wenn infolge der Gewohnheit mein Herz die Wege zu Gunsten der ersteren neigte, riet mir die Vernunft die Wahl der letzteren, welche, wie ich glaubte, mein Glück darstellen konnte.

Auf diese Weise schwankte ich die ganze Nacht, wie auch die folgenden, in meiner Unentschlossenheit hin und her, als ein neuer, nur noch weit heftigerer Auftritt, wie der erstere, mich zur Entscheidung brachte.

Ich hatte Mathilden um drei Tage gebeten; wir befanden uns aber im achten, ohne daß ich ihr hätte eine Antwort zukommen lassen. Ich hatte jedoch nicht verfehlt, sie alltäglich, sogar mehrmals zu besuchen. Eines Abends, als ich länger als gewöhnlich bei ihr blieb, sagte sie zu mir: »Es muß ein Ende gemacht werden. Morgen verlassen wir entweder Venedig oder ich verschließe mich in den Mauern eines Klosters.« Ich bat sie noch um Aufschub bis zum nächstfolgenden Tag und schwor ihr, daß dies der letzte Aufschub und unser Schicksal dann fest bestimmt sein werde. Als ich nach Hause zurückkehrte, fand ich die ganze Hölle losgelassen. Meine Furie erwartete mich, einen Dolch in der Hand, hinter der Türe. Ohne zu wissen, ob diese Waffe gegen sie oder gegen mich gerichtet sei, entriß ich ihr dieselbe und zog mich kalt in mein Zimmer zurück, wohin sie mir nachzufolgen suchte, aber von mir zurückgestoßen wurde. Jetzt allein, entwich ich aus dem Hause und eilte zu Mathilden, dies Mal entschlossen, ihr die Flucht nach London oder nach Genf vorzuschlagen. Es war noch nicht zwei Uhr nach Mitternacht. Vergebens klopfte ich zu wiederholten Malen an die Pforte; endlich öffnete mir eine alte Frau dieselbe unter heftigem Weinen und erzählte mir, daß wenige Minuten nach meinem Fortgange Sbirren der Inquisition bei ihr eingedrungen wären, den Befehl, ihnen zu folgen, ihr vorgezeigt und sie schließlich mit Gewalt in eine Gondel geschleppt hätten. Ich war starr vor Schrecken. Das tiefe Geheimnis, mit welchem dieses höllische Tribunal seine despotischen und barbarischen Urteilssprüche umhüllte, und der Schrecken, den es allgemein in Venedig einflößte, überzeugten mich von der Unmöglichkeit, ihr irgendeinen Beistand leisten wie überhaupt jemals ihr Schicksal erfahren zu können.

Ich klagte mich wegen dieses Unglücks an und dieser Gedanke steigerte noch meinen Kummer und meine Gewissensbisse; ich mußte mich jedoch darein ergeben und mich begnügen, dieser Unglücklichen einige Tränen zu weihen. In der Tat hörte ich auch zwölf Jahre lang kein Wort mehr von Mathilden. Endlich benachrichtigte mich der Ritter Foscarini, Gesandter der Republik am Wiener Hofe, dem ich jenes Ereignis erzählte, daß das unglückliche junge Mädchen auf Anstiftung ihrer Verfolgerin in das *Kloster der Bekehrten* eingesperrt worden sei. Er hatte sie gekannt und war hocherfreut darüber gewesen, sie nach einer sechsjährigen Haft entlassen und ihrem Vater zurückgeben zu können, der durch den Tod seiner Frau wieder frei in seinen Willensverfügungen geworden war.

Ich blieb also in meinen ersten Ketten angeschmiedet, welche zwei tödliche Jahre hindurch lästiger und schwerer als je zu ertragen waren.

Das Weib, unter deren Herrschaft ich seufzte, gefiel sich in den stärksten Aufregungen und namentlich in der des Spiels; ihr Bruder, ein unverschämter, von Stolz aufgeblasener, überdies durchaus willkürlicher Mensch, war die fast tägliche Ursache unserer Zwistigkeiten. Ich war gezwungen, mit ihm umzugehen, was zuweilen aus Nachgiebigkeit, öfters aber aus Überdruß geschah. Nach und nach wurde ich selbst Spieler. Da weder die einen, noch die andern reich waren, so sahen wir bald unser Geld zu Ende gehen, begannen hierauf Schulden zu machen, unsere Garderobe zu versetzen und dann sie zu verkaufen.

Um diese Zeit existierte zu Venedig ein berühmtes Spielhaus, bekannt unter dem Namen *Ridotto*, in welchem die reichen Adligen das ausschließliche Privileg besaßen, ein Geld zu verlieren, das ihnen nicht angehörte, während die armen Adligen das andere genossen, sich ihr Geld abnehmen zu lassen, das sie erst gegen harte Wucherbedingungen von den Nachkommen Abrahams erhalten hatten. Wir verbrachten hier alle Nächte und fast stets, wenn wir nach Hause zurückkehrten, fluchten wir über das Spiel und die, welche es erfunden hatten.

Dieses Haus war nur während des Karnevals geöffnet. Es war gerade am letzten Tage desselben, und wir hatten weder Geld noch Mittel, uns welches zu verschaffen. Verfolgt von dieser unseligen Leidenschaft und aufgestachelt von der Hoffnung, diesem verhängnisvollen Gaukelbilde der Spieler, versetzten und verkauften wir die letzten Effekten, die uns noch geblieben waren. So bekamen wir ungefähr zehn Zechinen zusammen und begaben uns mit denselben nach dem *Ridotto*; im Handumdrehen war alles verloren; man kann sich eine Idee von unserer Geistesstimmung machen, als wir wieder an den Kanal gelangten und unsere Gondel bestiegen; der Gondolier kannte mich; ich hatte mich mehrmals sehr freigiebig gegen ihn gezeigt. Da er uns traurig und schweigsam dasitzen sah, so ahnte er wohl etwas und fragte mich, ob ich Geld brauche. Ich nahm diese Frage für einen Scherz und erwiderte ihm im gleichen Tone: »Ja, fünfzig Zechinen!« Er sah mich lächelnd an, trieb, ohne eine Wort zu sprechen, seine Barke ans Land, sprang mit Leichtigkeit ans Ufer und bat uns einige Minuten zu warten; als er zurückkehrte, drückte er mir fünfzig Zechinen in die Hand und murmelte dabei zwischen den Zähnen: »Nehmt nur und lernt die Gondolieri von Venedig kennen.« Ich war erstaunt. Beim Anblick des Geldes war aber meine Versuchung so groß, daß sie mir keine Bemerkungen gestattete, welche in jedem andern Augenblicke die Delikatesse mir ohne Widerrede eingegeben haben würde. Nach dem *Ridotto* laufen, in den ersten Saal eintreten, mich dem Bankier nähern und die Hälfte der Summe auf eine Karte setzen war ein und dieselbe Sache. Ich gewann und brach ein Paroli; ich fuhr fort und spielte mit einem so beständigen Glück, daß ich in weniger als einer halben Stunde die Hände voll Gold hatte. Ich zog jetzt meine Gefährtin zur Treppe, die wir fröhlich hinabstiegen, und wir kehrten zunächst zu meinem braven Gondelführer zurück, dem ich die mir geliehene Summe mit einer schönen Gratifikation zurückgab. Ich befahl ihm, uns nach Hause zu fahren. Kaum hatte ich meine Taschen geleert und das Gold auf meinem Tische ausgekramt, als man an meine Tür klopfte; es war der Bruder. Beim Anblick dieses Schatzes stieß er ein Freudengeschrei aus, warf sich darüber hin und füllte sich mit seinen »edlen Händen« die Taschen. Hierauf richtete er die Frage an mich: »Haben Sie dieses Gold im Spiele gewonnen?« Auf meine Bejahung erwiderte er: »Nun gut; reichen Sie meiner Schwester den Arm und folgen Sie mir. Ich werde dort Bank halten und Sie werden das Resultat sehen.« Widerstand war vergebens; ich gab fluchend nach, und wir folgten ihm. Er setzte sich und mischte die Karten; bald sahen wir uns von Spielern umringt. Es war über Mitternacht; alle anderen Bankiers hatten sich zurückgezogen. Man spielte mit wahrer Wut. Die beiden ersten Taillen waren ihm günstig; das ganze Gold auf dem Tische lag vor ihm aufgehäuft. Wir wagten nicht ein Wort an ihn zu richten, gaben ihm aber durch alle möglichen Zeichen unsern Wunsch aufzuhören zu erkennen. Sie waren nutzlos; er blieb halsstarrig und begann eine dritte Taille, die er aber nicht zu Ende führen konnte; kaum war das halbe Spiel vorüber, als sich das Glück wandte und alles wieder verschwand. Hierauf legte er die Karten mit einer merkwürdigen Ruhe nieder, bot seiner Schwester den Arm an und wünschte mir eine gute Nacht. Zu sagen, was in mir vorging, wäre unmöglich; ich zog mich in ein benachbartes Stübchen zurück, welches den Beinamen *Seufzerstube* bei den unglücklichen Spielern oder abgeführten Liebhabern führte, die hier ohne Zwang ihrer üblen Laune freien Lauf lassen konnten. Von tausend peinlichen Gedanken niedergeschlagen, schlief ich endlich hier ein und erwachte erst zu vorgerückter Stunde; der Saal war fast von allen verlassen.

An meiner Seite befand sich eine Maske, die mein Erwachen abpaßte; er bat mich um ein kleines Geldstück. Nachdem ich vergebens meine Taschen durchwühlt hatte, schob ich die Hand maschinenmäßig in die Brusttasche meines Rockes. Welch freudiges Staunen überfiel mich, als ich hier eine Hand voll Zechinen fand, die ich in der Berauschung über mein Glück am vergangenen Abend daselbst vergessen hatte, und die der Raubgier meines edlen Plünderers entgangen waren! Ich bot jenem Manne eine Zechine an, deren Annahme er jedoch anfangs verweigerte; dann musterte er mich von oben bis unten und nahm sie mit den Worten an: »Unter der Bedingung, daß ich sie Ihnen in meiner Behausung zurückgeben darf.« Während er dies sprach, nahm er eine Karte, schrieb seine Adresse hinten darauf und setzte, während er sie mir überreichte, hinzu, ich würde es nicht bereuen, ihm einen Besuch abgestattet zu haben. Im Geiste noch allzu beschäftigt mit meinem Fund und mehr noch mit dem Wohlstand, den ich in unsere inneren Verhältnisse bringen wollte, steckte ich die Karte in meine Tasche, ohne ihr die geringste Aufmerksamkeit zu schenken und ging, oder besser gesagt, lief nach Hause. Meine Freundin erwartete mich am Fenster; sie gab mir ein Zeichen, das ich nicht verstehen konnte, stieg dann die Treppe herab, öffnete das Tor und sagte zu mir, ehe ich noch Zeit hatte, ein Wort hervorzubringen: »Geh ins nächste Caféhaus und kehre nicht eher zurück, als bis ich dich rufen lasse.« Hierauf zog sie sich wieder zurück; ich gehorchte, und nach zweistündigem Warten erschien ein Diener und gab mir ein Zeichen, ihm zu folgen.

Er führte mich in ein wenig besuchtes Gäßchen, das in den Kanal ausmündete, und an dessen äußerstem Ende ich sie wiederfinden sollte. Wir warfen uns in eine Gondel; hier brach sie in Schluchzen aus. »Wenn du über den Verlust eures Geldes weinst«, sprach ich zu ihr, »so tröste dich.« – »Nein«, entgegnete sie mir, »ich weine über mein Schicksal und das schlechte Benehmen meines Bruders, der dich unbedingt aus dem Hause jagen will. Der Elende sagte zu mir, daß, da ich nichts mehr von dir zu erwarten hätte, weil er dich vollständig ausgeplündert habe, es unnütz sei, meine Zeit zu verlieren; er schlug mir vor, an deine Stelle einen reichen Glückspilz, deinen unversöhnlichen Feind, anzunehmen.« Von der Aufrichtigkeit ihrer Tränen überzeugt, warf ich, um sie zu trocknen, einhundert Zechinen in ihren Schoß; das Lächeln kehrte wieder in ihr Antlitz zurück und ihre gute Laune steigerte sich im Verhältnis der Ansehnlichkeit der Summe.

Nachdem ich ihr die Episode mit der Maske aus dem *Ridotto* erzählt, begannen wir zu überlegen, wie wir uns ihrem Bruder gegenüberstellen wollten. Weil das Gold allein die magische Kraft besaß, diesen rohen Gesellen zu blenden, kamen wir auf den Gedanken, ihm weiszumachen, daß ich die Kunst besäße, dieses Metall zu erzeugen, eine Sache, die leicht auszuführen sei. Dieser unschuldige Scherz sollte mir später beinahe das Leben kosten. Seine Schwester benachrichtigte mich, daß er in diesem Augenblicke auf dem *Ridotto* sei, von wo er nicht sogleich fortgehen würde. Ich suchte ihn dort auf. Ich setzte mich in seine Nähe; er blickte mich an, ohne mich zu grüßen, als wäre ich ihm völlig unbekannt. Ich legte eine Hand voll Gold im Spiel an, das sich bei einem unerhörten Glück in wenigen Minuten verdoppelte und einen magischen Effekt hervorrief. Derselbe Mann, der es nicht der Mühe wert gehalten, mich am Anfang des Abends wiederzuerkennen, überhäufte mich von diesem Augenblicke an mit Höflichkeiten und Schmeicheleien aller Art. Er erniedrigte sich so weit, mich um ein Darlehen von zehn Zechinen zu bitten. Ich gab ihm zwanzig und das Glück begünstigte ihn so, daß er mit denselben noch zwanzig dazu gewann. Er wollte mir jetzt jene Summe zurückgeben, die ich ihn jedoch als Glücksgeld, was es auch wirklich war, zu behalten veranlaßte. Wir gingen miteinander fort; er wußte sich nicht mehr zu halten. Unterwegs bat er mich wegen des am gestrigen Abend Vorgefallenen um Verzeihung und entschuldigte sich, die enorme Summe, um die er mich betrogen, verloren zu haben, wobei er noch so unverschämt war, sie als ein Darlehen zu bezeichnen und mir zu versichern, daß er wohl imstande sei, sie mir von dem ersten Gewinn, der ihm zufiele, zurückzuzahlen. Ich dankte ihm für seinen guten Willen und antwortete ihm, daß dieser Verlust nur einem unglücklichen Zufall zuzuschreiben sei, von welchem ich ihn freisprechen wolle; ich ging sogar so weit ihm zu versichern, wenn er vernünftig sein und keine weiteren Fragen an mich richten wolle, so würde ich mich glücklich schätzen, ihm von Zeit zu Zeit meine Börse zur Verfügung stellen zu können. Er schloß mich in seine Arme, beteuerte, daß er niemals die Indiskretion begehen würde, mich um Mitteilung eines Geheimnisses, welches es auch sei, zu bitten; hierauf bat er mich, ihn in einem Buchladen, der auf unserem Wege lag, zu erwarten, und eilte zu seiner Schwester, um dieser die Wunderdinge in bezug auf mich zu erzählen;

gleichzeitig erteilte er Befehl, mich wieder in den Besitz des Zimmers einzusetzen, das ich bei ihm eingenommen und das er mich gezwungen hatte, zu verlassen.

Einige Wochen hindurch lebten wir in der vollkommensten Harmonie. Unser Glück im Spiele war beständig und gestattete uns, unserm Hang zum Aufwand Genüge zu leisten. Ich glaube jedoch, eine Episode nicht mit Stillschweigen übergehen zu dürfen, die, wie außerordentlich sie auch erscheinen mag, doch ebenso wahrhaft ist wie die Erlebnisse, die ich bereits erzählt habe oder noch zu erzählen haben werde.

Als ich am ersten Fastensonntag in meinen Taschen herumsuchte, um Ordnung in meine Papiere zu bringen, fand ich die Karte wieder, die mir die Maske auf dem *Ridotto* gegeben. Die geistige Ruhe, deren ich mich in diesem Augenblicke erfreute, gestattete mir, einem Gefühle der Neugier nachzukommen. Ich beschloß das Abenteuer zu verfolgen und begab mich nach dem auf der Adresse bezeichneten Ort. Der Anblick der Räumlichkeiten schien mir nicht der Art zu sein, mir große Verknüpfungen bei Lösung des Knotens zu versprechen. Ich klopfte mehrmals an die Türe, ohne gehört zu werden; endlich wurde sie mittelst einer Schnur geöffnet, die oben an der Treppe angezogen wurde. Ich stieg hinauf, ohne einen Diener oder Einführer zu finden, und da ich gerade vor einem Zimmer stand, trat ich in dasselbe ein. Es war leer; auf das Geräusch, das ich machte, erschien aus dem anstoßenden Zimmer ein Greis, dessen Züge mir nicht ganz unbekannt schienen. Er war mit angemessener Einfachheit gekleidet; seine ehrwürdige und milde Gestalt, verbunden mit einem Ton der Stimme, die in die innere Seele drang, rief eine große Sympathie in mir wach. Er grüßte mich höflich, nahm mich bei der Hand, hieß mich in ein Kabinett, das ihm zum Bibliothekzimmer diente, eintreten und lud mich zum Niedersetzen ein.

»Ich danke Ihnen, lieber junger Mann für Ihren Besuch«, sagte er zu mir; »es wird nicht von mir abhängen, ob er nutzenbringend für Sie sein wird.« Ich schickte mich an, etwas zu erwidern, er ließ mir aber nicht die Zeit dazu und bat mich, ihn ohne Unterbrechung anzuhören; dann fuhr er fort:

»Ich bin sehr alt, wie Sie sehen; ich zähle mehr als achtundsiebzig Jahre, und nach der Ordnung der Natur bleibt mir nur noch wenig Zeit zum Leben; bevor ich jedoch diese Welt verlasse, wünsche ich ein Werk glücklich zu Ende zu führen, das ich mir auferlegt habe. Auf Sie habe ich nun meine Augen geworfen, um mir zur Erreichung meines Zieles zu helfen.«

»Auf mich?«

»Auf Sie.«

»Wenn ich die Last der Jahre und die Beängstigungen meines Herzens davon ausnehme, bin ich einer der glücklichsten Menschen der Erde. Beurteilen Sie mich nicht nach der Bitte, die ich auf dem *Ridotto* an Sie richtete, ebensowenig wie nach dem wenigen Luxus, den Sie in dem Innern meines Hauses antreffen; ich bin reich, gesund an Geist und Körper, habe weder Schulden noch Gewissensbisse und wünschte, daß Sie davon überzeugt wären. Bevor ich aber eine Frage an Sie richte, will ich Sie genau damit bekanntmachen, was ich früher war und was ich jetzt bin.

Livorno ist mein Vaterland; mein Vater, ein reicher Kaufmann dieser Stadt, starb und hinterließ mir in meinem zweiundzwanzigsten Lebensjahre als einzigem Erben eine Summe von fünfzigtausend Talern. Dieser würdige und vortreffliche Vater hatte mich meine Studien auf dem Kolleg zu Florenz verfolgen lassen; er bestimmte mich zum Berufe eines Arztes, allein die Notwendigkeit, seine Handelsangelegenheiten in Ordnung zu bringen, zwangen mich gegen meinen Willen, das Kolleg mit der Faktorei zu vertauschen. Vier Jahre hindurch, die ich diesem traurigen Geschäft gewidmet, hatten mir die traurige Erfahrung beigebracht, daß ich mich auf einem Meere eingeschifft hatte, auf welchem es mir unmöglich war, mich ohne Schiffbruch zurückzuziehen; ich gab mich den Eindrücken meines Herzens hin; und Kredit von einer Seite, verliehenes Geld auf der anderen, fügen Sie meine Unerfahrenheit in Geschäften hinzu, kurz nach Verlauf dieser vier Jahre blieb mir kein Centesimo von der Erbschaft meines Vaters übrig. Ich hatte eine unbezwingliche Abneigung gegen alle Arten von Handelsgeschäften, deshalb verließ ich heimlich und für immer Livorno und begab mich nach Bologna, dann, zwei Monate später, nach Venedig. Kaum war ich in letzterer Stadt angelangt, als ich von einem schleichenden Fieber ergriffen wurde. Sterbend, im Elend, ohne Freunde, ohne Kredit, ohne Geld, sah ich mich gezwungen, um Almosen zu bitten, um ein Leben zu fristen, das mir nicht von langer Dauer zu sein schien.

Es gibt mehr oder minder glückliche Wechselfälle in allen Gewerben; in den ersten drei Monaten kehrte ich allabendlich mit achtzehn bis zwanzig Lire in meiner Tasche heim; und da diese tägliche Einnahme die Hälfte meiner Ausgaben überschritt, legte ich mir ein kleines Kapital beiseite, das mehr als einmal die Lust in mir weckte, auf diese Art von Existenz zu verzichten; allein die Furcht, von neuem krank zu werden und die Unsicherheit der Laufbahn, der ich mich widmen konnte, bestimmten mich, das einmal erfaßte Leben fortzusetzen; ich habe es siebenundvierzig Jahre fortgesetzt. Während dieses langen Zeitraumes erlangte ich nicht nur meine Gesundheit wieder, sondern sah mich auch infolge von Ordnung und Sparsamkeit im Besitz von zehntausend Dukaten, ohne zu rechnen, was ich für Mobiliar, Bibliothek und Almosen für solche, die noch ärmer als ich waren, verwendete; ich fühlte mich damals versucht, nach Livorno zurückzukehren; nach einigem Zögern konnte ich mich jedoch nicht entschließen, Venedig zu verlassen, wo ich so mitleidige Seelen gefunden. Ich vergaß noch zu sagen, daß ich wenige Tage nach meiner Ankunft ein ganz kleines möbliertes Zimmerchen bei einer Witwe gemietet hatte; zweiundzwanzig Jahre hindurch bewohnte ich dieses Logis. Die genannte Witwe hatte zur Zeit, wo ich bei ihr einzog, ein kleines Mädchen von erst einigen Monaten; meine Wirtin war anständig, aber arm, dies genügte, um mich ihr mit Leib und Seele zu widmen. Während der ersten Jahre behandelte ich ihr Kind mit der Zärtlichkeit eines Vaters; es wuchs unter meinen Augen heran; es war ein Wunder an Geist und Schönheit. Ich war glücklich, seine Kenntnisse zu leiten und ihm in allem, was zu einer guten Erziehung gehört, Unterricht zu erteilen.

Die Kleine war zwölf Jahre alt, als ich ihr die ersten Unterrichtsstunden zu erteilen begann. Ich war erstaunt über ihre leichte Auffassungsgabe und ihre Fortschritte; im siebzehnten Jahre schrieb sie leidlich in Prosa wie in Versen.

Ich war nicht unempfindlich und wurde bald im höchsten Grade in sie verliebt; der Unterschied von fünfundzwanzig Jahren, der zwischen uns bestand, konnte meine Leidenschaft weder auslöschen noch mäßigen. Eines Abends, als ich mit ihrer Mutter allein war, erzählte ich ihr alle Einzelheiten meines Lebens und schloß meine Erzählung, indem ich sie um die Hand ihrer Tochter bat. – »Das wolle Gott nicht«, erwiderte sie mir, »daß mir jemals in den Sinn käme, Ihnen mein Kind zu versagen! Möchte ich Sie eben so glücklich machen, als sie es, wie ich überzeugt bin, mit Ihnen sein wird.« Sie rief hierauf ihre Tochter herbei, und diese nahm, sei es nun aus Sympathie oder aus der einfachen Gewohnheit, in meiner Nähe zu leben, mit großer Heiterkeit im Antlitz den Vorschlag, den ich ihr mitgeteilt hatte, an. Kurze Zeit darauf heiratete ich sie.

Ich mietete damals dieses Haus, wo ich während siebzehn Jahren alle Glückseligkeiten genossen habe, die nur einen Sterblichen auf dieser Erde erfreuen können. Eine lange und schwere Krankheit raubte mir mein Weib, die mir nur eine Tochter als

Stütze meines Alters hinterließ. Das Glück dieses Kindes ist das Werk, von welchem ich anfangs sprach, ein Werk, das ich vor meinem Tode beendigen möchte. Meine Tochter ist gut, wohl erzogen und schön in meinen Augen. Vielleicht täuscht mich meine Liebe als Vater; sehen Sie sie und urteilen Sie selbst, dann wissen Sie das übrige.« Nachdem er dies gesagt, verließ er das Zimmer und kehrte bald mit seiner Tochter zurück, die mir in Wahrheit wie ein Engel erschien.

Nachdem die ersten Höflichkeiten gewechselt waren, sprach der Greis: »Meine Tochter, hier ist der, von welchem ich zu dir gesprochen und den ich dir zum Gatten anbiete, wenn Ihr nicht, das eine oder das andere, Widerspruch dagegen erhebt.« Das Erstaunen hatte mir alle Kraft geraubt; da er mein Schweigen gewahrte, sagte er zu mir: »Folgen Sie mir, ich will Ihrer Schüchternheit Mut machen«; und während er mich in ein drittes Zimmer eintreten ließ, öffnete er mir eine große, eisenbeschlagene Truhe und fügte hinzu: »Ich will Ihnen zeigen, was bis zum heutigen Tage der ganzen Welt unbekannt geblieben ist.«

Ich war geblendet; ich glaubte zu träumen. »Hier sind fünfzigtausend Zechinen, die an demselben Tage Ihnen gehören, an welchem Sie meine Tochter heiraten. Bei meinem Tode, oder wenn nötig auch noch früher, werde ich noch etwas zu diesem Vermögen hinzulegen. Es ist schon länger als zwei Jahre her, daß ich stillschweigend Sie zum Schwiegersohne erkoren habe; Ihr Äußeres gefiel mir, und kaum hatte ich Sie bemerkt, als ich schon Sympathie für Sie empfand, der alsbald meine Achtung nachfolgte. Alle Tage gaben Sie mir auf der Brücke des heiligen Georg, wo ich saß, und alle Tage sagte ich, da ich Ihre unsichere Stellung kannte, zu mir: Sein Herz muß sich sehr zur Wohltätigkeit und seine Seele zur Tugend neigen, um auf diese Weise eine der süßesten Vorschriften der christlichen Religion auszuführen!«

Mein Erstaunen hatte keine Grenzen mehr, als ich sah, daß

dieser Mann nicht allein meinen Namen, sondern alle, selbst die vertrautesten, Einzelheiten meines Lebens kannte. Die Leidenschaft, die ich im Herzen trug, hinderte mich, ein so vorteilhaftes Anerbieten anzunehmen; auch gab es noch ein Hindernis, das ich mich ihm zu entdecken scheute. Das Hochherzige seines Benehmens verdiente jedoch eine vollständige Offenheit, und vor allem mußte ich es vermeiden, ihn zu verletzen.

»Ich bin«, antwortete ich ihm, »bis in meine innerste Seele von dem Wert des Schatzes durchdrungen, den Sie mir anbieten; es ist jedoch mir nicht gestattet, der glückliche Besitzer desselben zu sein. Ich bin Ihnen eine ganz offene Mitteilung der Beweggründe meiner Weigerung schuldig. Ich bin durchaus nicht in der Lage, an eine Vermählung denken zu können.«

Er schwieg einige Augenblicke. »Mein lieber Sohn«, fuhr er endlich wieder fort, »ich bin Ihretwegen betrübt darüber.« Ich verbrachte den Rest des Tages bei dem Vater und der Tochter, und während dieser ganzen Zeit bewiesen mir beide die freundschaftlichste Gesinnung.

Ich stand dermaßen unter dem Joche eines Weibes, daß es mir ganz natürlich schien, ihr dieses Glück zu opfern. Zwar bereute ich es gar bald; allein es war zu spät. Wenige Monate darauf heiratete dieses reizende Kind einen venetianischen Patrizier, welcher Wien zu seinem Aufenthalte wählte; es glückte mir später, sie wiederzufinden und während meines Aufenthaltes in dieser Hauptstadt in ihrem vertrauten Familienkreise zu leben.

Nach diesem Tage glücklicher Ruhe, den ich im Familienleben hinbrachte, kehrte ich ein wenig spät nach Hause zurück; daselbst erwartete mich eine Szene anderer Art. Hier fand ich die, der ich mich eben geopfert hatte, in einem Anfalle der wütendsten Eifersucht. Bei solchen Anfällen war dieses Weib unvergleichlich grob und gemein; als sie mich erblickte, warf sie mir eine Tintenflasche nach dem Gesicht. Eine natürliche Bewegung ließ mich die Hand vorwärts halten, um auszuweichen; ein Glassplitter verwundete mich aber so tief, daß ich einen ganzen Monat hindurch des Gebrauchs meiner rechten Hand beraubt war. Schon glaubte ich, daß sich die Folgen dieses Auftrittes hierauf beschränken würden; ich täuschte mich jedoch; sie schlüpfte, während ich schlief, in mein Zimmer, und mit einem einzigen Scherenschnitt schnitt sie mir meine Haarlocken ab, die bis auf meinen Hals herabwallten; sie hatte dies auf eine so gewandte Art bewerkstelligt, daß ich erst am nächsten Morgen beim Erwachen bemerkte, wie ich, ein neuer Simson, eine Delila gefunden hatte. Ihr alleiniger Zweck war, mich im Hause zurückzuhalten, und sie erreichte ihn.

Seit einiger Zeit hatte mich eine adlige Dame zum Lehrer ihrer beiden Kinder angenommen; sie bezahlte mich freigiebig und behandelte mich achtungsvoll. Da mein leidender Zustand mich am Ausgehen hinderte, hatte sie die Gefälligkeit, selbst zu kommen und sich von der Ursache meiner Abwesenheit zu unterrichten. Bald hatte sie die falsche Stellung erraten, in welcher ich mich befand, und das Resultat ihrer Beobachtungen war mein Abschied. Der Verlust dieser Stelle war für mich der allerunheilbringendste. Die heftigen Szenen vervielfältigten sich; ich war so weit Sklave, daß ich nur des Nachts ausgehen durfte; stets wurde ich begleitet und unser Weg war nach dem *Ridotto*. Zum Überfluß hatte uns unser Glück verlassen, und während unsere Ausgaben noch dieselben waren, wurden sie noch durch die Ansprüche des Bruders vermehrt, der meine Börse ausleerte und sich an unserer Tafel niederließ. Eines Tages, als er sein Geld verloren hatte, trat er ungestüm in mein Zimmer und verlangte, die Drohung auf den Lippen, hundert Zechinen von mir; ich versicherte ihm, daß ich diese Summe nicht besäße.

»Nun gut«, sagte er, »suchen Sie, sich dieselbe zu verschaffen, denn ich weiß, daß Sie das Geheimnis besitzen, Gold zu machen, und ich verlange, daß Sie mich es lehren.«

Um mit diesem schlecht geleckten Bär schön zu tun, war ich gezwungen, ihm alles zu geben, was ich bei mir hatte, und ihm zu versprechen, daß ich ihm noch vor acht Tagen die vollständige Summe verschaffen würde. Von nun an begann ich die Augen zu öffnen und die Tiefe des Abgrundes, der unter meinen Füßen gähnte, zu ermessen, wie ich auch den Nachteil erkannte, welchen mein Betragen endlich meinem Rufe zufügen mußte.

Einer meiner Brüder, der durch die Bande der Freundschaft wie durch die der Natur mir innig zugetan war, bemühte sich seit langer Zeit vergebens, mich aus diesem Zustande der Verworfenheit herauszuziehen. Ich war zu sehr von der Liebe und dem Spiel beherrscht, um auf eine so verständige Stimme zu hören. Ich sah das Übel, hatte aber nicht die Kraft, es zu fliehen. Ein trauriger Zwischenfall bewirkte jedoch, was weder die brüderlichen Ratschläge noch die Betrachtung der Gefahren, denen ich mich seit drei Jahren ausgesetzt hatte, zu erlangen vermochten.

Ein Priester von Friaul, mein Studiengenosse von Portogruaro, war von mir auf das freundschaftlichste aufgenommen worden; er lud sich eines Abends zum Nachtessen ein, was er gern und sehr häufig tat. Wir schwatzten gewöhnlich noch einige Stunden nach der Mahlzeit zusammen. An diesem Tage zog er sich jedoch unmittelbar nach dem Essen zurück. Gleich darauf wollte ich auch ausgehen und verlangte, da der Abend mit Regen drohte, nach meinem Mantel. Er fand sich doch im ganzen Hause nicht. Ich wußte aber gewiß, daß ich ihn auf einen Stuhl, zur Seite der Eingangstüre, hingelegt hatte. Ich hatte während des Tages keinen andern Besuch als den jenes Priesters empfangen; der Mantel war verschwunden, aber ich sträubte mich zu glauben, daß dieses Verschwinden sein Werk sei. Unerwartet kam mein Bruder dazu und half mir in meinen Nachforschungen. Plötzlich rief mein Diener, der klüger als wir war und bei dem jener Priester in keiner allzugroßen Achtung stand, lachend aus: »Ich bin fast gewiß, Ihren Mantel zu finden.« Er ging und kehrte alsbald zurück, indem er uns schon von weitem zurief: »Ich hatte recht; der Herr Abbate hat ihn für achtzig Lire bei unserem Nachbarn, dem Trödler, verpfändet.«

Ich war wie niedergedonnert und tief verletzt. Wir gingen fort, und für die Summe, die ich bezahlte, wurde der Mantel mir wieder zugestellt. Mein Bruder konnte sich nicht enthalten, zu mir zu sagen: »Da siehst du's, wohin die bösen Leidenschaften führen!...«

Als ich allein war, fing ich an, ernste Betrachtungen anzustellen: »Also«, sagte ich zu mir selbst, »ein Priester, ein Freund, den du in deinem Hause aufgenommen, ist imstande, die Gastfreundschaft so weit zu mißbrauchen und eine so herabwürdigende Tat zu begehen! Welche Leidenschaften müssen ihn zu dieser Niederträchtigkeit bewogen haben? Das Spiel und vielleicht die Liebe!« – Kaum waren diese beiden Worte meinen Lippen entflohen, als mich eine tödliche Kälte vom Kopf bis zum Fuß erfaßte, und mein Entschluß stand fest, den Karten zu entsagen, ebenso auch der Frau, deren Sklave ich war, und der Stadt, wo sich so viele Verführungen begegneten. Ohne Zeitverlust ergriff ich die Feder und schrieb folgende Zeilen an meinen Bruder:

»Girolamo! Lebe wohl Spiel, Liebe und Venedig! Ich würde sofort abreisen, wenn ich Geld hätte. Aber ich schwöre, daß vor drei Tagen mein Entschluß ausgeführt ist. Gott sei Dank! Morgen auf Wiedersehen!«

Ich besorgte meinen Brief; ohne jedoch diesen Morgen abzuwarten, eilte mein Bruder herbei, zog seine Börse und gab mir den Inhalt derselben, welcher für meine ersten Bedürfnisse ausreichte. Dies war nicht der erste und alleinige Beweis brüderlicher Freundschaft, die mir dieser arme Bursche gab. Der Tod, der mir ihn in dem allzufrühen Alter von dreißig Jahren entriß, beraubte mich zugleich eines Genossen, eines Ratgebers und eines Freundes, drei in dieser Welt so seltene und so schwer aufzufindende Dinge, zumal bei einem Bruder! Mit diesen kost- baren Eigenschaften verband er einen überlegenen Geist, ein umfassendes Wissen und einen ausgesuchten Geschmack in allen Zweigen der Literatur. Eine große Bescheidenheit und ein Charakter von seltener Urbanität hatten ihm die Achtung und die Zuneigung all derer erworben, die ihn kennenzulernen das Glück hatten. Ich konnte diesen unersetzlichen Verlust nicht genug beweinen.

Verzeihe man mir diese kurze Abschweifung und gewähre man den Tränen, die ich einem so teuren Andenken schulde, einiges Mitleid!

3. Kapitel

Kehren wir zum Abbate zurück. Die Morgenröte begann den Himmel zu färben, als ich nachstehendes Billett empfing:

»Mein Freund! Gestern abend habe ich mich einer unwürdigen Handlung schuldig gemacht. Ich habe Ihren Mantel entwendet, den ich für achtzig Lire verpfändet habe. Das schlimmste ist, daß ich spielen gegangen bin und dieses Geld verloren habe. Ich bin in Verzweiflung. Gern würde ich Ihnen meinen Mantel zum Ersatz des Ihrigen senden, aber er ist alt, zu kurz für Sie und durchaus nicht für die Jahreszeit, in der wir leben, geeignet. Dennoch können Sie ihn nicht wohl entbehren! Was tun? Verfügen Sie über mich.«

Beim Durchlesen dieser Zeilen empfand ich Mitleid. Ich ging aus und suchte ihn auf; als er mich mit einem Dolche bewaffnet erblickte, den ich aus Vorsicht stets bei mir trug, wurde er blaß, zitterte an allen Gliedern und sah mich, ohne ein Wort hervorzubringen, erschrocken an; dann flüchtete er schleunigst auf die Straße. Ich folgte ihm nach; er schlug seinen Weg nach einem

Gäßchen ein und rief mir zu, er würde sich in den Kanal stürzen. Vielleicht hatte er nicht die Absicht, tat aber, als wollte er es tun; wie dem auch sei, ich kam noch zur rechten Zeit dazu, um ihn abzuhalten, und statt ihm Vorwürfe zu machen, begnügte ich mich, ihm ruhig jene Worte meines Bruders zu wiederholen: »Siehst du, wohin die bösen Leidenschaften führen.« Seine Verlegenheit hatte den höchsten Grad erstiegen; die Mäßigung meiner Worte erschütterte ihn tief. Er konnte seine Tränen nicht zurückhalten, und auch ich mußte mit ihm weinen. Ich umarmte ihn, sprach ihm Mut zu und versprach ihm, nicht weiter davon zu sprechen, wenn er seinerseits mir geloben wollte Venedig zu verlassen. Er gab mir sein Wort darauf. Ich stellte ihm einiges Geld zu und er reiste ab. Dieser Mann, dem es weder an Kenntnissen noch an Talent fehlte, legte sich jetzt ernstlich auf die Studien, und nach Verlauf von einigen Jahren erhielt er einen Lehrstuhl der schönen Wissenschaften auf dem Seminar zu C... mit der Pfarre eines kleinen Kirchspiels, wo er, wie ich vernommen habe, alljährlich aus seinen eigenen Mitteln eine gewisse Anzahl Armer kleidet; eine fromme Sühne jenes unglücklichen Abenteuers!

Dieses Beispiel bestärkte mich in meinem Entschluß, mich von einem so gefahrdrohenden Orte, wie Venedig, zu entfernen. Zu glücklich wäre ich gewesen, wenn ich den Mut gehabt hätte, dasselbe in allen Verhältnissen zu tun, wo meine Seele meinen Leidenschaften unterlag! Wenn die Seele nicht ihre Schwächen hätte, so würde ich nie die glücklichen Erfolge dieses männlichen Entschlusses aus den Augen verloren haben. Weder Tränen noch Bitten, noch selbst die Drohungen der Buhlerin, auf welche ich verzichtete, überwogen meine getroffene Entschließung; ich kehrte nach Ceneda zurück, und bevor noch zehn Tage verflossen waren, hatte mich, sozusagen, die Vorsehung wegen des Sieges, den ich über mich selbst davongetragen, belohnt.

Zwei Lehrstühle der schönen Wissenschaften waren an dem

Seminar zu Treviso, der gelehrten Stadt der venetianischen Staaten, vacant: sie wurden meinem Bruder und mir angeboten. Wir nahmen sie alle beide bereitwilligst an. In der alleinigen Absicht, mit mir zusammen zu leben, verzichtete mein Bruder auf eine Sekretariatsstelle bei einer patrizischen Familie; ich kann die Freude nicht schildern, die ich empfand, als ich mich endlich befreit von meiner schmachvollen Kette fühlte!

Dieselbe, die mich drei aufeinanderfolgende Jahre hindurch in Sklavenfesseln gehalten und trotz meiner Entfernung, die sie meine Treulosigkeit nannte, mich, wie sie sagte, fortwährend liebte, hatte sich in eine neue Intrige gestürzt und trieb ihre Niederträchtigkeit so weit, gegen mein Leben zu konspirieren, um ihrem neuen Geliebten den Beweis zu geben, daß fortan jedes Band zwischen uns zerrissen sei.

Sie pflegte mir alltäglich zu schreiben, um mich von der Beständigkeit ihrer Liebe zu überzeugen. Am 1. Januar empfing ich von ihr nachstehendes einfache Billett:

»Wenn Du noch etwas auf mein Glück und mein Leben gibst, so eile sofort nach Venedig; gegen 10 Uhr abends werde ich bei meiner Cousine sein.

Deine Freundin.«

Nach Empfang dieses Schreibens eilte ich zur Post, um mir eine Kalesche nach Mestro zu mieten. Eine starke Kälte hatte die Lagunen mit Eis bedeckt, und erst nach mehreren verlornen Stunden und nach vieler Arbeit gelang es, mir durch vier robuste Gondolieri eine Durchfahrt von Mestro nach Venedig bahnen zu lassen. Es war nahe an Mitternacht, als ich an dem Tore des Palastes anlangte, wo mich mein böser Genius erwartete. Dieses Tor war verschlossen. Während ich die Hand auf den Türklopfer legte, fühlte ich mich ungestüm festgehalten. In demselben Augenblicke hörte ich eine bittende Stimme sagen: »Signore, bei der Liebe Gottes, gehen Sie nicht hinein.« Es war mein alter Diener, den ich bei meiner Abreise bei diesem Weibe zurückgelassen hatte. Ohne mir Zeit zu einer Antwort zu lassen, zog er mich bis zum anderen Ende der Brücke fort. Als er mich in Sicherheit glaubte, begann er mit bewegter Stimme: »Vernehmen Sie, daß Ihre Geliebte einen anderen Liebhaber genommen hat. Es ist ein junger Edelmann von Venedig, einer der ersten Raufbolde der Stadt. Eifersüchtig auf die Verbindung, die, wie er wähnt, noch zwischen ihr und Ihnen besteht, obschon sie ihm versichert hat, daß sie Sie nicht mehr liebe, hat er, um sich davon zu überzeugen, verlangt, daß sie Sie in einen Hinterhalt locke.«

Es ist unbeschreiblich, mein Staunen und meine Indignation während dieser Worte zu schildern; verblendet von Zorn und gekränkter Eigenliebe, hörte ich weder auf die verständigen Ratschläge dieses treuen Dieners noch auf die der Klugheit, sondern kehrte nach der Pforte zurück, um mich zu rächen. Er folgte mir, um mir nötigenfalls Beistand zu leisten; ich fühlte aber Mut genug in mir und war auch ziemlich gut bewaffnet, um mich allein gegen einen Mörder zu verteidigen. Ich klopfte entschlossen an die Pforte. Die Türe wurde mir geöffnet; ich sprang, den Dolch in der Hand, die Treppe hinauf. Auf dem obersten Absatz fand ich jenes Weib. Es war nahe an Mitternacht, sie war allein; bei meinem Anblick stieß sie ein Freudengeschrei aus und warf sich an meinen Hals. Die indezente Tracht, in welcher sie sich zeigte und noch mehr diese neue Treulosigkeit verdoppelten meine Wut. Ich stieß sie rauh zurück und warf ihr die prophetischen Worte zu: »Möge Gottes Hand dieses gemeine Geschöpf vernichten!« In diesem Augenblick schien es mir, als ob ein Strahl der göttlichen Güte meinen Verstand erleuchtete und mich von all meinen Torheiten heilte. Hierauf stürzte ich wieder zur Treppe und eilte mit der Schnelligkeit eines Menschen, der einer großen Gefahr entflieht, herunter. Ich warf mich wieder in meine

Gondel und kehrte nach Mestro und von da nach Treviso zurück, wo ich nichts mehr von dieser elenden Buhlerin sprechen hören wollte.

Von diesem Augenblicke an begann ich, frei von allen störenden Geschäften, mich in dem süßen Verkehr mit den Musen zu erholen. Ich hatte dazu die nötige freie Zeit und die größte Begünstigung. Zunächst schaffte ich mir eine schöne und zahlreiche Bibliothek an, welche ich leicht mit den besten Autoren, die mir dessen würdig schienen, bereichern konnte; außerdem fand ich in dieser Stadt eine Vereinigung von Gelehrten, die in mir einen heiligen Wetteifer unterhielten; eine zahlreiche, feurige, ruhmliebende Jugend; einen ausgezeichneten, der Wissenschaft treu ergebenen Prälaten; eine glänzende Gesellschaft, welche schöne Künste und Literaten liebte; endlich ein prächtiges Klima, welches poetische Begeisterung begünstigte; das waren zwei Jahre hindurch die Elemente, die den Hochgenuß meines Lebens ausmachten.

Ich teilte meine Zeit zwischen meinem Bruder und Giulio Trento, einem der tüchtigsten Literaten von tiefem Wissen und ausgezeichnetem Geschmack. Seiner geistvollen Kritik und der Feinheit seiner Beurteilungen sowohl wie seiner liebenswürdigen Vertraulichkeit und seiner Überlegenheit unter den gelehrtesten Männern verdanke ich den Erfolg meiner literarischen Arbeiten zu Treviso. Ein Stück in Versen, betitelt: *La Cechina*, welches ich vor der Akademie vorlas, vermehrte meinen poetischen Ruf und die gute Meinung nicht wenig, welche der Bischof und das Land sich von mir gebildet hatten.

Am Ende des Schuljahres wurden mein Bruder und ich zu wichtigeren Lehrstühlen befördert. Diese Begünstigung verletzte die Eigenliebe der anderen Lehrer, die mehr Anrechte als wir zu haben glaubten und vorgezogen zu werden beanspruchten. Diese Männer von tiefem Wissen ermangelten gänzlich des Genies und jener instinktiven Begabung, welche den Geschmack an den schönen Künsten verleiht und die, wenn sie nicht ein Geschenk der Natur ist, sich nur äußerst schwer erwirbt. Dieser feine Geschmack, ich wage es hier offen zu erklären, wurde in diesem Kollegium zum ersten Male durch meinen Bruder und mich eingeführt. Seit vierzig Jahren befolgt man hier unsere Methode; man hat hier die von uns festgestellten Regeln angenommen und man studiert Autoren, deren Namen zur Zeit unserer Ankunft in Treviso noch unbekannt waren. Von dieser Epoche an datieren sich die großen Ereignisse und die großen Wechselfälle meines Lebens, die mich in eine Laufbahn trieben, welche derjenigen ganz entgegengesetzt war, für welche mich bis jetzt meine Studien und mein Geschmack bestimmt zu haben schienen. In meiner Eigenschaft als Lehrer der Literatur, der italienischen wie der lateinischen, hatte ich die Verpflichtung, am letzten Tage des Schuljahres von meinen Zöglingen Bruchstücke von Arbeiten über mehr oder minder wissenschaftliche Gegenstände vorlesen zu lassen. Das Thema, welches ich für dieses Jahr auswählte, war leider folgendes Problem:

Zu untersuchen, ob der Mensch im Naturzustande nicht glücklicher sein würde als inmitten der sozialen Institutionen.

Infolge der Unwissenheit meines Auditoriums und namentlich der mehr als böswilligen Erläuterungen machte diese Streitfrage Skandal; man fand oder wollte darin eine Entgegnung gegen die soziale Ordnung finden; man rief den Zorn der Reformisten von Padua auf, die, statt sie wie ein Spiel des Geistes zu betrachten, mir ein Verbrechen daraus machen zu müssen glaubten und deshalb an den Senat von Venedig appellierten. Auf diese Weise sah ich diese erlauchte Versammlung zum ersten Male mit einer Exekutivgewalt über eine rein literarische Frage bekleidet. Unter großem Schaugepränge wurde ein Tag zur Diskussion festgesetzt. Freunde, Verwandte und hauptsächlich die Familie Giustinianis, die den Bischof von Treviso zu ihren Mitgliedern zählte, rieten mir, meine Verteidigung selbst zu übernehmen. Ich begab mich nach Venedig, wo ich das Glück hatte, die Bekanntschaft Bernardo Memmos, eines der berühmtesten Gelehrten der Republik, zu machen. Er hörte mich an und versprach mir seinen Beistand, ja noch mehr, er verschaffte mir den Schutz des Gasparo Gozzi, eines der hervorragendsten Männer, der namentlich bei den Reformisten in hoher Achtung stand und ihr Ratgeber war. Der Ansicht Memmos beipflichtend, sandte ich ihm meine Arbeit, und begleitete sie mit einigen Versen, die ich ihm widmete und die einen großen Einfluß auf ihn ausübten. Leider waren die Geister dergestalt im voraus gegen mich eingenommen, daß selbst seine wohlwollenden Worte zur Waffe gegen mich dienten. »Dieser junge Mann«, äußerte er, »hat Talent, er braucht nur ermutigt zu werden.« – Um so mehr Grund, entgegneten die Reformisten, ihm die Mittel zu entziehen, gefährlich zu werden.

Indem sie mich verfolgten, verbargen sie den Haß, den sie gegen die Familie Giustiniani und vornehmlich gegen den Bischof nährten, den sie in der Person seines Schützlings zu erniedrigen gedachten. Einer der Brüder dieses Bischofs hatte, einige Jahre früher, einen Professor von Padua, bei Gelegenheit einer Schrift, in welcher sich das Papsttum angegriffen fühlte, verurteilen lassen. Um sich dafür zu rächen, wollten die Reformisten mich um meinen Lehrstuhl in Treviso bringen, wie jener Professor den seinigen in Padua verloren hatte. Auf diese Weise geschah es, daß bei dem Todeskampf unserer unglücklichen Republik die Unschuld und das Talent, sei es nun aus Rache oder aus Laune, unterdrückt wurde. Das bloße Wort einiger fanatischer Dummköpfe fälschte die öffentliche Meinung.

Der Tag meines Urteils war endlich festgesetzt und wurde bei Trompetenschall öffentlich verkündigt. Ich hatte zu meinen Verteidigern Memmo und Zaguri gewählt; allein sei es nun, daß sie durch die Reden oder durch das Ansehen meiner Kläger eingeschüchtert waren, unter denen einer der eifrigsten Reformisten, der Mönch Barbarigo, die erste Rolle spielte, sei es, daß sie auf das Kindische meiner Anklagen sich verließen, kurz, meine Verteidiger zweifelten keinen Augenblick, daß ich unbedingt freigesprochen werden müsse, und so verschmähten sie es, das Wort zu ergreifen. Ich lege durchaus kein Gewicht auf die Einzelheiten einer zugleich tragischen und lächerlichen Sitzung. Meine zur Ketzerei gestempelten Ansichten wurden hier erläutert und bis zum Absurden kommentiert; man verlas hier lateinische und italienische Verse, um bis zur Augenscheinlichkeit zu beweisen, daß ich eine strenge Strafe verdiente. Senatoren, Proveditoren, das ganze Regierungsvolk mit einem Worte wollte in der Elegie *Der amerikanische Wilde in Europa*, deren Verfasser ich war, eine Anspielung gegen sich und den Dogenhut erblicken. Alle waren gegen mich und verlangten Rache. Einige exaltierte Köpfe gingen so weit, daß sie meinten, der Verlust meiner Freiheit oder sogar meines Lebens wäre keine allzu starke Sühne für das, was sie eine Rebellion gegen die Selbstherrschaft nannten. Ich will mich zu sagen begnügen, daß der Erlauchte Senat von Venedig »viel gehört, wenig verstanden und nichts gelernt hat«. Ich wurde als schuldig und strafwürdig ausgerufen; man war nur noch nicht einig über die über mich zu verhängende Strafe; dieser Punkt wurde der Willkür der Reformisten überlassen.

Alle Welt riet mir zur Flucht; ich allein, stark in meiner Unschuld, blieb entschlossen auf meinem Posten und glaubte, dem einbrechenden Sturm entgegentreten zu müssen. Nur zu gut kannte ich die Politik Venedigs, welche nicht gewohnt war zu »bellen« statt zu »beißen«, und ich war der Meinung, daß das bei dieser Angelegenheit entfaltete Schaugepränge zu viel Aufsehen gemacht habe, um auf etwas Ernstliches hinauszulaufen. Ich täuschte mich nicht; meine Strafe, wenn sie anders diesen Namen verdiente, war nur lächerlich. Einige Tage später wurde ich vor das Tribunal der Reformisten geladen, um hier die Verlesung meines Urteils anzuhören, welches also lautete:

»Laut Entscheidung des Durchlauchtigsten Senats wird Da Ponte von Ceneda aufgefordert, in einem Kollegium, Seminar oder einer Universität der Durchlauchtigsten Staaten von Venedig nicht mehr als Professor, Lektor, Präzeptor, Lehrer u. dgl. bei Strafe des Allerhöchsten Unwillens zu fungieren.«

Ich beugte mein Haupt, nahm mein Taschentuch vor den Mund, um einen Ausbruch des Lachens zu unterdrücken und verließ den Saal. Mein Bruder und Memmo erwarteten mich an den Treppenstufen, Totenblässe im Gesicht; mein Lachen flößte ihnen wieder Mut ein.

Memmo, der mehr als einmal Staatsinquisitor gewesen war und die Politik und die Gesetze seines Landes von Grund aus kannte, war starr vor Staunen, ein »Wenn die Berge kreißen...« entwand sich seinen Lippen; darauf legte er aber schnell einen Finger an den Mund, umarmte mich und führte mich nach meiner Behausung. Der Rest des Tages wurde dazu verwendet, daß wir uns auf Kosten des Areopags lustig machten; in der Nacht trafen wir mit Zaguri zusammen, dessen Freude und Staunen nicht minder gering waren.

Memmo bot mir für den Abend sogar eine Zuflucht in seinem Hause an, und ich verbrachte daselbst eine kurze Zeit ganz angenehm zwischen Freundschaft und Philosophie. Ich wurde von meinen hochherzigen Mäzenen der Elite der Gesellschaft in der Hauptstadt vorgestellt, die mich, auf die Mitteilung des mir Widerfahrenen und dank des Patronates dieser beiden berühmten Männer, mit einer Aufmerksamkeit und einer Urbanität aufnahmen, die mich bald meine Ungnade vergessen ließen. In Ansehung der literarischen Ehren, wie der materielleren der Interessen, hatte ich alles, was meiner Eigenliebe schmeicheln und meinem Geschmack zusagen konnte. Memmos Börse stand mir offen; er hatte die zarte Aufmerksamkeit, allen meinen Bedürfnissen zuvorzukommen; ich besuchte nur die ersten Literaten; selbst die Damen Venedigs verschwendeten um die Wette ihre Lobeserhebungen an mich. Alle wollten mich sehen, meine Verse hören, und alle tadelten die Reformisten und den Senat. Um diese Zeit machte ich die Bekanntschaft der berühmtesten Improvisatoren Italiens, unter denen ich nur den Abbate Lorenzi, den Monsignore Stratico und den Attanesi anführe, die die Idee in mir weckten, ebenfalls Improvisator zu werden. Mein Bruder tat ein Gleiches und es gelang uns beiden, uns einen gewissen Ruhm in Venedig zu erwerben, wo man uns im allgemeinen mit dem Beinamen »Die Improvisatoren von Ceneda« bezeichnete.

Jene Leichtigkeit der Improvisation in leidlichen Versen in allen Gegenständen und allen Rhythmen, das fast ausschließliche Privileg der italienischen Nation, sollte allein schon zu dem Beweise genügen, wie poetisch eine Sprache ist, die durch ihre Grazie und ihren Melodienreichtum sich so bewunderungswürdig der Freiwilligkeit des Ausdrucks darbietet und augenblicklich das auszudrücken gestattet, was man in den anderen nur durch langes Nachdenken erzielt.

Diese neue, schnell in mir entwickelte Anlage wuchs noch durch das Wohlwollen Memmos in bezug auf mich und wie durch seinen Wunsch, mir Beweise davon zu geben. Es fehlte indessen wenig, daß mir seine Freundschaft nicht unheilbringend wurde. Dieser vortreffliche Mann, der durch seine Geburt, sein Wissen und seine Seelengröße ohne seinesgleichen in der Republik dastand, hatte ein junges Mädchen, namens Therese, in seinem Hause, die aller körperlichen wie geistigen Reize ermangelte, aber alle Arglist besaß, mit der nur eine böse weibliche Natur begabt sein kann. Sie übte über ihn eine tyrannische

Herrschaft aus, welcher sich zu entziehen ihm unmöglich war. Während der ersten Zeit hatte ich das Glück, ihr zu gefallen.

Memmo und ich widmeten manche Stunden der Lektüre und den Betrachtungen. Von dem Verlangen durchdrungen, mir nützlich zu sein und mich bei seinen zahlreichen Freunden vorzustellen, ging er folglich öfter mit mir aus, als er es sonst zu tun pflegte. Diese oft wiederholte Abwesenheit verschaffte Theresen eine größere Freiheit; sie benutzte dieselbe, um einen jungen Mann an sich zu ziehen, der ihr den Hof machte und den sie zum Gemahl zu nehmen beschlossen hatte, um seine Stellung zu regeln. In den ersten Tagen nach seiner Einführung hatte dieser junge Mann einige Sympathie eingeflößt, allein aus einem leicht zu erratenden Grunde hatte sich diese Sympathie bald in Abneigung umgewandelt, so daß Memmo ihn aus seinem Haus jagte und Theresen verbot, mit diesem Menschen auch nur das entfernteste Verhältnis beizubehalten. Dieses Verbot lief jedoch ihren Plänen entgegen, und deshalb setzte sie alle nur erdenklichen Mittel ins Werk, um Memmos Entschließung umzuwandeln. Nachdem sie aber alle ihre Anstrengungen vergebens erschöpft hatte, kam sie mit weinenden Augen zu mir, flehte mich um meinen Beistand an und bat mich, zu ihren Gunsten zu intervenieren. Ich tat es, der junge Mann kehrte nicht allein zurück, sondern Memmo brachte ihn selbst zur großen Genugtuung Thereses und ihrer Familie wieder ins Haus; die Heirat fand statt.

Am Hochzeitstage begab ich mich nach dem Abendessen, das sehr heiter war, wie gewöhnlich nach Memmos Zimmer, das im oberen Stockwerk gelegen war und an das meinige angrenzte. Wir blieben noch einige Stunden im Gespräch beieinander sitzen; als der Augenblick des Scheidens kam, richtete Memmo, der mir das Geleit gab, die Worte an mich:

»Schlafen Sie zufrieden und ruhig; Sie haben heute das Glück meiner Therese geschaffen!«

Als ich vor dem Zimmer der Neuvermählten vorüberging, glaubte ich in einem Gespräche zwischen ihnen meinen Namen zu vernehmen. Ich blieb stehen; das tiefe Stillschweigen, das im ganzen Hause herrschte, ließ mich folgende Worte des Mannes vernehmen: »Da Ponte hat eine zu große Gewalt über den Herrn; sein Aufenthalt in diesem Hause ist eine Gefahr für uns. Du weißt, mit welcher Leichtigkeit er über die Hindernisse triumphiert hat, die wir nicht besiegen konnten.« –

»Wenn du davon überzeugt bist«, erwiderte Therese, »so nehme ich es auf mich, es zu veranstalten, daß er sich in wenigen Tagen aus dem Staube machen soll.«

Stumm vor Staunen und Indignation kehrte ich in mein Zimmer zurück und wußte nicht, wozu ich mich entschließen sollte; ich schwankte zwischen tausend verschiedenen Plänen. In dieser Zweifelhaftigkeit verschwand der Rest der Nacht.

Am Morgen kam ich zu Memmo und erzählte ihm, was ich gehört hatte.

»Das ist ein Traum, den Sie gehabt haben«, antwortete er mir kalt.

Es hatte dabei sein Bewenden und wir begaben uns nach dem Speisesaale, wo die ganze Familie Thereses bereits versammelt war. Als das Frühstück aufgetragen war, konnte ich Memmo überzeugen, daß ich nicht geträumt hatte. Therese würdigte mich keines Blickes, erwiderte meinen Gruß nicht und präsentierte mir nicht einmal die Tasse Schokolade, die sie den anderen Gästen darbot. Memmo zwang mich, die seinige anzunehmen, und verließ die Tafel; ich tat dasselbe; er ging hinaus, ich folgte ihm, aber weder der eine noch der andere brachte ein Wort heraus. Beim Mittagsmahle war die Gesellschaft zahlreicher, dasselbe unschickliche Benehmen gegen mich wiederholte sich; Memmo schien verwirrt; ich war es mehr als er.

»Warum bedienen Sie nicht Da Ponte?« fragte er im gebieterischen Tone.

»Sie bedienen ihn ja selbst, da bedarf es meiner nicht.«

Mein Blut kochte in den Adern, ich traute mir selbst nicht mehr, und da ich einen Eklat im Hause meines Wohltäters vermeiden wollte, erhob ich mich und zog mich in mein Zimmer zurück. Hier packte ich meine Sachen zusammen und eilte zum Hafen, wo allabendlich eine Barke nach Padua abging. Ich warf mich hinein, obschon ich nur zehn Taler in meiner Tasche hatte; nachdem ich das Fahrgeld bezahlt hatte, verblieben mir nur sechs. Ich verlor auf ein Mal durch den schwarzen Verrat zweier Undankbarer einen Beschützer, einen Freund und mehr noch einen treubewährten Führer und alle Hoffnungen, welche sein Wohlwollen in mir geweckt hatte. Gleichzeitig sah ich die Dürftigkeit voraus, die meiner in Padua harrte, wo ich zwar einen Bruder aufzufinden gedachte, der daselbst seine Studien auf der Universität beendigte; allein dieser Bruder befand sich in einer Lage, wo er mehr auf mich, als ich auf ihn zählen mußte. Ich hoffte aber auch hier einen Mann zu treffen, dem ich einige Dienste geleistet hatte, und ich dachte, er würde sich vielleicht glücklich schätzen, mir helfen zu können; aber auch diese Hoffnung wurde zu Schanden. Dieser Mann war ein Priester aus Dalmatien, welcher dem hohen Schutze einer Dame den Lehrstuhl des kanonischen Rechts verdankte, den er in Padua einnahm. Ich hatte ihn bei Memmo kennengelernt, der sich für ihn interessierte. Er hatte eine Aufnahmerede ausgearbeitet, die er vor einer Versammlung von Zöglingen und gelehrten Professoren vortragen sollte; aber, im Ciceronianischen Latein, das er niemals studiert hatte, wenig bewandert, gab diese Rede nur ein Zeugnis von seiner Ignoranz. Er hatte sie Memmo vorgelesen, der sie mir mitteilte und mich um meine Ansicht darüber befragte. Ich verhehlte ihm nicht, daß ich sie schwach fände. Memmo war des Verfassers wegen darüber bekümmert, der ihm empfohlen war und für den er sich interessierte; er forderte ihn daher auf, mir die Korrektur anzuvertrauen. Zum Glück war der

Abbate keiner von jenen in ihre Verdienste vernarrten Menschen; er ging gutmütig auf diesen Vorschlag ein, und da er Venedig in drei Tagen verlassen mußte, hatte ich keine Zeit zu verlieren; in vierundzwanzig Stunden war seine Rede in Ordnung gebracht. Er reiste ab, trug sie vor und erntete allen Ruhm. Auf diesen Mann, ich gestehe es, rechnete ich ein wenig. Es war natürlich, daß ich ihm einen Besuch abstattete, und ich machte mich also nach seiner Wohnung auf den Weg. Im Augenblick, als ich an das Tor klopfte, erhob ich maschinenmäßig den Kopf, und es schien mir, als ob sich jemand schleunigst vom Fenster zurückzöge. Nach ziemlich langem Warten öffnete mir ein Diener und sagte mir mit einer ziemlich verlegenen Miene, daß sein Herr abwesend sei; da ich befürchtete, mich vielleicht doch versehen zu haben und überhaupt meinen Zweifel aufklären wollte, entfernte ich mich einige Schritte weit und stellte mich auf Beobachtung. Ich wußte, daß die Stunde nahe war, wo er sich nach der Universität zu begeben pflegte; in der Tat hatte ich auch nicht lange zu warten; ich sah ihn aus seinem Hause herauskommen; jetzt trat ich vertraulich zu ihm heran und sagte in ironischem Tone zu ihm: »Ich danke Ihnen, Herr Abbate, daß Sie mir die Gelegenheit verschafft haben, Sie kennenzulernen«; hierauf grüßte ich ihn, drehte ihm den Rücken zu und wollte mich entfernen; er hielt mich jedoch an meinem Rockschoß fest. Dann stammelte er einige Entschuldigungen, die nur zu sehr seine Undankbarkeit und die Gemeinheit seiner Besinnung bezeugten.

Memmo, dem ich gleich nach meiner Ankunft in Padua geschrieben, hatte mich ihm in den dringendsten Ausdrücken empfohlen; aber weder diese Empfehlung noch die Erinnerung an meinen neulichen Dienst machten einen Eindruck auf das verknöcherte Herz dieses dalmatinischen Priesters; plötzlich besann er sich jedoch, daß das Original seiner schlechten Rede sich noch in meinen Händen befand und daß eine Veröffentlichung dieses Machwerks, so wie es niedergeschrieben war, sehr demütigend für ihn sein würde, daher entschloß er sich, mir einige Dienstanerbietungen zu machen, während er wohl hoffen konnte, daß mein Zartgefühl mir die Annahme derselben verbieten müsse. Ich las in seinen Gedanken, sandte ihm sein Manuskript zurück und sah ihn nicht wieder. Er schickte eine Antwort an Memmo und verhehlte die Befürchtungen nicht, die ihn beunruhigt hatten: »Da Ponte«, sagte er darin, »konnte mir kein größeres Vergnügen machen als mir das Original meiner Rede zurückschicken; ich hätte gern das Opfer von fünfzig Zechinen gebracht, um sie seinen Händen zu entziehen.«

In der Zwischenzeit hatte Memmo die Aufmerksamkeit gehabt, mir den Rest meiner bei ihm zurückgelassenen Effekten nachzusenden; diese Vervollständigung meiner Garderobe gestattete mir, mich öffentlich zu zeigen. Ich teilte meine fünfzig Francs, die ich noch besaß, in fünfzig Teile, mit dem festen Entschluß, sie zu meiner Ausgabe innerhalb fünfzig Tagen zu verwenden, während ich mich im übrigen auf die Vorsehung verließ. Ich hatte also eine Lira oder zwanzig venetianische Soldi täglich zu verausgaben: acht für mein Bett, fünf für eine Tasse Café an jedem Morgen und sieben für meine tägliche Nahrung. Zweiundvierzig Tage hindurch war ich fest genug, mich mit Brot und schwarzen Oliven zu begnügen, die, weil sie gesalzen waren, meinen Appetit verdoppelten, und Wasser als Getränk. Ich verbarg gegen jedermann, selbst gegen meinen Bruder, die harte Notwendigkeit dieser sparsamen Lebensweise. Diese Lage verbesserte sich jedoch durch eine Laune des Schicksals. Ein junger Mann, der eine große Vorliebe für das Damespiel hatte, veröffentlichte eines Tages durch Maueranschläge eine Herausforderung zu diesem Spiele in demselben Caféhaus, das ich besuchte. Ich hielt mich für stark genug, um niemand darin fürchten zu brauchen. Das Verlangen regte sich in mir, eine Probe zu machen. Ich nahm daher die Herausforderung an. Der Einsatz wurde ebenso wie die Zahl der Partien festgesetzt. Ich besaß knapp den ersten Einsatz, wenn das Glück mir ungünstig sein sollte.

Ich gewann und spielte weiter; wir zogen also zwölf Partien. Er zahlte mir zweiundzwanzig Piaster aus und erklärte sich für geschlagen. Andere junge Leute von der Universität, die zufällig anwesend waren und die Ehre ihres Kommilitonen rächen zu müssen glaubten, schlugen mir vor, eine L'hombre-Partie mit ihnen zu spielen. Der Brauch des Landes machte es mir zum Gesetz, dies anzunehmen, so wenig Lust ich auch dazu hatte. Dasselbe Glück verfolgte mich, und bevor es noch Mitternacht geschlagen, kehrte ich, nachdem ich eine gute Abendmahlzeit eingenommen, mit sechsunddreißig Piastern in der Tasche, nach meiner Wohnung zurück. Diese unvorhergesehene Veränderung galt mir als ein glückliches Vorzeichen für die Zukunft. Inzwischen fuhr ich fort mit dem nämlichen Erfolge zu spielen. Dieses Leben war aber nicht nach meinem Geschmack, obschon es mir Gelegenheit verschaffte, mit ausgezeichneten Männern, namentlich mit Cesarotti, zusammenzukommen, dem ich das Glück hatte zu gefallen, ohne mir darüber Rechenschaft geben zu können, ob es vielleicht Memmo oder meine Verse waren, denen ich die Auszeichnung, mit welcher er mich beehrte, verdankte. Obschon ich jedoch in den Launen des Glückes eine unerwartete Unterstützung gefunden hatte, die mir die Menschen versagten, so erinnerte ich mich doch der Vergangenheit, und von dem Wunsche gedrängt, mir ehrenhaftere Hilfsquellen zu schaffen, entschloß ich mich, Padua zu verlassen und Venedig wieder zu besuchen. Carlo Mazzola, ein zierlicher Dichter, der zuerst eine *Opera buffa* zu schreiben verstand und mit dem ich bei Memmo einen Freundschaftsbund geschlossen, führte mich dahin zurück.

Nach meiner Rückkehr in die Hauptstadt Venedig war meine erste Sorge, mich zu Memmo zu begeben. Ich wurde daselbst, ebenso wie von Theresen, mit offenen Armen empfangen; Memmo bot mir von neuem sein Haus und seinen Tisch an, allein ich wies es zurück und zog, aus guten Gründen, vor, ihm Besuche abzustatten, die er erwiderte. In wenig Tagen wurde unser Verkehr wieder ebenso innig, wie er es früher gewesen. Zaguri seinerseits überhäufte mich mit Beweisen der lebhaftesten Herzlichkeit und bot mir die Benutzung seines Privatsekretärs an, der ihm in mühsamen Arbeiten half und mir ein Gleiches tun sollte. Zaguri war ein vollendeter Kavalier. Ein vortrefflicher Dichter, ein guter Redner, ein vollendeter Gesetzkenner, voll Geschmack und Liebe zu den schönen Künsten, freigebiger, als es sein Vermögen gestattete, und mehr mit anderen als mit sich selbst beschäftigt, – so war Zaguri. Ich verlebte die angenehmsten Stunden bei ihm. Ihm verdanke ich die Bekanntschaft mit Giorgio Pisani, dem Gracchen Venedigs um jene Zeit. Dieser Name wird mehr als einmal im Verlauf dieser Memoiren mir in die Feder kommen. Pisani wünschte mir die Erziehung seiner Kinder anzuvertrauen; ich übernahm es von Herzen gern. So sah ich mich plötzlich von drei edlen und mächtigen Personen unterstützt und beschirmt. Ich beschäftigte mich in dieser Zeit wenig mit Poesie; die Verpflichtungen, an welche mich mein doppeltes Amt band, die Zerstreuungen, welche dieses Land meinem Alter darbot, die Lebhaftigkeit meiner Leidenschaften, – alles trug dazu bei, mir die Möglichkeit zum Dichten zu nehmen. Auf Antrieb meiner Freunde übte ich mich in der jetzt Mode gewordenen Improvisation. Ich muß gestehen, daß ich in dieser Art von Poesie das vollständige Gegenteil der geschriebenen Poesie gefunden habe; es muß in der Tat außerordentlich erscheinen, daß sich unter den erhabenen und seltenen Genies, welche schöne Verse gesungen und improvisiert haben, nur eine so kleine Anzahl über die Mittelmäßigkeit erhoben hat, sobald sie schreiben wollten.

Es ereignete sich ein Umstand, welcher Memmo über die Arglist des Weibes, dem er seine Existenz opferte, aufklären sollte. Schon bei mehreren Gelegenheiten hatte ich versucht, diesen Gegenstand freimütig zu erörtern; allein da er für jenes Weib allzusehr eingenommen war, so fehlte wenig daran, daß diese Versuche nicht in einen vollständigen Bruch zwischen uns ausgelaufen wären. Eines Tages fragte er mich zum ersten und letzten Male, »ob ich wisse, mit wem ich spräche«. Dies war bei den venetianischen Nobili die feierliche Phrase, wenn sie befürchteten, daß man ihre Geburt oder ihre Stellung außer Augen lassen würde. Meine Antwort war: »Wenn ich es nicht wüßte, würde ich nicht so frank und frei sein!« Er verstand mich und dankte mir. »Es ist unerläßlich«, setzte ich hinzu, »daß Sie mir erlauben, Sie zu überzeugen. Ich will dies tun, wenn Sie mir versprechen, daß Sie kein Wort hiervon gegen Therese berühren wollen.«

»Nun wohlan! Suchen Sie dies zu erreichen, und bis dahin schwöre ich Ihnen zu schweigen.«

Ich begann das Unternehmen. Jenes Mädchen hatte feurige Leidenschaften; aber, wie ihresgleichen, wechselte sie ihre Zuneigung mit der größten Leichtigkeit. Sie hatte sich ziemlich schnell über den Verlust ihres Gemahls, der kurze Zeit nach ihrer Hochzeit gestorben war, getröstet und ihre Augen auf einen anderen jungen Mann geworfen, der in dem vertrauten Kreise des Hauses aufgenommen worden war. Dieser Mann, der nicht das geringste Vermögen besaß, suchte diesen Mangel durch allerlei Mittel, mochten sie nun ehrenvoll oder nicht sein, zu beheben. Da ich von seinen Absichten unterrichtet war, so stellte ich mich, als wollte ich mich mit ihm verbinden, was mir sehr leicht wurde. Beglückt über mein Entgegenkommen öffnete er mir sein Herz und bat mich, ihn in seinen beabsichtigten Schritten zu unterstützen. Ich versprach alles, jedoch unter der Bedingung, daß er von Theresen ein vollständiges Eingeständnis ihrer Verleumdungen erhielte und daß sie durch dieses Eingeständnis die Wirkungen der letzteren wieder aufhöbe. Es gelang ihm dies um so leichter, als dieses Weib überzeugt war, sich alles ungestraft bei einem Manne erlauben zu können, der so unterm Joche seufzte wie Memmo.

Eines Tages, wo ich letztern mit ihr allein fand, sagte er lachend zu mir: »Kommen Sie, ich weiß alles, und mein Herz ist darüber voll Freude. Ihretwegen, weil sie jetzt in meinen Augen der Freundschaft und Hochachtung würdiger sind als je; meinetwegen, weil ich um so viel mehr von der Liebe meiner Therese überzeugt bin, als sie nicht einmal voraussetzen kann, daß ein anderer ihr mein Herz streitig macht. Das arme Kind war der Meinung, meine Liebe wäre inniger zu Ihnen als zu ihr. Dieser Irrtum machte sie ungerecht. Sie ist zu beklagen. Nein, nein, meine Therese, ich liebe dich, ich habe und werde keine andere als dich lieben.« Dann drückte er ihr die Hand, küßte sie auf die Stirn und trocknete ihr die feuchten Augen.

Diese Leidenschaft, diese Verblendung, ich sage mehr, diese Tollheit, haben sie doch bis zur letzten Stunde diesen trefflichen Mann, diesen ausgezeichneten Philosophen schwach gemacht! Kurz darauf heiratete Therese ihren neuen Liebhaber im Hause Memmos; sie wurde Mutter mehrerer Kinder, für welche väterliche Sorge zu tragen Memmo sich verpflichtet erachtete. Als sie Witwe geworden, wurde sie noch von ihm getröstet, so daß sie als Mädchen, als Frau und als Witwe, bis ins hohe Alter die einzige Gebieterin des Herzens und Verstandes dieses auerlesenen Geistes blieb. Welche Lehre für die arme Menschheit!

In dieser Phase meines Lebens sah ich mich geschmeichelt von Frauen, geachtet von Männern, geliebt von meinen Beschützern, mit einem Worte, auf dem Gipfelpunkte meines Glückes und berauscht von Hoffnung. Ich verbrachte einige Zeit in diesem Zauberleben. Meine Feinde selbst schienen besänftigt oder mich vergessen zu haben. Mein böser Stern wollte jedoch, daß Pisani, angeregt von seiner Liebe zur Gerechtigkeit und durch seine tiefe Kenntnis der Gesetze und der Verfassung von Venedig, die er wieder in ihrem ganzen Umfange ins Leben zu rufen strebte, die Erbitterung der Großen erregte und Schrecken unter die Retrograden dieser Stadt schleuderte; sie schworen ihm den Untergang. Aber seine furchterweckende Beredsamkeit und überdies sein großer Ruf einer wohlbegründeten Unbescholtenheit hatten ihm so viel Parteigänger unter den Patriziern selbst erworben, daß ihre große Anzahl die Mächtigen und Reichen siegreich aufwog, welche jetzt ihre Rachepfeile gegen mich schleuderten. Man begann zu verbreiten, es sei gehässig, daß ein Mann von so subversiven Grundsätzen, der Verfasser der Elegie des wilden Amerikaners, der erwiesene Verächter des Senats und seiner Regierung, dem gegen ihn erlassenen Urteilsspruch zum Trotz sich in die Erziehung zu mischen und seine verderblichen Lehrsätze den Kindern eines Mannes vorzutragen wage, der sich laut für einen Feind der Großen erklärt habe. Während das Feuer unter der Asche glimmte, wurde alsbald ein Sonett, welches durch eine Indiskretion im Publikum verbreitet wurde, das Thema aller Unterhaltungen. Meine große Ergebenheit gegen Pisani, verbunden mit meiner Liebe zu meinem Heimatlande, hatten dasselbe meiner Feder bei Gelegenheit eines der wichtigsten Ämter entrissen, womit eine der unwürdigsten Personen von einer Koterie begnadet werden sollte, die mit Ausschluß aller die Republik zu regieren trachtete. Ein Teil der Aristokratie, aber der am wenigsten intelligente, begriff diese Koterie nicht, daß, wenn sie sich dergestalt benähme, sie sich selbst das Todesurteil schrieb und ihre Völker zur Verachtung ihrer Autorität drängte.

»Seht, Venetianer«, sagte ich in diesem Sonett, »das ist die wahre Ursache, die mich mein Vaterland aufgeben ließ. Die Wahrheit erregt den Zorn der Dummköpfe.«

Dies waren prophetische Worte. Mein in venezianischer Bauernsprache geschriebenes Sonett zirkulierte; es wurde mit Gier von allen Klassen gelesen, und der Zorn derer, die es angriff, kannte keine Grenzen mehr. Die Frauen, welche, zum Ärger ihrer Männer, gemeinsame Sache mit Pisani und mir machten, lernten es auswendig und sagten es unter lautem Gelächter her, wobei sie die beißendsten Stellen am stärksten hervorhoben; die Stiche wurden dadurch nur um so giftiger. Man gedachte jetzt, den Sattel zu schlagen, weil man das Roß nicht zu schlagen wagte. Man suchte und fand Anklagen und Ankläger. Ein Bösewicht, welcher ein Haus besuchte, in welchem ich mich oft befand, erbot sich, diese Anklagen dem Tribunal »über Gotteslästerung« zu überbringen. Er denunzierte mich und gab vor, ich hätte eines Freitags einen Schinken gegessen; und er hatte mit mir gegessen; ich hätte ferner mehrere Sonntage in der Messe gefehlt, und er hatte in seinem ganzen Leben keiner beigewohnt. Ich wurde von dieser Anzeige durch den Präsidenten des Tribunals selbst unterrichtet, welcher die Güte hatte, mir einiges Interesse zu schenken, und der erste war, der mir riet, augenblicklich Venedig zu verlassen.

»Wenn diese Anklagen ihnen nicht genügen«, sagte er zu mir, »so werden sie andere erfinden, sie brauchen einen Schuldigen und sie werden ihn finden!«

Diesmal redeten auch alle meine Freunde, die mehr als jemals überzeugt waren, daß nicht nur meine Freiheit, sondern auch mein Leben bedroht sei, in derselben Sprache zu mir. Giovanni Lezze, bei welchem mein Bruder Sekretär war und dem er seine Freundschaft geschenkt hatte, bot mir eine Zufluchtsstätte auf einer seiner Villen an, wo er mir ein sicheres Asyl versprach, bis der Sturm beschworen sei. Da ich aber in meinem Herzen keine Liebe gegen ein Vaterland mehr fand, das gegen Pisani und mich so ungerecht gewesen, da ich es ferner für blind gegen seine eigenen Interessen und einem drohenden Falle nahe erachtete, so suchte ich meine drei Protektoren und einige der mir am wohlwollendsten gestimmten Männer auf; alle billigten meinen Entschluß, Venedig und seine Bewohner zu verlassen; und so machte ich mich nach Görz auf den Weg.

4. Kapitel

Die hübsche Görzer Wirtin – Auszug aus dem Gasthaus – Ode
auf den Frieden zwischen Maria Theresia und Friedrich von
Preußen – Arbeit als Dramendichter und Übersetzer – Auf-
nahme in die Gesellschaft von Görz – Fehde mit Colletti –
Dresden, Collettis Intrige – Da Ponte bietet Mazzola seine
Mitarbeit als Librettist an – Doppelliebschaft und erneuter
Heiratsantrag – Die Freundschaft mit Mazzola gerät in eine
Krise – Mit einer Empfehlung an Salieri nach Wien

Görz ist ein altes, aber reizendes Städtchen im österreichischen
Friaul, an den Ufern des Isonzo gelegen und kaum zwölf Meilen
vom venetianischen Friaul entfernt. Ich hielt meinen Einzug
daselbst am 1. September 1777, hatte noch nicht mein neunund-
zwanzigstes Lebensjahr erreicht, kannte daselbst keinen Menschen und war auch nicht mit irgendeinem Empfehlungsbrief
versehen. Ich wendete mich nach dem ersten besten Gasthof hin,
trug selbst mein Gepäck, das in einem Kleid, ein wenig Wäsche,
einem Horaz, den ich seit mehr als dreißig Jahren aufbewahrt, in
London verloren und in Philadelphia wieder aufgefunden habe,
einem mit Anmerkungen von mir versehenen Dante und einem
alten Petrarca bestand. Der Luxus meines Reisegerätes war nicht
geschaffen, meiner Wirtin zu imponieren; kaum war ich jedoch
eingetreten, so kam sie mir mit einem Blicke feiner Koketterie
entgegen, der mir noch mehr für die Zukunft versprach; sie
führte mich in eins ihrer besten Zimmer. Diese Frau war jung,
schön, frisch und von einem aufgeweckten Humor; sie war nach
der Sitte ihres Landes gekleidet, mit einem goldenen Tressen-
häubchen auf dem Kopfe, mehrere Schnuren einer feinen vene-

tianischen Kette rollten sich um ihren runden und alabasterblanken Hals und ringelten sich stufenweise auf ihren schönen Busen, den sie halb bedeckten; ein kleiner Spenzer umschloß ihre biegsame und graziöse Taille; ein seidener Strumpf bedeckte ihr zartes Bein, und ihre bewunderungswürdig kleinen Feenfüßchen waren mit rosafarbenen Schuhen umschlossen.

Es hatte noch nicht sechs Uhr geschlagen; da ich den ganzen Tag nichts weiter als ein Glas Wein und ein wenig Brot zu mir genommen, so bat ich sie, mir ein Abendessen zu besorgen. Zu meinem Unglücke sprach sie nur deutsch oder Patois, und ich verstand kein Wort davon; es ging ihr ebenso mir gegenüber. Ich versuchte meine Gedanken durch Zeichen zu übersetzen; allein sie gab allen einen verliebten Sinn. Mein Appetit war jedoch so groß, daß ich hätte Steine verschlingen können. Während ich mich nun anstrengte, ihr begreiflich zu machen, daß ich vor allem essen müsse, sah ich vor meiner Türe ein Dienstmädchen vorübergehen, welches ein für einen anderen Gast bestimmtes prachtvolles Stück gebratenen Geflügels vorübertrug. Ich warf mich mit der Geschmeidigkeit einer Katze darüber, bemächtigte mich desselben und schnitt ein Viertel davon ab, welches im Augenblick verschluckt war und mir so gut schmeckte, daß ich gern die Knochen mit zermalmt hätte. Jetzt begriff meine Wirtin, was ich eigentlich haben wollte, und ließ mir sofort ein ausgewähltes Abendessen auftragen, das ihre Gegenwart noch deliziöser machte. Da wir keine Worte miteinander wechseln konnten, ersetzten wir diesen Mangel durch Gesten und Liebäugeln. Als man Früchte auftrug, zog sie ein Messerchen mit einer Silberklinge aus ihrer Tasche und schälte eine Birne, von der sie die Hälfte aß und mir die andere anbot; dann gab sie mir ihr Messer und ich tauschte mit ihr dieselbe Galanterie aus. Sie trank jetzt ein Glas Wein mit mir und lehrte mich das Wort »Gesundheit« zu sagen; als sie endlich ihr Glas erhob, begriff ich, daß sie mich einlud, auf ihr Wohlsein zu trinken, während sie auf das meinige trank. Ich hatte jenes Wort schlecht ausgesprochen, sie ließ es mich daher zwei-, dreimal wiederholen, wobei sie jedesmal ihr Glas anfüllte und ausleerte.

Ich weiß wahrlich nicht, ob Bacchus oder irgendwelch andere Gottheit Feuer in ihre Adern zu treiben begann; aber nach Verlauf von zwei Stündchen solchen Scherzens überzog ein lebhafter Teint ihre Wangen, ihre Augen funkelten über alle Maßen; ihre Schönheit war ideal. Sie erhob sich von ihrem Stuhle, wankte ein wenig, schleuderte Blicke auf mich, seufzte und setzte sich von neuem. Diese Szene ereignete sich in Gegenwart von zwei jungen ziemlich hübschen und beinahe wie die Wirtin gekleideten Dienstmädchen, welche uns während der Mahlzeit bedient und unsere Pantomimen mitangesehen hatten. Am Ende des Mahles schlich sich die eine davon, und nach einigen Minuten tat die andere auf einen in deutscher Sprache erteilten Befehl dasselbe, kehrte jedoch alsbald mit einem Buche wieder zurück. Dann zog sie sich diskret zurück.

Da ich jetzt mit meiner Wirtin allein war, trat sie an mich heran, blätterte in jenem Buche und schrieb dann auf ein Stückchen Papier, deren sie mehrere in das Buch gelegt hatte, einige Worte, die ich lesen sollte; das Buch war ein deutsch-italienisches Wörterbuch. Auf eines dieser Papiere hatte sie italienisch geschrieben: »Ich liebe Sie«; ich meinerseits antwortete ihr mit Hilfe des italienisch-deutschen Teils auf deutsch: »Und ich liebe Sie auch.«

Ich war entzückt; wir unterhielten uns auf diese Weise lange Zeit, indem wir uns vom Wörterbuch helfen ließen und uns wechselseitig Neckereien sagten, welche eine leicht vorauszusehende Entwicklung herbeiführen mußten.

Zum Glück kamen mehrere Wagen zugleich an; meine schöne Wirtin sah sich wohl oder übel gezwungen, mich zu verlassen und meinen Betrachtungen anheim zu geben. Eine Viertelstunde später kam sie ganz heiter in Begleitung der zwei jungen Mädchen, die mir bei Tische aufgewartet, zurück. Letztere brachten Eis und Leckereien, die ich mit ihrer Herrin teilte, während eine der beiden ein deutsches Lied zu singen begann, dessen Anfangsworte lauteten:

»Ich lieb' einen Mann aus Italiens Land.«

Als ich dies vernahm, erinnerte ich mich der Kalypso und konnte mich für Telemach halten. Nach beendigtem Gesange ging meine deutsche Nymphe mit ihrer Begleiterin wieder fort und ich befand mich zum zweiten Male mit meiner Wirtin allein. Ich merkte jetzt, daß der Augenblick gekommen, die Sache zu Ende zu bringen; ich nahm deshalb das Wörterbuch zur Hand und ließ sie das Wort »Schlaf« lesen. Sie verstand es, schellte mit einer Klingel, eins der Mädchen erschien und sie ließ mich frei. Die Dienerin ordnete mein Bett, zeigte mir, was zu meiner Toilette nötig war und betrachtete mich lächelnd. Ich legte ihr Benehmen falsch aus und glaubte, sie erwarte ein kleines Trinkgeld von mir: als ich ihr jedoch ein Geldstück anbot, wies sie dasselbe mit einer Miene stolzer Verachtung zurück; hierauf ergriff sie mit Grazie meine Hand, küßte sie und verließ mich, während sie einen unbeschreiblichen Eindruck auf mich gemacht hatte. Alle diese Koketterien, die länger als fünf Stunden gewährt, hatten mich außerordentlich ergötzt. Ich schlief endlich ein, und als ich am nächsten Morgen später als gewöhnlich erwachte, fand ich im benachbarten Zimmer ein vortreffliches Frühstück und die Wirtin, die mich erwartete. Glücklicherweise hatte ich, bevor ich mich schlafen legte, die ersten gebräuchlichen Redensarten und Komplimente studiert und zu behalten gesucht, vor allem die Worte, denen sie den Vorzug gab: »Ich liebe Sie.« Nach beendigtem Frühstück verließ sie mich; als ich aber in meine Zimmer zurückgekehrt war, fand ich daselbst zwei oder drei Frauen, welche Körbe mit allerliebsten Kleinigkeiten trugen und diese den Fremden feilboten.

In zwei Stunden waren wohl zwanzig dagewesen. Ich konnte nicht umhin, es sonderbar zu finden, daß man in einem durch die Strenge seiner Sitten so gerühmten Lande, einen solchen Gebrauch duldete, der so leicht in Ausschweifung ausarten konnte. Wie ist es möglich, sagte ich zu mir, daß man unter der Regierung einer Maria Theresia, einer durch die Strenge ihrer Gesetze so berühmten Fürstin, in einem Lande, wo die Polizei so oft nächtliche Besuche anstellt, wo ein Fremder mit so großer Strenge angehalten wird, Namen, Vaterland und Stand anzugeben, in einem Staate endlich, wo Priester, Mönche und Regierungsbeamte eine so große Überwachung ausüben, einem solchen Sichgehenlassen begegnen kann? Ich konnte diese leichten Sitten nicht mit dem deutschen Kriminalgesetzbuch in Einklang bringen, denn ich hatte dieses immer mit der allerheiligsten spanischen Inquisition vergleichen hören. Ach! Widerspruch, allerorten Widerspruch!

Ich verweilte zehn bis zwölf Tage in diesem Gasthause, und mit Hilfe des Wörterbuches oder der Grammatik unterhielten wir uns vier bis fünf Stunden täglich beinahe fortwährend über denselben Gegenstand, und immer endigten unsere Gespräche mit dem Refrain: »Ich liebe Sie.« Ich hatte mir ein kleines Wörterbuch von allen Worten und Phrasen der Liebe angefertigt, welches mir während meines Aufenthaltes in dieser Stadt von großem Nutzen war. Inzwischen bemerkte ich aber einen kleinen Übelstand, auf welchen ich anfangs gar nicht geachtet hatte, daß nämlich meine Börse beinahe ganz leer war, da, wie sehr wenig ich auch ausgegeben, dieses Wenige, doch das unendlich Wenige, das ich nach Görz mitgebracht, aufgezehrt hatte.

Meine schöne Wirtin bemerkte bald meine Verlegenheit, und mit einer bei Personen ihres Standes nicht gewöhnlichen Uneigennützigkeit machte sie mir Anerbietungen, die mich rührten; sie ging sogar so weit, daß sie mir eines Abends eine mit Gold gefüllte Börse unter mein Kopfkissen gelegt hatte, die ich jedoch mit meinem innigsten Danke zurückwies. Niemals habe ich meine Würde so weit vergessen, aus der Börse einer Frau zu schöpfen, obschon mehrere von ihnen nicht dieselbe Zartheit gegen mich beobachteten. Dieser Akt von Großmut brachte mich zu dem Entschluß, das Gasthaus zu verlassen; ich wechselte also die Wohnung und dachte, durch den Ertrag meiner Verse die Bresche wieder ausbessern zu können, die ich während der zwölf Tage, ein zweiter Rinaldo in der Bezauberung der Armida, in meine Finanzen geschossen.

Trotzdem blieben wir beide in dem besten Vernehmen, und ich muß es zugestehen, bis ans Ende ihres Lebens, das leider nur zu kurz war. Sie verschied schon nach sieben Monaten an den Folgen eines hitzigen Fiebers im zweiundzwanzigsten Lebensalter.

Ich vergoß reichliche Tränen über den frühen Tod dieser jungen und schönen Frau, die durch die Erhabenheit ihrer Gesinnungen verdient hätte, auf einer Stufe der Gesellschaft geboren worden zu sein, in welcher sie mit Glanz zu leuchten vermocht hätte.

Sie war, ohne Widerrede, eines der schönsten menschlichen Geschöpfe, die ich in den achtzig Jahren meines Lebens kennengelernt habe. Vielleicht, wenn sie am Leben geblieben...!

Der Friede von Teschen war zwischen der Kaiserin Maria Theresia und Friedrich von Preußen geschlossen. Ich kam auf die Idee über diesen Gegenstand eine Ode zu schreiben, die ich *Der Wettstreit der Vögel*, mit Anspielung auf die Wappen der beiden Souveräne, betitelte. Ich widmete sie dem Grafen Guido von Cobenzl, einem der ersten Standesherren von Görz und von Österreich, dem Vater des Diplomaten, der durch seine Gewandtheit dieses glückliche Resultat herbeigeführt hatte. Diese Arbeit war für die Folge die Quelle aller meiner literarischen

Erfolge in diesem Lande. Ich übergab sie dem Grafen, der mich mit Freundlichkeit aufnahm und sie in meiner Gegenwart durchlas: sie schien ihm zu gefallen. Er ließ sie auf seine Kosten drucken und verteilte eine Anzahl von Exemplaren unter die hervorragendsten Personen, die um diese Zeit in dieser Stadt zahlreich anwesend waren. Man muß ein kleines Werkchen des Grafen R. von Coronini, *Die Fasten von Görz* betitelt, lesen, wenn man sich eine Idee von der Anzahl und dem Alter der berühmten Familien, deren sich dieses Land rühmt, machen will. Ich traf in diesem reizenden Orte mehr als einen Mäzen, von welchem ich mit dem ausgezeichnetsten Wohlwollen aufgenommen wurde. Nicht ohne ein lebhaftes Gefühl des Dankes nennt mir die Erinnerung die Namen eines Strasoldo, Lanthieri, Cobenzl, Altems, Thun, Coronini und Torriani. Sie legten einiges Interesse für mich an den Tag, und ich kann nie genug ihre Liberalität und Artigkeit rühmen. Sie liebten mich meinet- und meiner Verse wegen; sie kamen meinen Bedürfnissen zuvor und taten dies mit einer solchen Generosität, daß mein Zartgefühl oder meine Eigenliebe niemals darunter zu leiden hatte. Glücklich das Land, wo solche Menschen wohnen! Die Dürftigkeit selbst hört auf, für den erniedrigend zu sein, dessen Seele erhaben genug ist, um die Dankbarkeit nicht wie eine Last zu betrachten. Die innere Ruhe, die ich diesen auserwählten Seelen verdankte, läßt sie mich selbst in den Tagen meines Mißgeschickes segnen.

Ich bewohnte ein elendes Zimmer, das ich von einem kleinen Kornhändler mietete. Wir waren beide arm und lebten folglich im allerbesten Einvernehmen. Die Einfachheit unter meinem Dache war inzwischen kein Hindernis für tägliche Besucher, die ich empfing. Alle Freunde der Musen wollten meine Bekanntschaft machen, die einen, um mich zu bewundern, die andern in der Hoffnung, eine Nahrung für ihre Kritik zu finden. Zur Zahl dieser letztern gehörte ein gewisser Coletti, welcher sich vom Korporal zum Buchdrucker aufgeschwungen und eines Tages geträumt hatte, ein Dichter zu sein; er konnte die Lobeserhebungen nicht hören, die man an mich verschwendete, ohne ein Gefühl von fressender Eifersucht zu empfinden, die ihn bis zu der Behauptung trieb, ich sei gar nicht der Verfasser des *Wettstreits der Vögel*, der Grund, den er dafür anführte, war, daß ich seit dieser Ode keinen einzigen Vers geschrieben hätte; es ist wahr, daß seine Muse in poetischer Notzucht täglich neue rhapsodische Kinder in die Welt setzte; es schien ihm, dem so fruchtbaren, unmöglich, daß ich ein so langes Stillschweigen wahren könnte, wenn ich wirklich ein Dichter wäre. Ein anderer Buchdrucker der Stadt, Valerio, der ihn herzlich verachtete und jene Äußerungen vernommen hatte, ließ sich mir in der alleinigen Absicht, sie mir wiederzusagen, vorstellen. Er hatte sich in den Kopf gesetzt, mich aufzufordern, mit Coletti einen poetischen Kampf, der ihn demütigen sollte, zu beginnen. Ich lachte anfangs darüber und riet ihm ein Gleiches zu tun; aber die Galle war ihm gegen seinen Nebenbuhler in der Typographie zu sehr übergelaufen, als daß er diesem Rate hätte folgen können. Er besuchte mich häufiger und wiederholte stets das alte Lied; ich betrachtete jedoch fortwährend Coletti als meiner Rache unwürdig. Valerio, welcher annahm, ich stände schlecht mit meinem Wirte, der sich gewöhnlich betrank und dann, was noch schlimmer war, seine Frau schlug, denn der Wein machte ihn eifersüchtig, obschon sie weder jung noch schön war; Valerio, sag ich, bot mir ein Zimmer bei sich mit solcher Zuvorkommenheit an, daß ich es nicht abschlagen zu können glaubte. Seine Gastlichkeit war so liebenswürdig und angenehm gegen mich, daß ich mir es meinerseits zur Pflicht machte, ihm alle möglichen Gegendienste zu leisten. Er verlangte nur einen von mir, Verse, und dies war gerade das einzige Ding, das ich ihm zu bewilligen mich nicht entschließen konnte.

»Wann züchtigen wir nur«, fragte er mich, »diesen Narren Coletti?«

Coletti aber war kein Narr, es fehlte ihm der poetische Geschmack und er besaß keine von den Kenntnissen, die man mit Recht von einem Literaten verlangen kann; dagegen hatte er einen nicht ungewöhnlichen Teil von Eitelkeit und Arroganz; er war lügnerisch, schmeichlerisch, verbissen, neidisch und bedeckte mit dem Schleier pharisäischer Heuchelei einen außerordentlichen Hang zur Liederlichkeit. Den Anwesenden überhäufte er mit emphatischen Lobeserhebungen; den Abwesenden konnte er nicht genug herabsetzen.

Eines Tages richtete er die Frage an mich: warum ich nicht versuchte, mir in Görz durch ein neues Erzeugnis meines erhabenen Geistes einen Namen zu schaffen.

»Ich will Ihnen in Versen antworten«, entgegnete ich ihm lächelnd, und als ich nach Hause kam, fand ich gerade die rechte Stimmung für seine lächerliche Aufforderung, schloß mich ein und schrieb eine satirische Ode, die ich Valerio übergab, wobei ich ihm den Grund auseinandersetzte, der mich dazu bewogen hatte. Es ist schwer, seine Freude und das Vergnügen zu schildern, das ihm die Lesung dieser Ode verursachte; ohne Poet zu sein, ging ihm doch nicht gänzlich jenes nötige Kriterium ab, um das Gute vom Mittelmäßigen zu unterscheiden. Ich hatte eine Saite berührt, welche vortrefflich in seinem Ohr nachklang; zwar hatte ich niemand genannt, aber Coletti und seine Koterie fühlten sich getroffen.

Valerio beeilte sich, die Ode drucken und in der ganzen Stadt, zur großen Freude meiner Freunde wie der des Herausgebers, verteilen zu lassen. Coletti schäumte vor Wut, verstellte sich aber, um sich nicht zu verraten. »Alle Welt behauptet«, sagte er zu mir, »Sie hätten gesucht, mich in Ihrer Satire abzumalen, aber wahrlich, ich kann's nicht glauben.«

Allein der Schleier war zu durchsichtig; er erkannte sich darunter besser wieder, als er es einzugestehen wagte, und ließ die Gelegenheit, sich zu rächen, nicht vorübergehen. Jenes kleine

Werkchen wurde, ich sage es unverhohlen, von der Gesellschaft wohl aufgenommen, man hörte nicht auf mit Lobeserhebungen. Da der Graf Coronini die Leichtigkeit sah, mit welcher ich so verschiedenartige Gegenstände behandelte, bat er mich, sein Werk: *Die Fasten von Görz* in italienische Verse zu übersetzen; er belohnte mich dafür auf das großmütigste.

So verlebte ich acht Monate in einer vollkommenen Ruhe; nur ein einziger Gedanke trübte von Zeit zu Zeit mein Glück, der nämlich, mich von einem Vaterlande, das ich so innig liebte und dem ich unter allen Verhältnissen treu ergeben blieb, so schlimm behandelt zu sehen, ohne daß ich es verdient hatte. Ich konnte außerdem ein unbestimmtes Verlangen nicht mehr in mir unterdrücken, dahin zurückzukehren, um meine Familie und Freunde wie Zaguri, Memmo und Pisano wiederzusehen.

Inzwischen reiste Carlo Mazzola durch Görz, um sich nach Dresden zu begeben, woselbst er als Hoftheaterdichter angestellt war. Er besuchte mich und erzählte mir den traurigen Ausgang des gegen Pisani eingeleiteten Prozesses, der, nachdem er zum Prokurator von San Marco, der höchsten Würde in der Republik, ernannt worden war, eines Nachts seine Wohnung von den Staatsinquisitoren überfallen sah, die ihn selbst nach der Zitadelle von Verona abführten. Das Geschick dieses Freundes beweinend, verlor ich alle Hoffnung, Venedig jemals wiederzusehen, und bat Mazzola, mir, wenn es möglich wäre, eine Anstellung am Dresdner Hofe zu verschaffen; er versprach es mir und ließ mich auf einen leichten Erfolg hoffen, da er sich der Protektion des Premierministers in Sachsen, des Grafen Marcolini, rühmte, der ihn mit seiner Freundschaft beehrte.

Der Theaterdirektor von Görz hatte um diese Zeit eine ziemlich gute Truppe von Schauspielern engagiert. Meine Protektoren forderten mich auf, für diese Truppe ein Drama, womöglich eine Tragödie, zu schreiben und von derselben aufführen zu lassen; da ich aber noch nie für das Theater geschrieben hatte, so wagte ich mich nicht daran, denn ich fürchtete, es möchte mir mißlingen und ich dadurch den Ruf schwächen, den mir meine lyrischen Gedichte verschafft hatten. Dennoch gab ich den Bitten einer hohen Dame nach und versuchte die Übersetzung einer deutschen Tragödie, die, infolge der Fehler ihres Verfassers wie der meinigen, nur zwei Aufführungen erlebte. Um mich wieder von diesem Falle zu erheben, ließ ich von derselben Truppe eine ursprünglich französische Tragödie, den *Grafen von Warwick,* die mein Bruder, und zum Teil auch ich, übersetzt hatte, aufführen. Sie errang einigen Erfolg.

Die Gesellschaft von Görz nahm mich fortwährend liebenswürdig und wohlwollend auf, was ich damit zu vergelten suchte, daß ich Verse dichtete, die stets mit Vergnügen gelesen und gebührend belohnt wurden. Einige dieser hohen Herrschaften, welche große Freunde der Literatur waren, kamen auf den Gedanken, in ihrer Stadt eine arkadische Gesellschaft unter dem Namen der Akademie zu gründen. Der Graf Guido Cobenzl wurde Präsident derselben, und mich wollte man gern unter dem Namen des Pegasus von Lesbos darin aufnehmen. Coletti wurde in seiner Eigenschaft als Buchdrucker zum Sekretär ernannt; er mußte alles aufzeichnen und veröffentlichen, was daselbst verhandelt wurde; diese Funktionen begründeten eine Art literarischer Kameradschaft zwischen uns, die ich, von seiner List und Gewandtheit betrogen, für aufrichtig hielt. Ich begann ihn rücksichtsvoller zu behandeln, ohne jedoch die Meinung, die ich mir von seinem Talente gebildet hatte, wesentlich zu ändern. Da ich glaubte, er habe das Vergangene vergessen, teilte ich ihm meinen Wunsch mit, mich nach Dresden zu Mazzola zu begeben, mit welchem er mich hatte gehen sehen. Er zeigte sich darüber bestürzt und betrübt, allein ich glaube, im Grunde des Herzens war er lebhaft erfreut darüber. Ich hatte in gleicher Weise auch zu anderen Personen davon gesprochen, und kaum waren zwei

Monate seit diesen vertraulichen Mitteilungen verflossen, als ich von Dresden einen Brief empfing, der mich nach dieser Residenzstadt berief, um daselbst eine ehrenvolle Stelle bei Hofe einzunehmen. Dieser Brief war nicht von Mazzola selbst geschrieben, trug aber seine Unterschrift. Die Adresse war von seiner Hand, wie ich sofort an der Schrift erkannte. Ich zeigte den Brief meinen Freunden, die einstimmig der Ansicht waren und mir, nachdem sie die unermeßlichen Vorteile, die für mich daraus entspringen konnten, reiflich erwogen, den Rat erteilten, abzureisen, wozu ich mich auch entschloß.

Am Vorabend des festgesetzten Tages lud der Graf L. Torriani, in dessen Palast ich seit einiger Zeit wohnte, die ganze höhere Gesellschaft zu einem glänzenden Abendessen ein. Es war bei diesen adeligen Familien Brauch, sich der Reihe nach bei einer derselben zu versammeln, und zwar ein- oder zweimal monatlich; das Geld, welches an diesem Abend gewonnen oder verloren wurde, verwendete man entweder zu einer Lustpartie oder zu einem Schauritt. Mein gutes Glück wollte, daß diese Reunion die letzte des Jahres war. Es handelte sich jetzt um die Verwendung all der aufgebrachten Summen. Man machte hierbei drei Vorschläge. Den Damen blieb die Initiative zu den beiden ersten, der dritte war dem Hausherrn vorbehalten. Die Damen wurden also befragt. Die eine sprach sich für einen Spazierritt in der Umgegend von Görz aus, eine zweite für einen Maskenball.

Nachdem der edle Graf den Grund meiner Abreise auseinandergesetzt, schlug er seinerseits vor, diese Summe zur Deckung meiner Reisespesen von Görz nach Dresden zu verwenden. Als nun diese verschiedenen Vorschläge zur Wahl gelangten, mußte jedermann mit Ja oder Nein stimmen.

»Ein Spazierritt?« fragte der Graf. Ein allgemeines »Nein« war die Antwort.

»Ein Maskenball?« Ein noch energischeres Nein ließ sich vernehmen.

»Da Ponte nach Dresden?« Ein einstimmiges »Ja« erschallte durch den ganzen Saal. Hierauf nahm die Gräfin, mehr Engel von Güte als Weib, die Sparbüchse und wollte sie zerbrechen, als mehrere Damen den Vorschlag machten, noch eine kleine Opfergabe hinzuzulegen, und diese Idee wurde sofort von allen Anwesenden gutgeheißen. Der Graf Strasoldo zerbrach die Sparbüchse, und nun drängte sich alles herzu, um den Inhalt derselben zu vermehren. Es ward dann alles in ein schönes seidenes Schnupftuch gelegt, welches mir die Gräfin mit folgenden anmutigen Worten überreichte:

»Nehmen Sie, Herr Da Ponte, gütigst an, was Ihre Freunde von Görz Ihnen anbieten; möchten Sie in dem Lande, in welches Sie sich begeben, so viel glückliche Jahre verleben, als dieses Schnupftuch Goldstücke enthält; erinnern sie sich zuweilen an uns und seien Sie überzeugt, daß wir oft an Sie denken werden.«

Man erwartete meine Antwort; aber, von einer so unerwarteten Szene im höchsten Grade gerührt, blieb ich stumm. Der Graf übernahm es, statt meiner, dieser edlen Versammlung zu danken, und mein Stillschweigen erschien ausdrucksvoller als alles, was ich vielleicht hätte sagen können. So viele Beweise von Teilnahme hatten mich so tief bewegt, daß ich die ganze Nacht unter stillen Tränen und Klagen verbrachte, eine Stadt zu verlassen, in welcher ich solche Gönner gefunden. Am nächsten Morgen bemerkte der Graf Torriani beim Frühstück mein düsteres Vorgefühl, und um mich zu zerstreuen, zog er mich zum Grafen Cobenzl hin; nach einer kurzen Unterhaltung waren beide der Ansicht, daß ich mich, ohne längeren Aufenthalt, zu Mazzola begegeben sollte. Der Graf Cobenzl gab mir einen Brief an seinen Sohn, den ausgezeichneten Diplomaten, mit, der in Wien residierte und dem man den Frieden von Teschen verdankte. Ich reiste ab.

In Wien fand ich die ganze Stadt in Trauer; die Kaiserin Maria Theresia, die von ihren Völkern allgemein angebetete Fürstin, war eben gestorben. Ich hielt mich nur drei Tage daselbst auf, um dem jungen Grafen Cobenzl den Brief seines Vaters zu überreichen. Ich fand daselbst die ehrenvollste Aufnahme, und als ich Abschied von ihm nahm, überreichte er mir ein Buch, auf dessen erster Seite mit einer Nadel ein Bankbillet von hundert Gulden angesteckt und darunter geschrieben war: »Cobenzl an Da Ponte für die Reisekosten.«

In Dresden eilte ich sofort zu Mazzola, der bei meinem Anblick in den Ruf ausbrach: »Da Ponte in Dresden!« Dieser Empfang machte einen eigentümlichen Eindruck auf mich. Er schloß mich nichtsdestoweniger in seine Arme, aber es war mir unmöglich, den Mund zu öffnen oder das geringste zu erwidern. Da er mein Schweigen gewahrte, fuhr er fort: »Sind Sie vielleicht ans Theater nach St. Petersburg berufen?«

Jetzt endlich fand ich wieder Worte: »Ich bin nach Dresden gekommen«, antwortete ich, »um meinen lieben Mazzola zu sehen und wenn ich es vermag, von seiner und seiner Freunde Gunst Nutzen zu ziehen.« Ich antwortete mechanisch und fast ohne ein Gefühl von dem, was ich sagte, zu haben.

»Bravo«, erwiderte er mir, »Sie sind vielleicht gerade zur guten Stunde gekommen.« Hierauf führte er mich in ein Gasthaus, wo wir uns über verschiedene Gegenstände unterhielten, ohne daß er mich auch nur mit einer Silbe nach dem Briefe fragte, den er mir geschrieben hatte.

Es war Mitternacht vorüber, als er mich verließ; tausend verwirrte Gedanken gingen mir durch den Kopf. Tags darauf ging ich wieder zu ihm. Auf meine Frage: ob er sich noch seines Versprechens zu Görz erinnere, antwortete er mir: »Ich habe es nicht vergessen, aber bis zu diesem Tage hat sich noch keine Gelegenheit dargeboten; ich habe es Ihnen ja geschrieben?«

»Sie haben es mir geschrieben –?«

»Ich beeilte mich, Ihnen zu beweisen, daß ich ein Mann von Wort bin, und Sie zu benachrichtigen, daß der Prinz Anton, der Bruder des Kurfürsten, sich augenblicklich ohne Sekretär befindet; ich gedachte, mich an den Premierminister zu wenden, um mit ihm von Ihnen zu sprechen, was ich nun um so eifriger tun werde, als Sie hier sind.«

Ich blieb den ganzen Abend bei ihm und suchte meine Verlegenheit zu verbergen. Als ich wieder nach Hause zurückgekehrt war, bot ich alles auf, den Faden dieser Intrige aufzufinden. »Mazzola«, sagte ich zu mir, »hat mir geschrieben; statt dieses Briefes habe ich aber einen anderen von unbekannter Hand bekommen, dessen Unterschrift aber dennoch die seinige war. Sollte diese Unterschrift falsch sein? Was war in diesem Falle anzunehmen?« Dann konnte es niemand anders als Coletti gewesen sein, den ich in meinen Versen in seiner wahren Gestalt gezeigt hatte und für den mein Aufenthalt in Görz ein Hindernis war. Ich erwog alle Umstände; jener Brief trug den richtigen Poststempel: Dresden; die Aufschrift des Kuverts war von Mazzola; es lag auf der Hand, man hatte ihn geöffnet und an seiner Stelle den hineingeschoben, der mich zur sofortigen Abreise nach Dresden aufforderte. Aber auf welche Weise konnte er in Colettis Hände gekommen sein? Coletti war einer der eifrigsten, die mir zur Abreise rieten; aller Zweifel schwand, und ich bin heute noch überzeugt, daß ich ihm diesen Verrat verdankte. Die Vorsehung wollte es jedoch nicht, daß jene Unredlichkeit mir verhängnisvoll werden sollte; sie schien sie vielmehr zu meinem Vorteil wenden zu wollen und mich in eine Stellung zu bringen, in welcher ich mein dauerndes Glück gefunden haben würde, wenn nicht der allzufrühe Tod Josephs II., der der Liebe seines Volkes und meinen Hoffnungen allzufrüh entrissen wurde, dasselbe zerstört hätte.

Ich verlängerte meinen Aufenthalt in Sachsen, wo Mazzola eine so liberale und zarte Gastlichkeit gegen mich ausübte, daß ich nicht die Kraft besaß, mich ihr zu entziehen. Andrerseits schmeichelte ich mir, hier mit der Zeit eine ehrenhafte Stellung zu finden.

Wir, Mazzola und ich, trennten uns nur wenig; er war überaus beschäftigt, die Dramen für das Hoftheater, das damals eine der ersten Schauspieltruppen Europas besaß, zu verfertigen, zu übersetzen und zu arrangieren. Um nicht müßig zu bleiben, bot ich ihm meine Beihilfe an, die er auch annahm. Ich begann also für ihn zu arbeiten; bald war eine Arie, bald ein Duett zu übersetzen oder zu dichten, zuweilen sogar ganze Szenen, die er mir angab. Er arbeitete um diese Zeit an einem Drama von Quinault, das, wenn ich mich recht erinnere, den Titel *Atys und Cibele* führte. Die Rolle des Sangarides schien mir nicht gut gezeichnet und interessant genug zu sein; ich schlug ihm daher vor, sie in der Übersetzung umzuarbeiten. Ich kann wohl sagen, daß er sie vortrefflich fand und nicht umhin konnte, mich eines Tages zu fragen, warum ich mich nicht in dramatischen Arbeiten versuchte.

»Sie wissen doch«, erwiderte ich ihm, »bis zu welcher Stufe der Erniedrigung die dramatische Kunst in unserem Vaterlande gesunken ist und welcher Mut dazu gehört, sich ihr vollständig zu widmen.«

In der Tat existierte damals in Italien kein einziger dramatischer Dichter, weder im ernsten noch im komischen Fache, der nur die geringste Beachtung verdient hätte. Metastasio war in Wien, Morelli und Cottellini in St. Petersburg, Caramondi in Berlin, und Migliavacca an dem Hofe zu Dresden, wo soeben Mazzola an seine Stelle getreten war. Unter den zahllosen Schreiberlingen, die daselbst herumkritzelten, war auch nicht ein einziger befähigt, ein erträgliches Drama zu schreiben, und Männer wie Porta, Zini und andere Pygmäen speisten allein die Theater von Venedig, Neapel, Florenz und anderen Städten.

An wem lag die Schuld? War es nicht die schmachvolle Knauserei der Direktoren, welche, während sie fabelhafte Summen an einen Sänger oder an eine Sängerin von Ruf vergeudeten, für ein Libretto, das seinem Verfasser drei Monate und noch mehr Arbeit kostete, ohne die geringste Scham fünfzig oder zwanzig Piaster anboten! Es trug noch eine andere Ursache hierzu bei; nämlich die Dummheit der Kapellmeister, die nicht erröteten, ihr Talent herabzuwürdigen, indem sie dasselbe zu unwürdigen und trivialen Rhapsodien verwendeten, welche höchstens der neapolitanischen Lazzaroni würdig waren, statt sich an die erhabenen Meisterwerke eines Metastasio zu halten.

Indessen verlor ich den Gedanken, den mir Mazzola eingegeben hatte, nicht aus den Augen. Er keimte in meinem Kopfe weiter, er elektrisierte mich später und ließ mich auf die Arena eines der ersten Theater der Welt stürzen.

Ich wurde durch Mazzola seinen Freunden vorgestellt, zu deren Zahl auch der Graf Marcolini, erster Minister und Günstling des Kurfürsten, und ein achtungswerter Gelehrter, der Exjesuit Pater Huber, gehörten. Der Pater Huber erwies mir die Ehre, mich seiner vertrauten Freundschaft zu würdigen; durch seine Güte ermutigt, trug ich kein Bedenken, ihm die Episode mit dem Briefe zu erzählen, der mich bestimmt hatte, Görz zu verlassen; ich ließ den Brief lesen. Nachdem er aufmerksam die Geschichte meiner kleinen Satire gegen Coletti angehört und geprüft hatte, fand er meinen Verdacht mehr als begründet. Er billigte mein Zartgefühl, das ich Mazzola gegenüber, für den er eine große Freundschaft empfand, bewiesen hatte.

Mit allen schönen Eigenschaften des Geistes und Herzens verband der Pater Huber einen vollendeten Geschmack und eine leidenschaftliche Liebe zu den schönen Wissenschaften und zur Dichtkunst. Eine besondere Verehrung hegte er für Cotta, Lemene und Bernardo Tasso; er schien Vergnügen daran zu finden, meine Verse anzuhören, allein eine kurze Zeit reichte hin, um einzusehen, daß es Mazzola nicht ganz recht war, mich meine

Verse in Dresden veröffentlichen zu sehen und daß er es lieber sah, wenn ich improvisierte, welche Mode um jene Zeit auch nach Deutschland hinübergedrungen war. Mazzola hatte gute Gründe hierzu. Ich, der ich weder blind noch undankbar sein wollte, aber das Vergnügen kannte, welches Pater Huber bei Lesung der schönen Psalmen Bernardo Tassos empfand, ich glaubte, ohne Mazzola zu beleidigen, einige in demselben Stile niederschreiben zu können, womit ich unserem gemeinschaftlichen Freunde eine Freude machte, während andererseits diese Art von Poesie von der des Theaters durchaus verschieden war. Ich dichtete sieben Psalmen, die ich Mazzola vorlas; er war der erste, der mich aufforderte, sie dem Pater Huber zu dezidieren, und übernahm es, sie ihm meinerseits anzubieten. Der Pater Huber zeigte sich sehr dankbar dafür und ließ sie dem Premierminister wie dem Kurfürsten selbst lesen. Alle drei belohnten mich reichlich. Diese pekuniäre Hilfe kam mir sehr zustatten.

Außer diesem Beifall, der mir sehr schmeichelhaft war, wurde diesen Psalmen, wie ich wohl noch hinzufügen darf, eine ähnliche Aufnahme bei einer großen Anzahl italienischer Schriftsteller zuteil, unter denen ich mit Stolz Ugo Foscolo nenne, diesen Mann, der mit Alfieri und Monti im tragischen Fache zu kämpfen wagte und sie in der Lyrik beinahe übertraf. Foscolo überschüttete sie mit Lobeserhebungen:

Et eris mihi magnus Apollo.

Die diesem Werkchen gegebene Öffentlichkeit hatte eine größere Ausdehnung meiner Verbindungen zur Folge.

Ich besuchte unter andern in Dresden das Haus eines Malers, des Vaters von zwei schönen jungen Mädchen. Mein von Natur zärtliches Herz ließ sich gefangennehmen und ich verliebte mich im höchsten Grade in beide Schwestern. Beide erwiderten meine Liebe, und jede hielt sich für den alleinigen Gegenstand meiner

Bevorzugung; eine Täuschung, die jedes Gefühl der Eifersucht verbannte und ihnen gestattete, in der vollkommensten Harmonie untereinander zu leben. Die Mutter war, obschon sie sich den vierziger Jahren näherte, noch immer schön und machte sich durch ihre geistige Anmut bemerkbar. Bei den reinsten Sitten war sie doch nicht unempfindlich gegen Huldigungen; die, welche ich ihr widmete, waren keine Schmeichelei. Ich sah, wie sie sich Mühe gab, sie für nichts anderes als für den Ausdruck wahrer Freundschaft hinzunehmen. Indessen fehlte wenig daran, daß diese Galanterien von meiner Seite, obschon sie ganz unschuldig waren, nicht Ursache zum Verdruß für alle wurden. Ich zählte noch nicht volle dreißig Jahre, mein Äußeres war angenehm, mein Geist gebildet. Ich war Italiener, Dichter und vollendeter Meister in der Kunst zu gefallen; trotzdem kann ich versichern, daß ich seit meinem achtzehnten Jahre, der Zeit meiner ersten Liebschaften, bis zum vierzigsten, wo ich sie durch meine Vermählung krönte, niemals zu einer Frau gesagt habe: »ich liebe Sie«, ohne gewiß zu sein, daß ich sie hinlänglich lieben könnte, um bei ihr alle Pflichten, die mir meine Rolle als Cicisbeo auferlegte, erfüllen zu können. Oft wurden meine Artigkeiten, meine Liebäugeleien, meine Komplimente von banaler Höflichkeit als eine Liebeserklärung aufgenommen; im Grunde wußte aber mein Herz nichts davon, ich ließ nur meiner Laune und einer kindischen Eitelkeit freien Lauf, um in ein unschuldiges und leichtgläubiges Gemüt etwas Unruhe zu bringen, trieb es aber nie so weit, daß ich mir Tränen oder Gewissensbisse hätte zum Vorwurf machen müssen. Meine Liebe zu jenen beiden Schwestern, wie sonderbar sie auch erscheinen mag, war lebhaft und aufrichtig; ich fragte mich oft, welche es wohl sei, die den Sieg in meinem Herzen davontrüge, allein es war mir unmöglich, diese Frage zu beantworten. Ich war nur glücklich in ihrer Nähe; hätte das Gesetz mir es gestattet, so hätte ich sie, glaub' ich, alle beide geheiratet.

Fest in diesen Grundsätzen hatte ich Kraft genug, länger als zwei Monate hindurch ganz vertraut in dieser Familie zu leben, ohne zu der einen oder der anderen dieser beiden jungen und reizenden Mädchen auch nur das kleinste Wort von Liebe auszusprechen. Weniger behutsam war ich bei der Mutter, der ich eines Tags scherzend und in Gegenwart mehrerer Personen sagte, daß ich mich, wäre sie nicht schon verheiratet, ihr von freien Stücken angeboten haben würde. Sie begann zu lachen und flüsterte mir dann ins Ohr: »Wer die Tochter liebt, macht der Mutter den Hof.« Später als wir allein waren, fügte sie noch hinzu: »Mein lieber Da Ponte, unterbrechen Sie mich gefälligst nicht, es ist Zeit, dieser Komödie ein Ende zu machen. Meine beiden Töchter lieben Sie nur zu sehr und wenn ich mich nicht täusche, ist dies bei Ihnen derselbe Fall; Sie sind in alle beide verliebt. Eine umsichtige Mutter darf die Augen nicht länger verschließen, ich bedaure sogar, daß ich nicht schon früher mit Ihnen gesprochen habe; ich fürchte sehr, daß wir, vielleicht selbst alle drei, schließlich Opfer dieses Schweigens werden. Alle jungen Leute, die unser Haus besuchen, haben Ihre Aufmerksamkeiten bemerkt und die, welche vielleicht einige Absichten auf meine Töchter haben könnten, scheuen sich und wagen keinen Antrag zu stellen. Sie müssen sich endlich aussprechen. Ich verlange keine Antwort auf der Stelle; ich gebe Ihnen den ganzen morgigen Tag Zeit dazu; aber auch keine Stunde darüber hinaus.«

Nach dieser Ansprache verließ sie mich. Diese Worte trafen mich wie ein Blitzstrahl. Ich stand auf, um fortzugehen; in diesem Augenblick trat der Vater in das Zimmer, begleitet von seinen Töchtern, welche weinten und Reisekleider trugen. Er grüßte mich und sagte mir Lebewohl. »Signor Da Ponte«, sprach er zu mir, »wir entfernen uns auf einige Zeit von Ihnen, und ich bin gekommen, um Abschied von Ihnen zu nehmen.«

Die Situation entwickelte sich; unter allen anderen Verhältnissen hätte eine Heirat diesen Kümmernissen ein Ende gemacht; allein in meiner Lage konnte ich nicht daran denken. Außerdem, daß meine Narrheit, beide Schwestern gleichzeitig zu lieben, meine Wahl paralysierte, konnte ich nicht die eine heiraten, ohne die andere ins Unglück zu stürzen.

Meine Verwirrung war der Art, daß ich Mazzola weder gesehen noch gehört hatte, und daß er mich schon einige Minuten aufmerksam betrachtete, bevor ich seine Anwesenheit bemerkte. Ich bedeckte mein Gesicht, um meinen Kummer zu verbergen. Er nahm mich bei der Hand und brachte mich wieder zu mir selbst. Er wußte von meiner Doppelleidenschaft, über welche er zuweilen mit mir gescherzt hatte. Ich erzählte ihm, was eben vorgefallen war.

»Trösten Sie sich«, antwortete er mir, »Liebeskummer ist leicht zu heilen; es gibt größere Schmerzen als die der Liebe.« Und wie um mich davon zu überzeugen, fuhr er fort: »Hier haben Sie einen Brief Ihres Vaters, er war in einem anderen unter meiner Adresse eingeschlossen.«

Der Brief war schwarz gesiegelt, und Mazzola, der den Inhalt desselben kannte, hatte sich beeilt, mir ihn zuzustellen, um meinen Gedanken eine andere Richtung zu geben. Das Heilmittel war gewaltsam, aber es wirkte.

Mit zitternder Hand öffnete ich den Brief und las darin die Trauerkunde vom Tode meines zärtlich geliebten Bruders Girolamo.

Obschon ich seit einiger Zeit die Bedeutsamkeit seiner Krankheit kannte, war doch der Schmerz, den ich bei seinem Tode empfand, nicht minder außerordentlich. Dieser liebenswürdige, herrliche Jüngling, mit eminenten Geistesgaben versehen, teilte mit unserem alten Vater, der eine zahlreiche Familie zu versorgen hatte, den Ertrag eines ziemlich wichtigen Amtes, das er bekleidete; sein Tod war daher ein doppelt trauriges Ereignis für eine Familie, die nicht imstande war, sich selbst zu helfen, und von welcher kein einziges Mitglied so gestellt war, um dem Haupte derselben tätige Hilfe bringen zu können.

Dieser Gedanke verdoppelte meinen Schmerz, der so stark war, daß er mir die Möglichkeit raubte, meine Verzweiflung durch Tränen zu erleichtern. Wie sehr sich Mazzola auch anstrengte, mir die Teilnahme, die er für mich empfand, zu beweisen, so war es mir doch unmöglich, sie durch ein einziges liebevolles Wort zu erwidern.

»Gehen Sie, beruhigen Sie sich«, sagte er zu mir, »ich will Ihnen einen anderen Brief vorlesen, der Ihrer geistigen Stimmung eine andere Richtung geben wird.«

Dieser Brief war aus Venedig, man schrieb ihm, daß in der ganzen Stadt nur von Da Ponte die Rede sei, welcher nach Dresden gegangen sei, um hier die Stelle eines Hofpoeten einzunehmen. »Lieber Freund«, fügte man hinzu, »nehmen Sie sich in acht, diese Da Pontes sind gefährlich; sie kennen Sie.«

Nach diesen drei Schlägen, die mich auf einmal getroffen, war es mir unmöglich zu sagen, welches der empfindlichste für mich war.

»Ich glaube nicht, teurer Freund«, erwiderte ich ihm auf der Stelle, »daß Sie sich sehr um das kümmern werden, was man in Venedig spricht.«

Mazzola, der ganz in sein Lesen vertieft war, hörte gar nicht auf mich; aber von Zeit zu Zeit sah ich, wie er verstohlene Blicke auf mich warf, wie, wenn jenes »man sagt« einen ungünstigen Eindruck auf ihn gemacht hätte. Wenn er dieser Verleumdung keinen Glauben schenkte, warum las er mir die Stelle vor? Daß er es getan, war für mich ein überzeugender Beweis des unwürdigen Verdachtes gegen uns beide. Nachdem er sein Lesen beendigt, antwortete ich ihm nur mit einem verächtlichen Lächeln und schwieg. Mazzola verließ mich. Tausend Ideen kreuzten sich in meinem Kopfe, und nachdem ich einen schnellen Rückblick auf alle Ereignisse meines Lebens geworfen, schien es mir, als ob eine innere Stimme mir zurief: »Verlaß Dresden.« Sofort griff ich zur Feder und schrieb an Pater Huber:

»Hochwürdigster Pater, morgen verlasse ich Dresden; der Wagen geht um zehn Uhr ab, ich werde vor neun Uhr bei Ihnen sein, um Ihnen Lebewohl zu sagen.

Da Ponte.«

Ich sandte ihm dieses Billett; es war zehn Uhr abends. Am folgenden Tage mietete ich mir einen Platz in dem nach Prag abgehenden Wagen, kurz darauf war ich bei Pater Huber und erstattete ihm einen getreuen Bericht des Vorgefallenen. Nachdem er meinen Entschluß gebilligt und die Ursache, die ihn herbeigeführt, bedauert hatte, bat er mich noch, ihn eine halbe Stunde zuvor, ehe ich in den Wagen stieg, zu besuchen. Wieder zu Hause angekommen, schrieb ich an die Mutter der beiden Mädchen:

»Ein Viertel auf elf Uhr bin ich fern von Dresden; diese Abreise ist das einzige Mittel, die Übel zu heilen, die ich ohne meinen Willen angestiftet habe. Ich habe zwar geliebt, aber nie ist ein Ausdruck dieser Liebe über meine Lippen gekommen noch wird er je über sie kommen, zwei Engel auf Erden haben mir das Beispiel dieser Zurückhaltung gegeben. Möge der Himmel über Sie und Ihre ganze Familie seinen reichsten Segen ausbreiten!«

Zur bestimmten Stunde war ich beim Pater Huber; er hatte die Aufmerksamkeit gehabt, mir einen kleinen Reisevorrat zu besorgen. Er selbst warf mir einen guten und dauerhaften Pelz um die Schultern und bat mich, ein kleines mit einem silbernen Knopf verschlossenes Kästchen anzunehmen, das ich jedoch erst auf der nächsten Station öffnen sollte. Ich befolgte treu sein Gebot. Als ich es öffnete, fand ich darin einen Boëthius *De consolatione philosophiae* und einen Thomas a Kempis, ferner eine Börse, die zwölf Goldstücke in einem Werte von 100 Gulden enthielt.

Ich war tief gerührt, und ich kann versichern, daß ich niemals, selbst nicht in der höchsten Trunkenheit der Freude, ein so süßes Gefühl empfunden habe wie das, welches in diesem Augenblicke, wo mein Herz doch so verschlossen war, über mich kam.

Als ich Abschied von ihm nahm, schloß er mich in seine Arme. »Reisen Sie glücklich«, rief er mir zu, »mein Herz sagt mir, daß sich alles zum Besten wenden wird.«

In diesem Augenblicke schien mir sein ganzes Gesicht von einem himmlischen Strahl erleuchtet. Noch nach Jahren waren diese Worte wie eine Prophezeiung für mich und wahrlich, wenn mein Glück keine ewige Dauer hatte, so liegt dies nur darin, daß der menschlichen Natur nicht beschieden ist, sie schon hier unten zu genießen. Im Augenblicke, wo ich diese Denkwürdigkeiten niederschreibe, in einem Lebensalter von sechzig Jahren, glaube ich sagen zu müssen, daß, wenn ich mich auch nicht jenes fortwährenden Glückes erfreute, das er mir wünschte, ich aber auch ebensowenig eine fortlaufende Reihe von Unglücksfällen zu ertragen hatte; ich sage selbst, zur Ehre der Menschheit, daß, wenn ich in der Welt auch Bösewichte und Verfolger gefunden, ich auch Männern wie Pater Huber begegnet bin.

Als es zehn Uhr schlug, eilte ich schon in Reisekleidern zu Mazzola. Ich ließ ihn kein Wort sprechen, warf mich an seinen Hals und sagte nur zu ihm:

»Lieber Freund, ich danke Ihnen für alles, was Sie für mich getan; ich reise nach Wien. Sie können unsere Freunde in Venedig davon benachrichtigen, und namentlich den, der Ihnen so heilsame Nachrichten mitgeteilt hat.«

Er stand erstaunt; ich glaubte, eine gewisse Traurigkeit in seinem Gesichte zu bemerken. Noch einmal umarmte ich ihn und begab mich dann aufs Postbureau; er kam gleichzeitig mit mir daselbst an, nahm ein Blatt Papier aus seiner Tasche und schrieb nachstehende liebreiche Worte darauf:

»Freund Salieri, mein herzgeliebter Da Ponte überbringt Ihnen diese Zeilen; tun Sie für ihn, was Sie für mich tun würden; sein Herz und sein Geist verdienen es: *Pars animae, dimidium-que meae.*«

Er unterschrieb es und gab es mir.

Salieri war zu jener Zeit einer der ersten Komponisten, ein Freund des Kaisers und ein intimer Freund Mazzolas. Ein Mann von Geist, ein ebenso gelehrter als tüchtiger Kapellmeister, war er sehr für die Literatur eingenommen. Obiges Billet, das ich ihm nach meiner Ankunft in Wien überreichte, ward die Quelle aller Gunstbezeugungen, mit denen ich in Wien beehrt wurde.

5. Kapitel

Da ich noch nicht vertraut genug mit der deutschen Sprache war, ging ich in der ersten Zeit nur mit Italienern um. Unter diesen Landsleuten traf ich einen sehr unterrichteten Mann, einen gro-ßen Bewunderer Metastasios und einen bemerkenswerten Improvisator. Er sprach über mich mit seinem Abgott und las ihm Verse vor, die ich auf sein Bitten gedichtet und einem vornehmen deutschen Adligen, dessen Tischgenosse er war, gewidmet hatte. Nachdem Metastasio sie angehört, äußerte er den Wunsch, mich kennenzulernen. Ich wurde von meinem neuen Freunde ihm vorgestellt; er nahm mich mit jener Urbanität auf, die er im höchsten Grade besaß und die alle seine Werke durchdringt. Er sprach auch über jene Verse mit mir und trieb seine Güte so weit, daß er selbst sie in einer gewählten Gesellschaft, die sich eines Abends bei ihm versammelte, vorlesen wollte. Es war dies mein Gedicht: *Philemon und Baucis.*

Metastasio begann zu lesen; dann, als er ermüdet war, gab er mir das Manuskript und ich las das Gedicht zu Ende. Diese Gunst eines so großen Dichters, die Lobeserhebungen, die er mir zu erteilen die Güte hatte, machten großes Aufsehen in Wien. Ach! es war mir nicht gestattet, das Glück zu genießen und diesen berühmten Mann wiederzusehen, der sich die ganze Frische und das Kolorit der Jugend, wie die ganze Kraft seines Talents in einem weitvorgerückten Alter glücklich erhalten hatte; seine Unterhaltung, vor allem aber sein Rat wären mir von großem Nutzen gewesen. Er starb kurz darauf an Kummer; vielleicht ist man nicht ungehalten darüber, die Ursache dieses Todes kennenzulernen; man liebt im allgemeinen, sich mit den einzelnen Umständen im Leben eines großen Mannes bekannt zu machen.

Beim Tode Maria Theresias war der kaiserliche Schatz durch die grenzenlose Anzahl ihrer Pensionäre beinahe erschöpft. Ein Zug mag hinreichen, um zu beweisen, bis zu welchem Punkt die Höflinge die Mildtätigkeit und das edle Herz dieser Fürstin mißbrauchten.

Die Familie Edling von Görz zählte sieben Mitglieder, von denen das eine Bischof war. Diese Familie hatte von der unerschöpflichen Freigebigkeit der Kaiserin Pensionen für Vater, Mutter, Brüder, Schwestern und die ganze Dienerschaft des Hauses erhalten. Der Bischof befand sich eines Tages mit der Fürstin unter vier Augen; da er gerade von den Bedürfnissen seiner Diözese sprach, fragte sie ihn, ob sie nichts weiter für ihn und die Seinen tun könne.

»Ihre Majestät«, entgegnete der fromme Prälat, »haben uns alle mit Ihren Gunstbezeugungen überschüttet; es bleiben nur noch die zwei alten Pferde meines Vaters übrig, zwei gute Tiere, die ihm dreiunddreißig Jahre gedient haben und die er jetzt verkaufen muß, weil sie zu alt sind und er sie nicht ernähren kann, wenn sie nichts arbeiten.« Und im Augenblick erhielt der fromme Bischof dreihundert Gulden jährlich »für die guten invaliden Tiere seines Vaters«, die nun nicht »verkauft« wurden.

Joseph II. befahl bei seiner Thronbesteigung die provisorische Aufhebung aller dieser Pensionen und behielt sich vor, nur diejenigen fortzuzahlen, die ihm dazu berechtigt erschienen; bei einer übertriebenen Empfindlichkeit erblickte Metastasio in dieser allgemeinen Maßregel eine Erniedrigung und ein Vergessen seiner langen und ehrenvollen Arbeiten; sie machte einen so peinlichen Eindruck auf ihn, daß sie ihm das Leben kostete. Der Kaiser hatte sich inzwischen beeilt, ihm einen liebevollen Brief zu schreiben, in welchem er ihn versicherte, daß er in dieser Entscheidung nicht mit einbegriffen und seine Pension ihm forterhalten sei; allein dieser Brief kam zu spät. Was mich betrifft, so habe ich, dem Himmel sei Dank! einen ähnlichen Tod nicht zu befürchten; die Eifersucht, der Neid und die Ungerechtigkeit sind die alleinigen Mächte, die sich stets in die Sorge geteilt haben, mich als Mitgift zu begleiten.

Ich führte ein müßiges Leben, und das Geld, welches ich von Dresden mitgebracht hatte, war beinahe ganz ausgegeben; ich konnte aber nicht vergessen, daß ich in Padua von schwarzen Oliven gelebt und mich während einer gezwungenen vierzigtägigen Fastenzeit vom Wasser der Brenta ernährt hatte. Ich begann also einzusehen, daß ich an Einschränkungen denken müsse; statt eine Wohnung in der Stadt zu behalten, die mir zu teuer kam, wählte ich ein bescheidenes Zimmerchen bei einem Schneider in der Vorstadt Wieden. Zu derselben Zeit war ich so glücklich, die Bekanntschaft eines jungen Mannes zu machen, der ein Freund der schönen Wissenschaften und so gütig war, mir das Mittel zu verschaffen, um in ehrenhafter Weise drei Monate hindurch für meine Bedürfnisse aufkommen zu können.

Ich hatte auch das Gerücht vernommen, der Kaiser sei gesonnen, ein italienisches Theater in seiner Haupt- und Residenzstadt wieder zu eröffnen. Der Gedanke, den mir Mazzola eingegeben, kam mir jetzt wieder in den Kopf und ich hatte den Ehrgeiz, mich zum Hofpoeten ernennen lassen zu wollen. Seit langer Zeit hatte ich eine unbegrenzte Bewunderung für den Herrscher empfunden, von welchem ich alltäglich einen neuen Zug von Humanität und Seelengröße erzählen hörte; dieses Gefühl diente meinen Hoffnungen zur Stütze. Ich suchte Salieri auf; er begnügte sich nicht damit, meiner Hoffnung zu schmeicheln, sondern bot sich sogar an, sich für mich bei dem Generalintendanten der Schauspiele zu verwenden und, wenn's sein müßte, beim Kaiser selbst, der ihn mit einer ganz besonderen Gunst beehrte. Wirklich manövrierte er so gut, daß das erste Mal, wo ich die Ehre hatte, dem Kaiser vorgestellt zu werden, dies nicht geschah, um ihm meine Bitte vorzutragen, sondern um ihm meine Danksagungen darzubringen. Obgleich das Lob Josephs II. aus jedermanns Mund erklang und er allerwärts als der vollendetste Fürst genannt wurde, flößte mir doch der Gedanke, daß ich vor ihm zu erscheinen aufgefordert war, ein unüberwindliches Gefühl von Schüchternheit ein. Allein die gütige Miene, die in seinem Angesicht ausgedrückt war, die edle Gestalt, seine sanfte, liebliche Stimme, die Einfachheit seines Benehmens, das wenige Gepränge, das ihn umgab, ließen es mich vergessen, daß ich mich einem gekrönten Haupte gegenüber befand.

Ich hatte sagen gehört, daß er sehr häufig die Menschen nach ihrem ersten Eindruck beurteilte. Es schien mir, als ob seine Prüfung nicht ganz ungünstig für mich ausfiel; ich beurteilte dies nach der Gnade seines Empfanges; er geruhte, mich über meine Privatangelegenheiten, mein Vaterland, meine Studien und über die Beweggründe, die mich nach Wien geführt hätten, zu befragen. Ich antwortete auf alles so kurz als möglich und meine fast lakonischen Antworten schienen ihm zu genügen.

Die letzte Frage, die er an mich stellte, war, wie viel Dramen ich schon geschrieben hätte.

»Keines, Sire«, antwortete ich.

»Gut, gut«, entgegnete er lächelnd, »da haben wir also eine jungfräuliche Muse.«

Hiernach verabschiedete er mich. Mein Herz floß über vor Freude, Dankbarkeit und Bewunderung für diesen erlauchten Mann. Ohne Widerrede war jener Augenblick einer der süßesten meines Lebens, und ich werde ihn wohl nie vergessen. Mein Glück erreichte seinen Höhepunkt, als Salieri zu mir kam und mir sagte, ich sei so glücklich gewesen, ihm zu gefallen. Dieser Gedanke hielt mich während meiner kurzen theatralischen Laufbahn in Wien aufrecht und war mir eine größere Stütze als Aristoteles und alle seine Vorschriften, die ich in Wahrheit weniger gelesen und noch weniger studiert hatte; er leitete meine Begeisterung beim Dichten der zahlreichen Werke, die ich auf dem Kaiserlichen Theater aufführen ließ. Er war es endlich, der mich siegreich aus dem Kampfe hervorgehen ließ, den ich mit einer verbissenen Bande von Pedanten und ausgehungerten Schreiberlingen, einem neidischen Haufen, der wahren Pestbeule der Literatur, zu bestehen hatte, einen Kampf, in welchem ich den Schmerz hatte, einen berühmten Mann auftreten zu sehen, der mir die Ehre gab, mich zu beneiden und mich von meiner Stelle zu verdrängen suchte.

Um die Zeit meiner Vorstellung bei Joseph ii. traf eine vorzügliche Sängertruppe, die aus den berühmtesten Personen der italienischen Theater ausgewählt war, in Wien ein; ich verlor keinen Augenblick, ans Werk zu gehen. Alles, was in dieser Stadt geschrieben und aufgeführt war, suchte ich zusammen, um meine Gedanken an den Geschmack der Wiener zu gewöhnen. Ein gewisser Varese, der ebensogut wie viele andere, sich Dichter nennen ließ, weil er eine *Opera buffa* geschrieben, besaß allein eine Sammlung von mehr als dreihundert dieser Werke. Ich suchte ihn auf und bat ihn, mir einen Band davon zu leihen. Er spöttelte über mich und antwortete mir: »Diese Sammlung ist ein Schatz; ich kann mich rühmen, der alleinige Besitzer desselben zu sein; Sie können nicht glauben, wie viel Geld und Mühe er mich gekostet hat. Lassen Sie sich die Hoffnung vergehen, daß ich auch nur einen Band davon aus meiner Bibliothek lasse.« Alles, was ich erlangen konnte, war, daß er mich einige in seiner Gegenwart durchblättern ließ; während ich las, sah ich seine Augen fortwährend auf mich gerichtet, ohne Zweifel, weil er befürchtete, ich möchte ihm einige Blätter aus diesen Meisterwerken entwenden. Ich besaß so viel Geduld, an zwanzig derselben zu durchlaufen. Armes Italien! Intrige, Charakterisierung, Inszenesetzung, Stil, alles fehlte darin, und obschon sie bestimmt waren, das Publikum zu erheitern, hätte man glauben mögen, der Verfasser habe sich nur in den Kopf gesetzt, die Zuhörer in Tränen zu versetzen. Das waren die Leistungen, welche damals die Lust und Freude der Italiener ausmachten. Ich glaubte, es würde mir durchaus nicht schwerfallen, es besser zu machen. Ich schmeichelte mir, daß man in meinen Opern hier und da doch einen glücklichen Gedanken finde, daß die Sprache darin nicht verunstaltet sei, daß die Charaktere gut gezeichnet und die Reden selbst mit Vergnügen anzuhören sein würden. Leider erkannte ich jedoch bald aus Erfahrung, daß Geschmack und guter Wille noch nicht genügten, um ein zur Aufführung erträgliches Drama zu verfertigen.

Aus Ehrerbietigkeit gegen Salieri vertraute ich diesem die Musik zu meinem ersten Werke an; er war in der Tat einer der ersten Meister seiner Zeit. Ich legte ihm mehrere Sujets und meine Pläne vor, damit er eine Wahl treffen könne. Leider fiel diese Wahl auf ein Sujet, dem alle Grundbedingungen eines Erfolges abgingen: *Il ricco d'un giorno*. Ich begann meine Arbeit, allein es bedurfte keiner langen Zeit, um mich von dem Unterschied zu überzeugen, welcher zwischen dem Gedanken und der Ausführung besteht. Je weiter ich schrieb, desto größer wuchsen die Schwierigkeiten unter meiner Feder und vervielfältigten sich ohne Ende. Das Sujet bot mir weder eine genügende Anzahl von Charakteren, noch eine Abwechslung von Vorfällen dar, welche das Interesse des Publikums zwei bis drei Stunden lang – so lange sollte die Aufführung dauern – zu erhalten vermochte. Ich fand meine Szenen kalt, die Handlung matt, den Dialog trocken, meine Gedanken trivial und die Gesangstücke schlecht herbeigezogen. Endlich schien es mir, als könne ich keinen Vers mehr schreiben; mit einem Worte, es war die Keule des Herkules in der Hand eines Pygmäen. Wohl oder übel kam ich mit dem ersten Akte zu Ende; nur das Finale fehlte noch; dieses Finale, das sich genau an das Werk anschließt, muß allein das Stück resümieren und ein besonderes Interesse erregen. Hier soll sich das Talent des Musikers wie das der Schauspieler darlegen und die ganze Wirkung des Stückes konzentrieren. Das Rezitativ ist davon ausgeschlossen; es soll nur Gesang enthalten und alle Arten desselben wiederholen: das Adagio, das Allegro, das Andante, das Amoroso und Armonioso. Kurz, es soll sich mit dem, was man in der Musiksprache *la stretta* nennt, schließen und so allein die ganze Kraft des Dramas resümieren.

In dem Finale müssen alle Darsteller auftreten, wie groß auch ihre Zahl sein mag; sie müssen zu eins, zu zweien, zu dreien und wenn nötig, noch mehr erscheinen, Soli, Duette, Terzette singen, und wenn sich die Natur des Dramas dem entgegenstemmt, so muß hier der Poet, auf Kosten des Kriteriums der Vernunft und aller Regeln des Aristoteles, vermittelnd eintreten; ist nun das vollendete Werk schlecht, desto schlimmer für den Verfasser.

Nach dieser kleinen Auseinandersetzung ist es nicht schwer, sich die Verlegenheit vorzustellen, in der ich mich befand; zwanzig Mal wollte ich alles, was ich geschrieben, ins Feuer werfen und meine Entlassung anbieten. Endlich, nachdem ich mir den Kopf zerbrochen, mein Gehirn abgequält und mich allen Heiligen angelobt hatte, gelangte ich ans Ziel; ich beendigte das Stück. Sofort, nachdem es fertig war, schloß ich es in einem Schrank ein, aus welchem ich es erst nach Verlauf von vierzehn Tagen wieder herausnehmen und mit ruhigerem Gemüt wieder durchlesen wollte. Es erschien mir erbärmlicher als je vorher; trotzdem mußte ich es an Salieri abliefern, der schon die ersten Szenen in Musik gesetzt hatte und mich um die anderen quälte. Ich ließ die Flügel hängen und brachte kein Wort hervor, als ich ihm das Libretto überreichte. Er sah es flüchtig in meiner Gegenwart durch und äußerte schließlich:

»Es ist gut geschrieben; man muß es aber auf den Brettern sehen. Es sind sehr hübsche Arietten und Szenen darin, die mir gefallen; dennoch werde ich einige leichte Umänderungen darin vornehmen, mehr um des Effekts der Musik willen als aus einem anderen Grunde.«

Man kann sich denken, welche Freude diese Worte in mir hervorriefen; und wie man sich gern das vorredet, was man wünscht, so fing ich zu glauben an, daß mein Werk in der Tat nicht so schlecht wäre, als ich es anfangs beurteilt hatte. In was bestanden jedoch diese »leichten Umänderungen«? Fast alle Szenen zu verstümmeln, zu verlängern oder kürzer zu machen, neue Duette, Terzette und Quartette einzuschalten, mitten in einer Arie das Versmaß zu ändern, Chöre einzuschieben, welche gesungen werden sollten... von Deutschen! die Rezitative fast gänzlich zu streichen und folglich auch die Entwicklung der Intrige und das Interesse selbst, wie wenig es auch darbot, so daß am Tage der ersten Aufführung von meinem ersten Entwurfe kaum hundert Verse übrig blieben – das waren die »leichten Umänderungen!«

Die Musik war fertig, das Werk sollte eben zur Darstellung kommen, als der bekannte Abbate Casti in Wien eintraf, ein

Dichter, dessen Ruf, den er zunächst seinen *Galanten Novellen* verdankte, in ganz Europa widerhallte; wie vortrefflich auch diese Novellen in bezug auf Poesie waren, so skandalös waren sie hinsichtlich der Moral. Er hatte gleichzeitig den Tod der Maria Theresia, der er jedoch gar nicht gefallen hatte, und den Metastasios erfahren, durch welchen die Stelle eines Hofpoeten vakant wurde; er glaubte, daß er durch sein Verdienst, durch die Protektion seiner mächtigen Freunde und hauptsächlich des Grafen von Rosenberg, der, obschon in vorgerücktem Alter, doch noch »die profane Harfe des erotischen Sängers« liebte, ohne weitere Mühe eine Stelle erhalten würde, welche der Gegenstand meines Ehrgeizes war.

Zu derselben Zeit kam auch Paesiello an, ein bekannter und vom Kaiser geachteter Musiker, der bei den Wiener Kunstfreunden hoch angeschrieben war und sich ohne Nebenbuhler glaubte. Paesiello äußerte den Wunsch, die Musik zu einem Drama zu schreiben. Seine Ankunft schüchterte Salieri ein; mein Stück *Il ricco d'un giorno* wurde daher beiseite gelegt, und man sprach in Wien nur noch von Casti und Paesiello. Man stelle sich die Erwartung der Schauspieler, des Grafen von Rosenberg, der Freunde Castis und endlich der ganzen Stadt vor; der Name Casti erklang von allen Lippen. Da es zu meinen mir überwiesenen Geschäften gehörte, ein wachsames Auge auf alles, was das kaiserliche Theater betraf, zu haben, so war ich der erste, der den *König Theodor* – so lautete der Titel der ersten Oper Castis – in Empfang nahm. Ich nahm mir nicht einmal die Zeit, bis nach Hause zu gehen, sondern blieb in einem Caféhause sitzen, wo ich das Stück zweimal vom Anfang bis zu Ende durchlas. Die Sprache in demselben war das reinste Toskanisch, der Stil korrekt, die Verse nicht ohne Grazie und Wohllaut; es war ein feines Gefühl, Eleganz, Schwung darin. Die Arien waren schön, die Ensemblestücke vortrefflich, die Finali poetisch, und dennoch hatte das Drama meiner Ansicht nach weder Wärme noch Interesse, kurz, nichts Dramatisches. Die Handlung war matt, die Charakterzeichnung mißlungen, die Entwicklung unwahrscheinlich und fast tragisch. Jeder Teil, einzeln genommen, war gut, aber das Ensemble abscheulich. Ich könnte meinen Eindruck bei Durchlesung dieses Werkes nicht besser beschreiben, als daß ich es mit einer Sammlung kostbarer Edelsteine verglich, welche ein ungeschickter Juwelier gefaßt hatte. Ich tröstete mich daher über die Mängel meines Stückes, als ich den *König Theodor* las.

Ich hütete mich jedoch, diesen Eindruck irgend jemand kundzugeben. Casti galt in Wien für unfehlbar, wie der Papst in Rom. Ich überließ es der Zeit, das Urteil zu fällen.

Einige Wochen später wurde seine Oper aufgeführt, und ihr Erfolg war grenzenlos. Wie konnte es auch anders sein; die Sänger waren untadelhaft, die Dekorationen süperb, die Kostüme prachtvoll, die Musik göttlich; und der Poet empfing, mit Lächeln auf den Lippen, alle die enthusiastischen Glückwünsche, als gälten sie ausschließlich seinem Verdienste an dem Stücke.

Zur selbigen Zeit wiederholte die Koterie Rosenberg allerorten und bei jeder Gelegenheit: »Welch ein Werk! Welche bewunderungswürdige Dichtung!« Zu diesen Lobhudlern gesellte sich noch die kleine Zahl der Unparteiischen – und an ihrer Spitze der Kaiser selbst –, die auch in allen Tonarten riefen: »Welches Stück! Welche Musik!« Diese allgemeine Übereinstimmung in Lobeserhebungen hatte zur Folge, daß der entmutigte Salieri nicht wagte, ein ganzes Jahr lang der Direktion *Il ricco d'un giorno* anzubieten. Entschlossen, diesen Rausch erst verfliegen zu lassen, benutzte er diesen Umstand, um sich nach Paris mit der Absicht zu begeben, daselbst die Musik zu seinen *Danaiden* zu komponieren. Ich war über diesen Aufschub nicht böse, da er mir Muße zum Nachdenken und zur ausschließlichen Richtung meiner Gedanken auf das Theater verschaffte. Zu jener Zeit war ich zu glücklich, als daß ich mich hätte zu den heimlichen Kunstgriffen meines mächtigen Nebenbuhlers herbeilassen sollen; als bestes Mittel, seinen Plan zu vereiteln, erschien mir die Verfertigung eines Stückes, das noch vorzüglicher als das seinige wäre. Nach Salieris Rückkehr aus Frankreich wurde *Il ricco d'un giorno* zum Einstudieren verteilt. Die Hauptrolle war der Storace bestimmt, die damals auf dem Höhepunkte ihres Talentes stand und Wien entzückte; allein diese Sängerin ward krank; es mußte eine andere für sie eintreten, und da man keine Wahl hatte, diejenige genommen werden, die gerade zur Hand war; unglücklicherweise war aber die Sängerin, welche zum Ersatz eintrat, der ihr übertragenen Rolle durchaus nicht gewachsen; das Stück fiel durch. Dies war aber noch nicht alles. In der Absicht, einem Unglücklichen, der mit einigem Talent begabt, aber von dem Notdürftigsten entblößt war, zu helfen, hatte ich mein Stück einem gewissen Chiavarina zum Abschreiben gegeben. Dieser Chiavarina hatte ein Freundschaftsbündnis mit einem Taugenichts gleichen Gelichters, namens Brunati, geschlossen, der, wie so viele andere Nullitäten des Parnasses, ebenfalls Hofpoet zu werden trachtete; Chiavarina vertraute das Manuskript Brunati an, und dieser geriet auf den Gedanken, eine unwürdige Kritik darüber zu schreiben, die er am Abend der Aufführung im Theater verteilte. Er hatte seinen Plan Casti mitgeteilt, dem er den Hof machen wollte, und Casti, zu glücklich, mir schaden zu können, hatte das Pamphlet durchgelesen, korrigiert und den ihm abgehenden Geist nebst einigen beißenden Pointen gegen mich hinzugetan. Chiavarina, der ein Kleid trug, das er meinem Mitleid verdankte, übernahm es, ihr Werkzeug zu sein, indem er die Verteilung selbst besorgte, um sich bei Casti und gleichzeitig bei dessen Protektor Rosenberg angenehm zu machen. Wie nichtsbedeutend auch diese Tatsachen erscheinen, so werden sie doch zum Beweis dienen, wie freundlich gesinnt ich stets gegen meine Landsleute war und wie undankbar sie mich dagegen behandelten, welcher Art endlich der Kampf war, den ich lange

Jahre hindurch zu bestehen hatte, während ich mir gleichwohl keine Illusionen über den Wert von *Il ricco d'un giorno* machte; das Libretto war unbedingt schlecht, die Musik abscheulich.

Salieri, der von Paris mit dem ganzen Eindruck der Gluckschen Musik und der *Danaiden* zurückkehrte, einer Musik, die so verschieden von der unserigen war, komponierte seine Partitur vollständig nach französischem Geschmack und ohne eine Reminiszenz an seine schönen und lieblichen Melodien, die er an den Ufern der Seine vergessen zu haben schien; aber um die ganze Perfidie meiner Feinde wohl zu verstehen, wird es hinreichen, wenn ich sage, daß sie glauben machen wollten, mir allein sei das Durchfallen zu verdanken, während doch in einer *Opera buffa* die Worte im allgemeinen nur als Nebensache betrachtet werden. Bei dieser Gelegenheit stellten sie im Gegenteil die Behauptung auf, das ganze Verdienst beruhe in dem Talent des Poeten; es ging bis auf die Schauspieler herab, die mich mit Verwünschungen überhäuften. Sie könnten nicht begreifen, wie sie solche Worte hätten singen können, und wie sich namentlich ein Maestro gefunden, der so viel Selbstverleugnung besessen hätte, sie in Musik zu setzen. Salieri selbst ging so weit, einen feierlichen Eid zu schwören, sich eher die Hand abhacken zu lassen, als eine einzige Note zu meinen Versen zu schreiben.

Was Casti anlangt, so führte er in einer ganz anderen Weise Krieg gegen mich; er übernahm meine Verteidigung; allein seine Lobreden schadeten mir mehr, als es eine offene, freie Kritik zu tun vermocht hätte:

Pessimum inimicorum genus laudantes.

»Da Ponte«, sagte er, »versteht nichts von einem dramatischen Werke. Was liegt darin Schlimmes? Ist es nötig, eine Oper schreiben zu können, um ein Mann von Verdienst zu sein? Niemand kann ableugnen, daß er einen sicheren Geschmack, ein großes Talent und namentlich viel Kenntnisse besitzt.«

Ihm kam es vor allem darauf an, daß jedermann überzeugt würde, ich sei unfähig, für das Theater zu arbeiten, und während er mich mit Lob alles dessen, was außerhalb dieses Genres von Talent lag, überhäufte, erwarb er sich das Recht, daß man ihm Gehör gab, wenn er mir ein einziges absprach.

Jeder Tag sah eine neue Schmähschrift gegen mich erscheinen. Ein Schreiberling, Nunzio Porta, Poet nach Art Brunatis, ja noch unter diesem, veröffentlichte eine Satire, die mit den zwei Zeilen schloß:

> »Als Esel geboren, stirbst einst Du als Esel,
> Für jetzt sag' ich wenig, doch später noch mehr.«

Es ist wahr, daß ich bei dieser Gelegenheit mit einigen ebenfalls satirischen, aber noch beißenderen Stücken antwortete; ich schrieb sie jedoch mehr nieder, um mich zu zerstreuen als aus einem Gefühle von Zorn und Ärger.

Da diese Stücke keine Dramen waren, so bewies mir Casti die Ehre, sie bewunderungswürdig zu finden und sie mit seiner *Giuleïde* zu vergleichen.

Von diesem Haufen Mißgünstiger war nur allein Casti wegen seiner Überlegenheit, seiner Böswilligkeit und vorzüglich wegen des hohen Schutzes zu fürchten, dessen er sich erfreute. Glücklicherweise hatte ich den Kaiser für mich, der sich unter allen Umständen um so eifriger zeigte, mich zu verteidigen, als meine Feinde Fertigkeit in ihren Angriffen bewiesen.

»Dieser junge Mann«, sagte er eines Tages zu Andrea Dolfin, dem venetianischen Gesandten, der mich ebenfalls beschützte, »hat zu viel Talent, um sich nicht den Neid Castis zuzuziehen, aber ich werde ihn schon halten. Gestern noch suchte Rosenberg, nachdem sein Stück durchgefallen war, mir einzureden, wir brauchten einen anderen Poeten. Casti befand sich in meiner Loge und hoffte vielleicht, ich würde ihn zu dieser Stelle ernennen. Ich erwiderte, ich wollte zuvor noch eine zweite Oper von Da Ponte hören.«

Der üble Erfolg meines ersten Auftretens hatte genügt, mich zu entmutigen und mich zu verhindern, mich dem Kaiser vorzustellen. Da er mich nun eines Tages zufälligerweise auf seinem Wege, bei einem seiner Morgenspaziergänge, traf, blieb er bei mir stehen und sagte mit der größten Güte zu mir: »Seien Sie überzeugt, es fehlt viel daran, daß Ihre Oper so schlecht ist, wie man gern glauben machen möchte. Fassen Sie wieder Mut und liefern Sie uns ein Meisterwerk, das sie zum Schweigen bringt.«

Es war ungefähr um jene Zeit, als Storace und Martini, zwei junge Komponisten, die gern eine Oper für das italienische Theater schreiben wollten, nach Wien kamen. Der erste wurde von seiner Schwester, der schon erwähnten verdienstvollen Künstlerin, die zwar nicht zur Zahl meiner Anhänger gehörte, protegiert; der andere von der Gemahlin des spanischen Gesandten, welche in einem innigen Freundschaftsbunde mit der Kaiserin stand.

Meine Neider benutzten, weit entfernt, auf so schönem Wege stehen zu bleiben, diesen Umstand, um einen Schlag gegen mich zu führen, der mich, zum Trotz des Allerhöchsten Willens, meine Stellung kosten sollte. Sie versuchten die Neuangekommenen zu hintergehen, von denen sich Storace als Poet, Martini als Kapellmeister angekündigt hatten. Casti, die Seele dieser Verschwörung, und Brunati, sein getreues Werkzeug, suchten ihnen die Idee einzugeben, ihre Talente zu vereinigen und ein Libretto zu schreiben. Um zum Ziele zu gelangen, machte man ihnen täglich den Kopf mit der Nachricht meines Sturzes warm, um Martini die Lust zu verleiden, für mich zu arbeiten, während man ihn mir als einen Musiker schilderte, der durchaus unfähig sei, etwas anderes als Romanzenarien zu komponieren.

Mein kaiserlicher Protektor zerhaute den Knoten und ließ

Martini sagen, er solle sich allein an mich wenden, und infolge dessen besuchte mich dieser und fragte mich, ob ich nicht ein Stück zu schreiben gesonnen wäre, das der Gesandtin von Spanien gewidmet werden sollte, die sich dadurch sehr geschmeichelt fühlen würde.

Leider wurde ich meinen gewöhnlichen Beschäftigungen durch einen grausamen Zwischenfall entzogen, der unter die traurigsten Ereignisse meines Lebens gerechnet werden muß. Ein erbärmlicher Italiener, der nichts, weder Reize noch Jugend für sich hatte, hatte sich im höchsten Grade in eine junge Dame verliebt, die dasselbe Haus mit mir bewohnte, für ihn aber nicht die geringste Neigung hatte, noch finden konnte. Als er sie eines Tages um die Gründe ihrer Härte fragte, antwortete sie ihm: »Ich habe deren drei; Sie sind häßlich; ich hasse Sie und ich liebe Da Ponte«; um ihn dann noch mehr zu erniedrigen, entwarf sie ihm ein Bild von mir, als sei ich ein zweiter Adonis. Ich hatte mit dieser Dame keine sechs Worte gewechselt, noch weniger ihr jemals meine Huldigungen dargebracht. Jene Worte, die nur zum Zweck hatten, sie von einem Menschen zu befreien, welcher sie belästigte, hatten jedoch für mich die unseligsten Folgen. Dieser Mann, der mir die ihm bewiesene Geringschätzung zur Last legte, schwur mir einen unversöhnlichen Haß und gelobte sich, eine glänzende Rache dafür zu nehmen. Als er mich eines Tages in einem Caféhause antraf und ich etwas zerstreut aussah, fragte er mich um die Ursache davon; es war mir bekannt, daß er Chirurg sei, ich wußte aber nicht, was zwischen ihm und der erwähnten Dame vorgefallen war, und so sah ich keinen Nachteil dabei, wenn ich ihm vertraute, daß ich an einem Fleischauswuchs am Zahnfleisch litt und befürchtete, deshalb zu einer Operation schreiten zu müssen.

»Und wer hat Ihnen den Rat gegeben, sich operieren zu lassen?«

»Der erste Chirurg des Kaisers, Brambilla.«

»Das ist schlecht, sehr schlecht von ihm; geben Sie mir eine Zechine und ich schaffe Ihnen diesen Auswuchs hinweg, ohne meine Zuflucht zum Schneiden zu nehmen.«

Ich gab ihm das verlangte Geld; er ging hinweg, kam aber bald darauf wieder und übergab mir ein Fläschchen mit einer Flüssigkeit, von welcher ich einige Tropfen auf Leinwand schütten, dieselbe dann auf die kranke Stelle legen, mich aber in acht nehmen sollte, nichts zu verschlucken. Diese Flüssigkeit war dermaßen ätzend, daß der Auswuchs in acht Tagen verschwunden war. Eine Frau, die in meinen Diensten stand, war zufällig in dem Augenblick gegenwärtig, wo ich zum siebten Male das Mittel anwendete; als sie mich bereit sah, die angefeuchtete Leinwand in meinen Mund zu stecken, stieß sie einen Schrei aus: »Großer Gott! Scheidewasser!« Sofort entriß sie mir das Fläschchen und die Leinwand, untersuchte sie näher und wiederholte die Worte: »Scheidewasser! Scheidewasser!« Man denke sich meinen Schrecken. Sie ließ mich sogleich den Mund mit frischem Wasser und Essig ausspülen; aber schon acht Tage darauf hatte ich acht Zähne verloren und da jedes Mal, wo ich das Mittel anwendete, einige Tropfen in die Gurgel eingedrungen waren, so entstand hierdurch eine solche Zerrüttung in meinem Magen, daß ich einen unüberwindlichen Ekel gegen jede Art von Nahrung empfand und jedermann es für ein Wunder ansah, daß ich noch am Leben sei. In der Wut der Erbitterung durchlief ich die Straßen Wiens wie ein Wahnsinniger, um diesem Schurken zu begegnen und während dieser nutzlosen Irrfahrten verlor ich noch acht andere Zähne. Lange Zeit schwebte ich zwischen Tod und Leben. Mehrere Jahre vergingen, ohne daß ich auch nur ein Wort von ihm vernahm. Endlich, als ich eines Tages, auf einer kleinen Reise nach Görz, an den Ufern der Traun spazierenging, sah ich eine Menschenmasse, die sich um einen Mann versammelt hatte, der, auf der

Erde ausgestreckt mit blutigem Gesicht dalag, gefallen war und sich den Kinnbacken zerschlagen hatte.

Er war es und ich erkannte die Hand Gottes in der ihm auferlegten Strafe!

Es vergingen zwei Jahre, bevor ich gänzlich geheilt war und meine Arbeiten wieder vornehmen konnte. Als Stoff für das erste Drama, das ich Martini (Martin y Soler) bestimmte, hatte ich den *Gutherzigen Griesgram* gewählt. Ich machte mich ans Werk. Kaum war dieser Plan Casti bekannt, als er sich auch, von dem doppelten Verlangen beherrscht, Hofpoet zu werden und sich meiner zu entledigen, beeilte, überall auszubreiten: der Stoff wäre für eine *Opera buffa* schlecht gewählt. Er hatte die Kühnheit, diese Worte vor dem Souverän zu wiederholen, der mir sagen zu müssen glaubte: »Da Ponte, Ihr Freund Casti behauptet, Ihr *Gutherziger Griesgram* würde nicht zum Lachen reizen.«

»Sire«, antwortete ich, »ich wäre glücklich, wenn er ihn zum Weinen reizte.«

»Das hoffe ich«, setzte Joseph ii. hinzu, der sogleich den Doppelsinn begriff.

Die Oper wurde aufgeführt und gefiel von Anfang bis zum Ende. Man sah mehrere Zuschauer und den Kaiser selbst sogar die Rezitative darin applaudieren.

»Wir haben gesiegt«, sagte Joseph ii. leise zu mir, als er nach der ersten Vorstellung neben mir in der Vorhalle der Logen, wo ich mich aufgestellt hatte, vorüberging. Diese drei Worte hatten höheren Wert für mich, als hundert Seiten voll Lobeserhebungen. Tages darauf besuchte ich den Grafen von Rosenberg; er war allein mit dem lieben Abbate. Das Zeremoniell, mit welchem mich beide empfingen, war eiskalt.

»Was wünscht der Signor Poet?«

»Ich komme, um das Urteil des gnädigen Herrn Generalintendanten der Theater zu vernehmen.«

»Der Signor Poet kennt bereits das unseres nachsichtigen Publikums; ich will nicht nachforschen, ob es richtig ist.«

Und Schutzherr und Schützling begleiteten diese Worte mit einem sardonischen Lächeln und überließen mich dann meinen Betrachtungen. Ich erwartete nichts anderes von ihrer Seite; nur der Entschluß reifte in mir zur Gewißheit, auf der Stelle meine Entlassung einzureichen. Zwei so mächtige Feinde sind zuviel, sagte ich zu mir selbst; die Gunst des Kaisers ist nicht mächtig genug, ihrem Hasse die Waage zu halten; es ist besser, ich ziehe mich zurück, bevor man mich dazu zwingt. Ich eilte nach dem kaiserlichen Palast. Der Fürst empfing mich mit sichtlicher Freude und sagte zu mir:

»Bravo, Da Ponte, Musik und Worte gefallen mir!«

»Sire, der Herr Generalintendant scheint entgegengesetzter Ansicht zu sein.«

»Nicht der Intendant, sondern Casti, und das ist eben Ihr Triumph. Fassen Sie nur Vertrauen und geben Sie uns eine zweite Oper mit einer ähnlichen Musik. Man muß das Eisen schmieden, solange es warm ist.«

Er wiederholte dasselbe zu Rosenberg und dieser war so einfältig, mir es zu erzählen.

Die beiden Höflinge hielten sich jedoch für noch nicht geschlagen. Trotzdem fühlte sich Casti doch ein wenig verlegen. Er wagte es nicht mehr, ein Werk zu kritisieren, das alle Welt für gut befunden hatte, zog sich aber dadurch heraus, daß er es lobte, dieses Lob jedoch mit einem bezeichnenden »Aber« begleitete.

»Aber im Grunde genommen«, sagte er, »ist es nur eine Übersetzung; man muß ihn erst sehen, wenn es sich um ein Originalwerk handelt. Aber es ist eine Sünde, ihn so die Sprache vernachlässigen zu sehen. Das Wort ›Gestalt‹ z. B. wird nie in dem Sinne gebraucht, in dem er es nimmt.« Ich stand zufällig gerade hinter ihm, als er in einem näselnden und spöttelnden Tone diese Worte einem Schauspieler gegenüber hermurmelte. Jetzt trat ich direkt vor ihn, nahm denselben näselnden Ton an und zitierte jenen Vers Bernis:

»Nie hatte der Riese eine solche Gestalt.«

Er sah mich an, biß sich auf die Lippen, hatte aber doch so viel Selbstbeherrschung, daß er mir antwortete: »Er hat wahrlich recht!«

»Herr Abbate«, entgegnete ich ihm jetzt, »in einem ganzen Stücke nur einige Worte zum Tadeln zu finden, ist das größte Lob, das Sie ihm nur machen können. Was mich betrifft, so habe ich nie die Gallizismen im ›König Theodor‹ bemängelt.« Ich ließ ihm keine Zeit, mir etwas zu erwidern, und entfernte mich. Der, mit dem er sich unterhielt, begann zu lachen, und der bestürzte Abbate schwieg länger als zehn Minuten still.

Casti, dem niemand den Namen eines Poeten verweigern konnte, ermangelte doch gänzlich der Gelehrsamkeit. Er besaß ein enzyklopädisches Wörterbuch, aus welchem er nötigenfalls die ihm abgehenden Kenntnisse schöpfte. Aber nicht immer hatte er eine glückliche Hand. In der Oper *Trophonius*, um nur ein Beispiel anzuführen, hatte er, als er von den Dialogen des Plato sprach, gesetzt:

»Plato in seinem Phädon und im Timon.«

Ich war der erste, der dieses Stück las, und ich korrigierte das Wort Timon in Timäus. Als ich ihm die letzten Korrekturbogen zurückgab und er an jene Verse kam, fragte er mich, wer diese Änderung vorgenommen habe.

»Ich, Signor Abbate.« Er lief nach seinem Wörterbuch, erkannte seinen Irrtum, wurde rot und dankte mir; später bestand er mit aller Gewalt darauf, daß ich dieses Wörterbuch zum Geschenk von ihm annähme; ich habe es länger als fünfundzwanzig Jahre aufbewahrt, endlich ist es mir aber doch auf meinen Wanderfahrten gestohlen worden.

Mein Erfolg, und noch mehr die ausgezeichnete Gunst, die mir Joseph II. bezeigte, spornte meine poetische Begeisterung mehr und mehr an; ich fühlte mich nicht nur imstande, meinen Verlästerern kühn die Stirn zu bieten, sondern auch ihre Anstrengungen zu verachten, und ich hatte die Genugtuung, alsbald die Komponisten sich um meine Libretti bewerben zu sehen.

Es lebten um jene Zeit zu Wien nur zwei Maestri, die meiner Ansicht nach dieses Namens würdig waren: Martini, für den Augenblick der Günstling Josephs II., und Wolfgang Mozart, den ich damals bei seinem Freunde, dem Baron von Wetzlar, kennenzulernen Gelegenheit hatte; Wolfgang Mozart hatte, obschon von der Natur mit einem musikalischen Genie begabt, das vielleicht alle Komponisten der Vergangenheit, Gegenwart und Zukunft weit überstrahlt, infolge der Kabalen seiner Feinde noch keine Gelegenheit gehabt, sein göttliches Genie in Wien kundzugeben; er lebte hier obskur und verkannt, ähnlich einem Edelsteine, der in der innersten Erde vergraben, hier das Geheimnis seines Glanzes verbirgt. Ich kann nie ohne Jubel und Stolz daran denken, daß meine Beharrlichkeit und meine Energie zum großen Teile die Ursache waren, welcher Europa und die Welt die vollständige Entdeckung dieser wundervollen musikalischen Kompositionen dieses unvergleichlichen Genies verdankt. Die Ungerechtigkeit, der Neid meiner Nebenbuhler, der Journalisten und der Biographen Mozarts werden nie einen solchen Ruhm einem Italiener wie mir zugestehen wollen; aber ganz Wien, alle, welche Mozart und mich in Österreich, in Böhmen, in Sachsen gekannt haben, seine ganze Familie, namentlich der Baron von Wetzlar selbst, sein enthusiastischer Verehrer, in dessen Hause der erste Funke dieser göttlichen Flamme aufglimmte, sind Zeugen der Wahrheit dessen, was ich hier sage...

Und Sie, Herr von Wetzlar, Sie, mein Herr Baron, der mir noch jüngst neue Beweise Ihres treuen und liebevollen Andenkens gegeben, Sie, der Sie diesen wahrhaft himmlischen Mann so hoch geliebt und geschätzt, der Sie einen so gerechten Anteil an seinem Ruhme haben, an jenem Ruhme, der um so größer und geheiligter geworden ist durch den Neid, der ihm dargetan, und durch unser Jahrhundert, das ihn nach seinem Tode einmütig bestätigt hat, Sie werden mir das Zeugnis nicht versagen, das ich für die Nachwelt jetzt von Ihnen beanspruche.

Nach dem glücklichen Erfolge des *Gutherzigen Griesgram* begab ich mich zu Mozart und erzählte ihm, was zwischen Casti, Rosenberg und dem Kaiser vorgefallen war. Ich fragte ihn, ob es ihm gelegen sei, eine eigens für ihn geschriebene Oper in Musik zu setzen.

»Ich übernehme es, jede Schwierigkeit zu beheben.«

»Das würde mit unendlichem Vergnügen geschehen«, antwortete er mir, »allein ich zweifle, daß ich die Erlaubnis dazu erhalte.«

»Gut dann, drauf los!«

Ich dachte noch bei mir über die Wahl des Sujets nach, die ich zwei so entgegengesetzten Talenten wie Martini und Mozart übergeben wollte, als ich einen Befehl der Intendanz empfing, wonach ich ein Drama für Gazzaniga, einen ganz guten, aber aus der Mode gekommenen Komponisten, schreiben sollte. Um mich so schnell als möglich dieser langweiligen Aufgabe zu entledigen, wählte ich eine französische Komödie: den *Verstellten Blinden*. In wenigen Tagen entwarf ich ein Stück, das weder durch den Text, noch durch die Musik einen Erfolg erzielte. Es wurde drei Mal aufgeführt, dann aber vom Theater zurückgezogen.

Dieser, obschon unangenehme Fall tat meinem Rufe keinen Abbruch, und ich sann von neuem über die Opern nach, die ich meinen beiden Freunden zudachte. Leicht begriff ich, daß das unermeßliche Genie Mozarts einen großen, vielgestaltigen, erhabenen Stoff eines Dramas erheischte. Als ich mich eines Tages mit ihm unterhielt, fragte er mich, ob ich nicht eine Oper nach Beaumarchais' *Hochzeit des Figaro* schreiben könne. Der Vorschlag gefiel mir, und der Erfolg war schnell und allgemein.

Kurz vorher war das Stück Beaumarchais' auf Befehl des Kaisers, als in einem unmoralischen Stil geschrieben, verboten worden. Wie konnte man es nun von neuem in Vorschlag bringen? Der Baron von Wetzlar bot mir in gewohnter Großmut einen anständigen Preis für mein Gedicht an; er versicherte mir, daß er, falls es in Wien verboten würde, es über sich nehmen wolle, es in London oder in Frankreich zur Aufführung zu bringen. Ich nahm jedoch diesen Vorschlag nicht an, sondern machte mich im stillen in der Erwartung eines günstigen Augenblicks ans Werk, um es dem Intendanten oder dem Kaiser selbst, falls ich den Mut dazu haben würde, vorzulegen. Martini war der einzige, den ich in mein Vertrauen zog, und er war aus Achtung vor Mozart hochherzig genug, mir Zeit zur Vollendung meines Stückes zu lassen, bevor ich mich mit dem seinigen beschäftigte. Im Verhältnis, wie ich den Text schrieb, setzte ihn Mozart in Musik; nach sechs Wochen war alles beendigt. Mozarts guter Stern wollte, daß ein günstiger Augenblick sich darbot und mir gestattete, mein Manuskript direkt dem Kaiser vorzulegen.

»Was?« sagte Joseph zu mir, »Sie wissen, daß Mozart, wie tüchtig auch immer in der Instrumentalmusik, doch noch nichts für den Gesang geschrieben hat, mit Ausnahme eines einzigen Stückes, das keine große Bedeutung hat.«

»Ich selbst«, erwiderte ich schüchtern, »würde ohne die Gnade des Kaisers auch nur ein Drama in Wien geschrieben haben.«

»Wohl wahr, aber ich habe dieses Stück von *Figaro* der deutschen Schauspielergesellschaft untersagt.«

»Ich weiß es, allein bei Umformung der Komödie zu einer Oper habe ich ganze Szenen weggelassen, andere gekürzt und mich hauptsächlich beflissen, alles daraus verschwinden zu lassen, was den Anstand und den guten Geschmack verletzen könnte; kurz, ich habe ein Werk daraus gemacht, das eines

Theaters würdig ist, welches Seine Majestät mit Höchstihrem Schutze beehrt. Was die Musik anlangt, so gleicht sie, soweit ich sie beurteilen kann, einem Meisterwerke.«

»Gut denn, ich verlasse mich auf Ihren Geschmack und Ihre Umsicht; geben Sie die Partitur zum Abschreiben.«

Einen Augenblick darauf war ich bei Mozart; ich teilte ihm aber diese freudige Nachricht nicht eher mit, als bis eine Depesche ihm den Befehl überbrachte, sich mit seiner Partitur in den kaiserlichen Palast zu begeben. Er leistete Folge und trug dem Kaiser einige Bruchstücke vor, die ihn entzückten. Joseph hatte in Sachen der Musik einen untrüglichen Geschmack, wie überhaupt für alles, was zu den schönen Wissenschaften gehörte. Der außerordentliche Erfolg, welchen dieses Wunderwerk in der ganzen Welt gehabt hat, ist ein Beweis dafür. Trotzdem erhielt diese Musik, wie unerhört es auch klingt, doch nicht einstimmigen Beifall. Die Wiener Komponisten, die es vernichtete, Rosenberg und namentlich Casti ermangelten nicht, es zu verkleinern und herabzusetzen.

Es war gerade um diese Zeit, als der Graf von Rosenberg offiziell um den Posten eines kaiserlichen Hofpoeten für seinen Schützling anhielt. Die Art und Weise, wie er sich dabei benahm, ist zu merkwürdig, als daß ich sie hier mit Stillschweigen übergehen könnte.

Der Kaiser hatte den Hofdamen ein prächtiges Fest in seinem Palast zu Schönbrunn, woselbst er auch ein kleines Theater besaß, gegeben; der Graf hatte hier eine Komödie in deutscher Sprache und eine italienische Oper aufführen lassen, zu welcher, auf sein Anstiften, Casti den Text geschrieben hatte. Diese Operette führte den Titel: *Die Worte nach der Musik*. Um zu zeigen, daß dieses Stück nur aus anderen zusammengestoppelt, ohne Geist und Charakter war, wird es hinreichen, wenn ich sage, daß es niemand außer dem Grafen gefiel, der allein den Mut hatte, es zu loben. Um sich des Erfolges ihrer Intrige zu vergewissern, glaubten beide, nichts Besseres tun zu können, als eine Satire auf mich zu machen. Casti war sogleich hierzu bereit. Man spielte darin auf meine Liebschaften mit den Damen vom Theater an; die Folge davon sollte in ihren Augen die sein, daß ein Mann von so lockeren Sitten der Stelle, die er bekleidete, unwürdig sei. Am Tage nach dem Feste, als der Graf in seiner Eigenschaft als Oberkammerherr dem Kaiser das Oberhemd darreichte, empfing er den Befehl, eine Liste von allen Schauspielern, die in der Vorstellung mitgewirkt hätten, zu entwerfen und jedem nach seinem Verdienste eine kaiserliche Gratifikation als Beweis der Zufriedenheit aufzuzeichnen. Während der Kaiser seine Toilette beendigte, unterzog sich der Graf dieser Arbeit; als sie fertig war, legte er sie dem Kaiser vor. Joseph ii. nahm hierauf eine Feder, schrieb zu jeder vom Grafen festgestellten Summe eine Null und gab sie ihm dann mit den Worten zurück: »Nicht der Graf von Rosenberg, sondern der Kaiser hat dieses Fest gegeben.«

Solche Akte der Freigebigkeit sind zahlreich im Leben dieses Fürsten. Sie ehren und werden für alle Zeiten sein Andenken ehren, zum Ärger aller derer, die aus Neid oder Dummheit während seines Lebens und noch lange nach seinem Tode es wagten, gegen ihn zu schreiben und zu sprechen oder die Güte seines Herzens in Zweifel zu ziehen. Er war nicht allein freigebig, sondern er verstand es auch, seinen Wohltaten jene Anmut hinzuzufügen, die ihren Wert noch verdoppelt. Ich glaube, mir es gestatten zu dürfen, Casti und seinen Mäzen für einen Augenblick beiseite zu lassen und hier zwei Anekdoten von diesem anbetungswürdigen Fürsten zu erzählen, die ohne Zweifel seine Biographen nicht gekannt haben, denn ich habe gefunden, daß sie in der Geschichte seiner Regierung nirgends angeführt sind.

Der Schneider, bei dem ich wohnte, hatte eine schmucke und gewandte Frau. Sie sah oft Besuch bei sich. Unter den Personen, die diesen kleinen vertrauten Zirkel besuchten, befand sich auch eine sehr reiche Witwe, eine angehende Sechzigerin, die lieber daran dachte, sich wieder zu vermählen, als ihr *oremus* herzubeten. Sie hatte vier Söhne, die sämtlich eine zahlreiche Familie besaßen und obschon sie einen reichen Vater gehabt, gezwungen waren, ihr Brot sich im Schweiße ihres Angesichts zu verdienen, da dieser Vater fast sein ganzes Vermögen seiner Frau hinterlassen hatte. In gleicher Weise kam auch ein Juwelier in das Haus. Ein junger Mann von einer angenehmen Persönlichkeit, der aller Welt gefiel. Die Witwe fand, trotz ihrer zwölf wohl verlebten Lustra, den Bissen delikat und verliebte sich sterblich in den jungen Mann. Sie redete sich leicht ein, daß ihre Taler den Unterschied des Alters vergessen machen könnten, und so fing sie an, sich der Frau meines Wirts zu entdecken, die anfangs darüber lachte, als sie jedoch hinzufügte, daß, wenn er sie heiratete, sie die Absicht habe, ihm eine gerichtliche Schenkung ihrer Güter ausstellen zu lassen, der Vermittlerin aber eine goldene Uhr als Hochzeitsgeschenk zu geben, machte sie große Augen und nahm die Sache ernst auf. Anfangs versuchte sie, ihr die Sache auszureden, dann, als sie bemerkte, daß ihre Bemühungen nutzlos waren, beschloß sie, mit dem jungen Mann im scherzhaften Tone darüber zu sprechen. Sobald dieser nur das Wort von der gerichtlichen Schenkung hörte, war er auch ohne alle weiteren Umstände bereit, darauf einzugehen. Er sprach mit einem solchen Ausdruck von Wahrheit, daß die Unterhändlerin sich sofort zur Witwe begab, welche diese Mitteilung mit der größten Freude empfing. Die Sache wurde überaus eilig betrieben. Die Zusammenkunft fand statt; die Kontraktsbedingungen der Ehe wurden festgestellt und in Gegenwart von Zeugen unterschrieben; die Hochzeit selbst wurde in der Kirche gefeiert. Die Vermählte gab die Uhr und legte noch hundert Gulden zur Bestreitung der Kosten des Hochzeitsfestes bei, das im Hause begangen wurde. Kaum war sie in ihrer eigenen Wohnung wieder angelangt, als sie in Gegenwart aller Hochzeitsgäste ihrem jungen Gemahl, ohne weiter an das Schicksal ihrer Kinder noch an ihre eigene Zukunft zu denken, ein Kästchen übergab, welches ihr ganzes Vermögen, gegen 60 bis 70 000 Piaster, enthielt.

Der Tag verging in Festlichkeiten; nachdem die neue Gemahlin gegen Mitternacht die Menge verabschiedet hatte, fragte sie ihren Mann, ob es nicht Zeit sei, sich ebenfalls zurückzuziehen.

»Madame«, erwiderte ihr dieser, »ich habe Ihren Kindern um 9 Uhr morgen früh ein Rendezvous angesagt; um diese Stunde werden wir uns wiedersehen.« Darauf eilte er sofort hinweg und überließ es ihr, über den Sinn seiner Worte nachzudenken. Am nächsten Morgen um 9 Uhr empfing er die vier Söhne der Dame und sprach zu ihnen, ohne sich um das auf ihren Gesichtern lagernde Mißvergnügen zu kümmern:

»Meine Herren, wenn Sie glauben, ich hätte mich, als ich Ihre Mutter heiratete, von der Habsucht hinreißen lassen, so sind Sie im Irrtum. Ich habe bis jetzt von der Arbeit meiner Hände gelebt, ich werde damit fortfahren. Wenn ich meine Freiheit opferte, so geschah es, um Ihnen die Erbschaft Ihres Vaters zurückzugeben, welche in weniger uneigennützige Hände hätte fallen können.« Hier öffnete er das ihm kontraktlich zugestellte Kästchen und fuhr fort: »Hier ist das Vermögen, welches ich nur wegen des Glückes schätze, das es unter Ihnen verbreiten wird. Teilen Sie als gute Brüder. Ich habe mir von dem ganzen Schatze nur 6000 Gulden zurückbehalten, deren Interessen zur Unterhaltung Ihrer Mutter dienen sollen; nach ihrem Tode wird diese Summe Ihnen ebenfalls zugestellt werden.«

Ich würde vergebens den Eindruck zu schildern suchen, den diese Szene machte; ich sage nur, daß alle vier ihrem Stiefvater zu Füßen fielen und ihn mit Segenswünschen bestürmten. Dieser brave Mensch hatte uns, den Schneider, seine Frau und mich, zu Zeugen einer Handlung zu haben gewünscht, die eines Sokrates und Aristides würdig war.

Ich gestehe, daß ich nie in meinem ganzen Leben eine ähnliche Uneigennützigkeit angetroffen habe. Der Kaiser, dem ich sie mitteilte, empfand die herzlichste Freude darüber und rief aus: »Gott sei gelobt, es gibt noch brave Leute in meiner guten Stadt Wien.« Auf der Stelle ließ er den Juwelier rufen, überhäufte ihn mit Lobeserhebungen und setzte ihm ein Ruhegehalt von 400 Gulden alljährlich bis an sein Lebensende aus.

Der zweite Zug ist, meiner Ansicht nach, nicht minder edel und interessant.

Ein deutscher, beim Kaiser in hoher Achtung stehender Dichter, der bei tausend Gelegenheiten von diesem Souverän unverwerfliche Beweise seiner Güte empfangen hatte, fiel auf die unglückliche Idee, ein Stück in Versen zu schreiben, das mit den Worten begann:

»Ob wohl ein König gut kann sein?«

Das übrige entsprach diesem Anfang; er übergab es selbst an Joseph II. Der Kaiser las es aufmerksam durch, aber die Undankbarkeit des Autors erschien ihm so ungeheuer, daß er ihn nach Temeswar verbannte. Eines Tages, als er mir die Ehre erwies, mich um den Wert dieser Verse, die er mir zeigte, zu befragen, antwortete ich: als Poesie erschienen sie mir sehr schön und wenn er dem Verfasser volle Gnade angedeihen lasse, so könne er ihm den überzeugendsten Beweis liefern, daß auch ein König gut sein könne.

»Sie haben recht«, sagte er lebhaft, dann setzte er sich an einen Tisch, schrieb ein Wort an den Polizeidirektor, den Grafen Saur, wenn ich nicht irre, um ihm den Befehl zu erteilen, den Dichter zurückzurufen und seiner Verzeihung zu versichern, und schickte ihm gleichzeitig zweihundert Zechinen, um die Reisekosten zu decken, obwohl er sich weigerte, ihn wieder bei sich zu sehen.

Kehren wir nach Schönbrunn und zum Grafen Rosenberg zurück, der noch nicht die Zeit gehabt hatte, sich von der erfahrenen Kränkung zu erholen. Nachdem Joseph II. seine Toilette beendigt hatte, näherte er sich ihm und fragte ihn, warum der Name Castis nicht auf der Liste der Kandidaten, die ein Recht auf Belohnung hätten, stehe.

»Casti«, erwiderte der Graf, »hofft von der Gnade Ew. Majestät, daß Sie ihm den Titel eines Hofpoeten erteilen werden.«

»Mein teurer Graf«, antwortete Joseph II., »ich brauche keinen Poeten, und für das Theater reicht Da Ponte aus.« Ich vernahm diese kleine Episode noch an demselben Tage durch Salieri, dem sie der Kaiser erzählt hatte.

Dieses hinterlistige Benehmen steigerte indessen den gegenseitigen Haß, und wir, Mozart und ich, waren nicht ohne Furcht, ein Bündnis gegen uns zwischen unseren beiden Feinden und einem gewissen Bussini, Garderobeninspektor, einem zu allen Geschäften, nur nicht zu dem eines ehrlichen Mannes, geeigneten Menschen, entstehen zu sehen. Als Bussini von dem Ballett, das ich in meinem *Figaro* eingeschoben, hatte sprechen hören, lief er in aller Eile zum Grafen und äußerte in einem mißbilligenden Tone zu ihm:

»Exzellenz, der Poet hat ein Ballett in seine Oper eingelegt.« Der Graf ließ mich rufen und es entspann sich folgendes Gespräch zwischen uns:

»Sie wissen doch, mein Herr, daß Se. Majestät kein Ballett auf seinen Theatern duldet.«

»Wohlan denn, ich befehle Ihnen, das zu streichen, was Sie in Ihrem Stücke angebracht haben, Herr Poet. Wo ist die Szene?«

»Hier.«

Er riß jetzt zwei Blätter aus meinem Manuskript und warf sie ins Feuer; darauf gab er mir mein Libretto mit den Worten zurück: »Sie sehen, mein Herr, wie weit meine Macht reicht«; gleichzeitig beehrte er mich mit einem »Leben Sie wohl!«

Ich ging auf der Stelle zu Mozart, der, als ich ihm diesen Auftritt erzählte, so in Hitze geriet, daß er gleich zum Grafen gehen, Bussini durchprügeln, dann zum Kaiser eilen und seine Partitur zurückziehen wollte. Ich hatte die größte Mühe von der Welt, um ihn zu besänftigen; endlich bat ich ihn um eine zweitägige Frist und ersuchte ihn, mich handeln zu lassen.

Die Generalprobe war angesetzt, und ich ging im voraus zum Kaiser, der mir auch versprach, sich ins Mittel zu schlagen. In der Tat geruhte er, dieser Probe beizuwohnen, und der ganze hohe Adel Wiens begleitete ihn. Unter einstimmigem Beifall wurde der erste Akt abgespielt; er schloß mit einer Pantomime, während welcher das Orchester die Ballettnummern spielen sollte, da die Tänze dazu verboten waren; das Orchester schwieg.

»Was bedeutet diese Pause?« fragte der Kaiser den hinter ihm sitzenden Casti.

»Das kann Ihrer Majestät wohl nur der Verfasser beantworten«, erwiderte der Abbate mit einem schadenfrohen Lächeln. Ich wurde gerufen; anstatt mich aber zu rechtfertigen, legte ich eine Abschrift meines Manuskripts Sr. Majestät vor, worin die Szene, so wie ich sie ursprünglich geschrieben, beibehalten war. Der Kaiser las sie durch und wollte wissen, warum die Tänze nicht stattfänden. Ich beharrte von neuem auf meinem Schweigen. Er sah ein, daß ich nicht mit der Sprache heraus wollte, und bat daher, zum Grafen sich wendend, um die Erläuterung, die ich zu geben mich weigerte.

»Es fehlen die Tänze«, antwortete stotternd Rosenberg, »weil das Theater Ewr. Majestät kein Ballettkorps hat.«

»Aber die andern Theater haben welche, und ich wünsche, daß alle Tänzer, die ihm nötig erscheinen, Da Ponte zur Disposition gestellt werden.«

Eine halbe Stunde später hatten wir vierundzwanzig Personen, sowohl Tänzer als Figuranten. Das Ballett wurde aufgeführt.

»Sehr schön!« rief der Kaiser, und dieser neue Beweis von Beifall verdoppelte den Rachedurst im Herzen meines mächtigen Verfolgers.

Ich bat um Auszahlung einer Summe aus der Theaterkasse, die mir kontraktlich zugestanden war; der Graf von Rosenberg suchte aber tausend Vorwände herbei, um mich von ihrer Entgegennahme abzuhalten. Da ich den Kaiser nicht mit diesen kleinlichen Erbärmlichkeiten behelligen wollte, so suchte ich durch List zu erlangen, wozu ich ein förmliches Recht hatte. Casti war stets der Mittelpunkt, um den sich alle schlechten Leidenschaften drehten. Ich dachte mir also aus, eine Epistel in Versen an ihn zu richten; meine Bitte beschränkte sich gar nicht auf die Reklamation dessen, was man mir schuldig war; sie enthielt zunächst eine hochtrabende Lobrede auf sein persönliches Verdienst, auf welches ich mein volles Vertrauen setzte. Natürlich fand er meine Verse reizend und las sie allen seinen Freunden vor. Von nun an trat mir nichts mehr hindernd entgegen und ich erhielt mein Geld.

Laudes, crede mihi, placant hominesque deosque.

Endlich erschien der Tag der ersten Aufführung dieser Mozartschen Oper; sie fand statt zur großen Beschämung der Maestri und zum nicht geringeren Ärger des Grafen und Castis. Die Oper selbst hatte den glänzendsten Erfolg; vor allem gefiel sie dem Kaiser, wie allen wahren Freunden guter Musik; man pries sie als ein erhabenes, fast göttliches Werk. Das Libretto bekam auch seinen Anteil an dem günstigen Erfolg, und mein bescheidener Mitbewerber Casti war der erste, welcher auf seine Schönheiten aufmerksam machte. Was waren aber diese Lobsprüche? Verstockter Tadel unter dem Schleier von Gutmütigkeit.

»Es ist zwar«, sagte er, »nur eine Übersetzung von Beaumarchais, aber es sind schöne Verse und mehrere ganz hübsche Sachen darin.« Hierauf beschränkte sich alles, was er sagte;

einige schöne Verse und mehrere hübsche Sachen, das war das Urteil Castis über dieses Meisterwerk.

In Verzweiflung darüber, von dem Monarchen nicht die Stelle, die er eifrigst erstrebte, zu erhalten, verbreitete er jetzt, um seine Eigenliebe zu retten, das leere Gerücht, er schicke sich an, einen reichen Edelmann auf seinen Reisen zu begleiten. Der Graf von Rosenberg, dessen Gunst zu verlieren er stark befürchtete, verlangte von ihm ein Drama für Salieri, der vor Neid verging, die Oper Mozarts zu übertreffen. Um diese Zeit verfaßte er *Die Höhle des Trophonius*, deren zweiter Akt hinsichtlich der Kunst viel zu wünschen übrig ließ, indem er nur eine Wiederholung des ersten ist und dadurch die Wirkung gänzlich aufhebt, obwohl das Libretto im ganzen, meiner Ansicht nach, über dem *König Theodor* steht.

Die Musik dazu war sehr schön, und die Anhänger des Poeten posaunten dies allerwärts aus; dies konnte aber den Kaiser nicht bewegen, seine Ansicht zu ändern. Es blieb noch ein letzter Streich zu wagen, aber dieser Streich stürzte Casti vollends in der Gunst des Kaisers, welcher zwar seine Verse sehr liebte, keineswegs aber seine Person. Casti hatte eben die letzte Hand an seinen *Dschingis-Khan* gelegt, ein tartarisches Gedicht, das jedoch weit unter seinen *Galanten Novellen* und namentlich unter seinen *Redenden Tieren* steht; dieses Gedicht beschleunigte seine Ungnade. Er ließ es sorgfältig abschreiben und überreichte es selbst dem Souverän. Mit Recht oder Unrecht glaubte Joseph II. darin eine beißende Satire auf Katharina II. zu erkennen, die er hochschätzte und bewunderte und für welche er eine solche Verehrung hegte, daß er an dem Geburtstage dieser großen Kaiserin Wachskerzen vor ihrem Bilde anzünden ließ und jede Gunst bewilligte, die man an diesem Tage von ihm erbat. Er ließ ihn in seine Loge rufen, überreichte ihm hier hundert Zechinen und bemerkte dabei nur: »Zu den Reisekosten.« Eine feine Art, ihm den Abschied zu geben. Casti verstand, was dies heißen

sollte, und reiste in wenigen Tagen von Wien ab. Sein gewissermaßen unvorhergesehener Abgang ließ die letzten Wolken verschwinden, die noch meinen Himmel verdunkelten.

6. Kapitel

Weitere berühmte Libretti, La cosa rara *für Martini,* Axur *für Salieri – Da Ponte wählt für Mozart den Don-Juan-Stoff – Die schöne Muse – Der Baum der Diana, Bearbeitung für Martini – Uraufführung des* Don Giovanni *in Prag – Kampf um den Bestand der italienischen Oper in Wien, Da Ponte bemüht sich um Förderer – Die Sängerin von Ferrara – Zerwürfnis mit Salieri – Tod Josephs II.*

Niemand hat den eigentlichen Grund gewußt, der den Kaiser abhielt, Casti die Stelle zu geben, welche Metastasio, dieser so keusche und in seinen Schriften wie in seinem Leben so zurückhaltende Dichter bekleidet hatte: dieser Grund waren die *Galanten Novellen,* welche Casti, der das lateinische *Castus* nur in seinem Namen führte, herausgegeben hatte; seine zügellose Vorliebe für das Spiel und für die Frauen, seine mehr als zweideutigen Sitten und vielleicht noch mehr sein satirischer, rachsüchtiger und für Wohltaten vergeßlicher Geist hatten ihm bei Joseph II. geschadet.

»Haben Sie«, fragte mich der Kaiser eines Tages, »das Sonett gesehen, welches Parini auf Ihren Freund Casti gedichtet hat?«

»Nein, Sire.«

»Hier ist es.« Er zog ein Blatt Papier aus einem Portefeuille. »Lesen Sie es und schreiben Sie es ab, da es Ihnen ohne Zweifel Vergnügen machen wird.« Als ich mit Lesen fertig war, fügte er noch hinzu: »Wir wollen die Urschrift dem Grafen von Rosenberg zustellen, der mir diesen Ausbund von Tugend an Metastasios Stelle empfohlen hatte.«

Dieser Ausdruck »Ausbund von Tugend«, erinnerte mich an

ein Sonett, das ich bei Gelegenheit der zu Schönbrunn aufgeführten Operette niedergeschrieben und dem ich den Titel: *Worte nach der Musik* gegeben hatte. Ich hatte mich desselben Ausdrucks in demselben bedient. Nachdem ich dem Kaiser den Stoff auseinandergesetzt, wagte ich, es ihm vorzulesen. »Bravo, bravo«, rief er, »lassen Sie es mir, ich lasse es den Grafen gleichzeitig mit dem Parinis lesen.«

»Den Grafen, Sire?«

»Den Grafen selbst, aber ich werde mich wohl hüten, ihm zu sagen, daß es von Ihnen herrührt.« Ich gab ihm hierauf mein Sonett, was er mir sofort aus seiner Tasche mit fünfzehn Souveräns honorierte.

Nach der Abreise meines Verfolgers, des Anstifters aller dieser Intrigen, setzte ich mir in den Kopf, meinen neidischen Kritikern einen Streich zu spielen, denn ich hatte große Lust, ihnen eine Lektion zu geben: nämlich zwei Dramen zugleich zu schreiben, eins öffentlich, das andere geheim. Martini beklagte sich über meine Faulheit, ihm einen Stoff zu liefern; andererseits ließ mich die Storace, die von ihren Vorurteilen gegen mich zurückgekommen war, durch die Kaiserin um ein Libretto für ihren Bruder bitten. Die Gelegenheit war also günstig. Ich nahm das für Storace bestimmte Sujet aus einer Shakespeareschen Komödie, während ich zugleich Martini aufsuchte und ihm das Versprechen abnahm, niemand auf der Welt davon zu sagen, daß ich etwas für ihn schrieb. Dieser brave Junge unterstützte mich vortrefflich. Um unser Spiel besser zu verheimlichen, erheuchelte er einen heftigen Zorn über mein Verzögern und sagte laut und offen, weil ich nichts für ihn machen zu wollen schien, habe er sich an einen Poeten gewendet, der ihm früher einmal in Venedig eine Oper anvertraut habe und ihm jetzt eine andere zusenden würde, mit der er sich eben beschäftigte.

Um ihm sowohl wie der Gesandtin von Spanien angenehm zu sein, gedachte ich, einen Stoff aus der spanischen Geschichte zu wählen. Diese Idee gefiel Martini und dem Kaiser ungemein, welchen letztern ich in das Geheimnis gezogen hatte und der mich mit seiner Billigung zu ermutigen geruhte. Ich begann demnach mehrere spanische Komödien zu lesen, um mich in den dramatischen Charakter dieser Nation hinein zu denken. Endlich fand ich ein Sujet, das mir vollständig gefiel. Es war von Calderon und führte den Titel: *Der Mond der Sierra.* Ich entwarf mein Stück; die Fabel davon war einfach:

Bei einer Jagd in den Gebirgen verliebt sich der Infant von Spanien in eine Schäferin, die, tugendhaft und leidenschaftlich für einen Bergbewohner eingenommen, allen Verführungen des Prinzen widersteht.

Ich gab ihm den Titel: *Una cosa rara oder Tugend und Schönheit*, und setzte als Überschrift jene Verse des satirischen Dichters voran:

Rara est concordia famae
Atque pudicitiae.

Sei es nun, daß ich von einem Gefühl zärtlicher Parteinahme für einen Komponisten angespornt wurde, dem ich die ersten Strahlen meines dramatischen Ruhms verdankte, oder war es das Verlangen, mit einem einzigen Schlage alle meine Verlästerer zu beschämen, sei es vielleicht die Natur des so poetischen und hierdurch so anziehenden Stoffes, kurz dieser Operntext war in dreißig Tagen fertig. Der Maestro schrieb hierauf die Musik dazu. Ich hatte es so eingerichtet, daß die tüchtigsten Kräfte der Truppe in der Oper beschäftigt waren. Aber diese italienischen Sänger, ein allezeit unruhiger und schwer zu befriedigender Haufen, richteten schon ihre Erbärmlichkeiten gegen den Komponisten, bevor noch die Rollen verteilt waren. Sie konnten dieses eine Mal, da sie nicht wußten, daß ich den Text geschrieben, sich nicht an mich halten.

Sic me servavit Apollo.

Nachdem die Rollen verteilt waren, brach der Sturm los. Der eine hatte zu viel Rezitative, der andere zu wenig; für diesen war die Tonlage zu hoch, für jenen lag sie zu tief. Ein dritter setzte nicht bei den Ensemblestücken ein, ein vierter sang viel zu viel. Die Anarchie war auf der höchsten Stufe. Indessen sagte man doch, da man unser Zusammenarbeiten nicht kannte, die Verse wären wohlklingend, die Charaktere gut gezeichnet, das Sujet neu; kurz das Stück wäre ein Meisterwerk, die Musik aber schwach und trivial.

»Signore Da Ponte«, sagte eines Tages bei dieser Gelegenheit ein Sänger zu mir, »da Sie Dichter sind, so nehmen Sie sich ein Beispiel an diesem Werke, das ein Muster ist, dem man nacheifern soll; so muß eine *Opera buffa* geschrieben werden.«

Ich lachte in das Fäustchen. Endlich brach der Vulkan aber los. Fast alle Schauspieler sandten ihre Rollen zurück und weigerten sich, eine solche Musik zu singen; das Haupt der Kabale war der erste *Buffo*, der speziell wegen einer galanten Nebenbuhlerei Feind mit Martini war. Der Lärm dieser Revolution drang bis zum Kaiser, der von Martini und von mir die Einzelheiten darüber zu erfahren wünschte; ich nahm mir die Freiheit, ihm zu versichern, daß niemals die Sänger besser Gelegenheit gehabt hätten sich zu zeigen als in dieser Oper und daß Wien noch nie eine so liebliche und so hinreißende Musik gehört habe. Er verlangte nach dem Libretto, das ich aus Vorsicht eingesteckt hatte, und als er es zufällig aufblätterte, fiel sein Blick auf das erste Finale, das mit den Worten schloß:

>»Was geschehen, ist gescheh'n
>Da ist nichts mehr zu ändern.«

»Ich konnte nichts Passenderes finden«, sagte er lächelnd. Dann nahm er eine Feder und schrieb auf ein Blatt:

»Mein lieber Graf, sagen Sie meinen Schauspielern, daß ich ihre Klagen über Martini gehört hätte und sehr ungehalten darüber wäre, aber

›Was geschehen, ist gescheh'n
Da ist nichts mehr zu ändern.‹«

Das Billett wurde auf der Stelle an Rosenberg abgesendet, der es den Schauspielern mitteilte, auf welche es großen Eindruck machte. Sie erschraken zwar darüber, ließen aber ihren Groll nicht fahren. Sie nahmen ihre Rollen wieder, hörten jedoch nicht auf zu murren und den Spanier zu verfluchen. Am Abend der ersten Aufführung war das Haus zum Erdrücken voll, die Mehrzahl der Zuschauer war aber zum Auspfeifen geneigt. Man fand indessen gleich in den ersten Arien so viel Anmut, Liebreiz und Melodie in dieser Musik, so viel Unerwartetes und Interessantes im Dialog, daß das Auditorium einer günstigeren Meinung Raum zu gönnen schien. Hierauf erfolgten nach einem Stillschweigen, wie man nie seinesgleichen bei einer andern italienischen Oper gehört hat, so rasende Beifallsbezeigungen, daß es mir leicht war, schon jetzt die Wirkungen einer Kabale zu erkennen. Nach Beendigung des ersten Aktes verlangte man nach dem Verfasser. Einige Anhänger Castis ergriffen diese Gelegenheit und setzten seinen Namen in Umlauf. Es fehlte weiter nichts, und obwohl an dem Stil des Stückes ein unparteiisches Publikum den Verfasser des *Gutherzigen Griesgram* und des *Figaro* wieder erkennen konnte, so war doch der Name Castis in aller Munde, und jeder rühmte Casti auf meine Kosten. Im ganzen Hause war Kelly der einzige, der neben mir sitzend mir ins Ohr flüsterte: »Ich wette, dieser Text ist von Ihnen.« Ich bat ihn zu schweigen. Ich hatte die Vorsicht gebraucht, meinen Namen nicht auf das

Programm drucken zu lassen, das man am Eingang des Theaters zu verkaufen pflegte. Einzig und allein hatte ich den Herrn von Lerchenheim, Sekretär im kaiserlichen Kabinett, meinen innigsten Freund, ins Vertrauen gezogen. Er wohnte der Vorstellung mit einigen Damen der höchsten Gesellschaft bei. Ganz natürlich drehte sich die Unterhaltung um das Stück, und die Damen richteten die Frage an ihn, ob er nicht den Verfasser kenne. Er antwortete mit Ja. Jetzt trieben sie ihre Neugier weiter und wollten den Namen wissen. Er sagte ihnen: es wäre ein Venetianer, der sich jetzt in Wien aufhielt und den er ihnen am Ende des Schauspieles vorstellen wolle.

»Desto besser«, erwiderten sie, »das ist der einzige Dichter, der für unser Theater paßt; wir werden selbst um seine Ernennung, wenn nötig, beim Kaiser anhalten.«

»Das dürfte nicht nötig sein; Se. Majestät hat ihn bereits engagiert.«

Sie äußerten darüber ihre höchste Zufriedenheit. Der zweite Akt begann; er hatte einen gleich günstigen Erfolg, wenn er nicht noch größer als der erstere war. Namentlich elektrisierte ein Duett das ganze Haus; der Kaiser verlangte, mit Hand und Mund, die Wiederholung desselben, gegen den üblichen, von ihm selbst eingeführten Gebrauch, keine Ensemblestücke wiederholen zu lassen.

Nach beendigter Vorstellung hielt Herr von Lerchenheim Wort und stellte mich jenen Damen vor. Ich kann nicht sagen, was größer war, ihr Erstaunen oder meine Genugtuung. Man wollte wissen, weshalb ich so sorglich meinen Namen verheimlicht hätte.

»Um die Kabale nicht erröten zu machen«, erwiderte der Herr von Lerchenheim freundlich.

Ich stattete allen meinen Kollegen beim Theater einen Besuch ab und übergab ihnen ein Exemplar des Librettos, auf welchem mein Name mit den Anfangsbuchstaben gedruckt stand. Sie wagten nicht, die Augen vor mir aufzuschlagen. Ich zweifle nicht, es wäre ihnen lieber gewesen, den Text nicht so verschwenderisch gelobt zu haben, da sie mir nicht die Ehre desselben zuschrieben, zumal als sie es in der Absicht taten, mich herabzusetzen, während sie in Wahrheit nur zur Vergrößerung meines Triumphes beitrugen. An demselben Abend wurde ich zum Nachtessen bei einem Schauspieler eingeladen, bei welchem sehr häufig der Verfasser der berüchtigten Satire *Der geborene Esel* verkehrte. Der Zufall führte ihn auch heute hierher.

»Wer zum Teufel ist nur der Verfasser dieses Librettos«, rief er beim Eintreten.

»Signor Porta« antwortete ich ihm mit größter Kaltblütigkeit, indem ich ihm ein mit meinem Namen bezeichnetes Exemplar überreichte, »derselbe, den Sie ›einen geborenen Esel‹ genannt!« Man stelle sich sein Erstaunen vor!

Die von Natur guten, aber von meinen Verlästerern beeinflußten Österreicher, die ihr Unrecht einsahen, suchten es wiedergutzumachen. Ich war Gegenstand von Lobeserhebungen, welche alle Grenzen überstiegen. Namentlich wollten die Damen nur von meiner Oper sprechen hören. Sie hatten eine Mode à la *cosa rara* erfunden und betrachteten uns, Martini und mich, wie zwei Phönixe. Wir hätten uns rühmen können, ebenso großes Glück zu haben wie alle Ritter der vereinigten Tafelrunde. Diese Oper hatte uns umgewandelt und ein Verdienst, wie Eigenschaften in uns geweckt, die bisher im dunkeln geblieben waren. Komplimente, die nicht endigen wollten, Einladungen zu Landpartien, Liebesbriefchen regnete es von allen Seiten auf uns herab. Martini, dem dieses allseitige freundliche Entgegenkommen gefiel, gab sich ihm mit vollem Herzen hin; ich dagegen zog Nutzen daraus, indem ich ernste Studien über das menschliche Herz machte und vornehmlich ein noch besseres Stück zu schreiben beschloß, zumal als mir der Kaiser, nachdem er mir unzweideutige Zeichen seiner Zufriedenheit gegeben, unablässig riet, ein neues Werk für seinen lieben Spanier zu schreiben. Sogar der Graf von Rosenberg wurde auch wieder unserer Partei näher geführt und drückte mir, als er mir einmal begegnete, die Hand, wobei er mit einer gutherzigen Miene, die mir aufrichtig schien, zu mir sagte: »Bravo, Signore Da Ponte, Sie haben unsere Erwartung übertroffen.« Ich verneigte mich und antwortete kalt: »Ew. Exzellenz begnügen sich mit wenigen!«

Von diesem Erfolge angefeuert, warf ich mich mit Eifer auf das Auffinden eines neuen, Martinis würdigen Stoffes. Aber allzu viele Maestri baten mich um einen solchen und stützten sich dabei auf die Empfehlungen der angesehensten Wiener Edelleute, wobei sie mir jedoch die Wahl des Stoffes frei ließen. Aus Rücksicht auf diese Empfehlungen ließ ich mich hinreißen, zwei Operntexte zu schreiben, einen für Righini, den anderen für Peticchio. Sie machten Fiasko. Die Anhänger dieser Komponisten schrieben mir die Ehre der Niederlage zu; ich gab der Musik, welche mein Genie erstickt habe, die Schuld. Die Frage wird niemals entschieden werden. Zwei Tage darauf begegnete ich dem Kaiser.

»Da Ponte«, sagte er zu mir, »schreiben Sie für Mozart, Martini und Salieri, denken Sie aber nicht mehr an Peticchio und Righini, die nur Gassenmusiker sind. Casti war gescheiter; er arbeitete nur für einen Païsiello und für einen Salieri, zwei Meister, die sich geltend zu machen wußten und sich nie bloßstellten.«

Beide Opern gingen nunmehr in die große Mappe zu ihren Vorgängern, *Il ricco d'un giorno* und den *Hellsehenden Blinden*, während man fortwährend die *Hochzeit des Figaro* und *Cosa rara* gab.

Ich glaubte, meine eingeschlafene Muse wieder wecken zu müssen, da die beiden neueren Niederlagen sie paralysiert hatten. Jene drei, vom Kaiser erwähnten Maestri boten mir die Gelegenheit dazu dar, indem sie mich gleichzeitig um ein Libretto baten. Ich liebte und schätzte sie alle drei gleich sehr. Mit ihrer Hilfe hoffte ich, mich von meinem letzten Falle wieder zu erheben. Ich wußte kein anderes Mittel, sie gleichzeitig zufriedenzustellen, als daß ich drei Dramen zugleich verfertigte. Nachdem ich früher mit zweien fertig geworden war, schien mir das Unternehmen nicht gerade meine Kräfte zu übersteigen. Salieri verlangte kein Originalstück. Er hatte in Paris die Musik zur Oper *Tarare* geschrieben und wünschte nun diese Musik einem italienischen Texte anzupassen. Er brauchte also nur eine freie Übersetzung. Was Mozart und Martini betrifft, so überließen diese mir die Wahl des Sujets. Ich bestimmte für den ersten *Don Giovanni*, der entzückt davon war, und für den zweiten den *Baum der Diana*, einen mythologischen Stoff, der aber mit seinem Talent in Einklang stand, denn dieses war voll von jenem süßen Melodienreichtum, welcher zwar mehr als einem Komponisten angeboren ist, den aber nur seltene Ausnahmen wiederzugeben verstehen.

Nachdem ich meine drei Stoffe gefunden, stellte ich mich dem Kaiser vor und gab ihm meine Absicht zu erkennen, sie nebeneinander vorzuführen. Er schrie laut auf. »Sie werden scheitern«, sagte er zu mir.

»Vielleicht, aber ich will den Versuch wagen. Ich werde für Mozart schreiben, zuvor aber einige Seiten in Dantes *Hölle* lesen, um in die rechte Stimmung zu geraten.«

Gegen Mitternacht setzte ich mich an meinen Arbeitstisch; eine Flasche vortrefflicher Tokajerwein stand rechts von mir, mein Schreibzeug links, eine Tabaksdose voll Tabak aus Sevilla vor mir. Um jene Zeit wohnte ein junges und schönes Mädchen von sechzehn Jahren, die ich nur hätte wie ein Vater lieben mögen, mit ihrer Mutter in meinem Hause; sie kam stets in mein Zimmer zur Verrichtung kleiner innerer Dienste, sobald ich mit der Klingel schellte, um etwas zu verlangen; ich mißbrauchte etwas diese Klingel, zumal wenn ich meine Wärme schwinden und ein Erkalten fühlte. Dieses reizende Mädchen brachte mir dann bald etwas Bisquit, bald eine Tasse Schokolade, bald nur ihr stets heiteres, stets lächelndes Antlitz, das eigens geschaffen war, um den ermüdeten Geist wieder zu erheitern und die poetische Begeisterung neu zu erwecken. Ich unterzog mich also der Pflicht, zwölf Stunden täglich hintereinander mit nur kurzen Unterbrechungen zu arbeiten, und führte dies zwei Monate lang durch. Während dieser ganzen Zeit blieb mein schönes junges Mädchen mit ihrer Mutter in dem benachbarten Zimmer, entweder mit Lektüre oder Stickerei oder einer Nadelarbeit beschäftigt, um stets bereit zu sein, beim ersten Glockenklang vor mir zu erscheinen. Da sie fürchtete, mich in meiner Arbeit zu stören, saß sie zuweilen unbeweglich, ohne den Mund zu öffnen, ohne mit den Augenlidern zu blinzeln, den Blick starr auf meine Schreiberei geheftet, sanft atmend, anmutig lächelnd und zu Zeiten selbst zu Tränen geneigt scheinend über den Ausgang der Arbeit, in welche ich vertieft schien. Ich klingelte schließlich weniger häufig, um ihrer Dienste zu entsagen und mich nicht zu zerstreuen oder meine Zeit bei ihrem Anschauen zu verlieren. So zwischen dem Wein von Tokaj, dem Schnupftabak von Sevilla, der Klingel auf meinem Tische und der schönen Österreicherin, die der jüngsten der Musen glich, schrieb ich die erste Nacht für Mozart die beiden ersten Szenen des *Don Giovanni*, zwei Akte vom *Baum der Diana* und mehr als die Hälfte des ersten Aktes von *Tarare*, welchen Titel ich jedoch in den von *Axur* umänderte. Am nächsten Morgen trug ich die Arbeit zu meinen drei Komponisten, die ihren Augen nicht recht trauen wollten. In zwei Monaten waren *Don Giovanni* und der *Baum der Diana* beendigt, auch bereits mehr als das Drittel der Oper *Axur* fertig. Der *Baum der Diana* wurde zuerst aufgeführt: er wurde ebenso glänzend wie *Cosa rara* aufgenommen.

Herr von Lerchenheim, Martinis Freund und Bewunderer, hatte mich mit diesem zwei oder drei Tage zuvor besucht, ehe ich dem letzteren auch nur einen einzigen Vers gegeben hatte. Halb scherzend, halb mit vorwerfenden Tone fragten mich beide, wann ich mich denn mit ihnen beschäftigen würde. – »Übermorgen.«

»Haben Sie das Sujet schon gewählt?«

»Ohne allen Zweifel.«

»Wie heißt der Titel?«

»*Der Baum der Diana.*«

»Haben Sie den Plan schon entworfen?«

»Er ist mehr als vollendet. Ich habe schon zu schreiben angefangen.«

Mein Abendessen war fertig, ich ließ es auftragen und bat die beiden Freunde, es mit mir zu teilen, indem ich ihnen versicherte, daß ich beim Nachtisch es ihnen vorlesen wollte. Sie nahmen es an. Ich hatte aber noch gar keinen Plan entworfen, ich hatte sogar von dem *Baum der Diana* zu ihnen gesprochen, ohne noch die Rolle festgestellt zu haben, welche dieser Baum spielen sollte; ich nahm daher ein Rendezvous in einer gebieterischen Sache zum Vorwand, ließ meine beiden Gäste mit meiner jungen Muse und einem meiner Brüder allein, schloß mich ein halb Stündchen in mein Kabinett ein und skizzierte hier die Fabel, die außer dem Verdienst der Reinheit auch noch das besaß, daß sie vollständig in die Ideen des Kaisers, meines erlauchten Beschützers eingig, der ganz neuerlich in seinen Erbstaaten die klösterlichen Institutionen aufgehoben hatte.

Diana, die Göttin der Keuschheit, hat in ihrem Garten einen Baum, welcher Äpfel von wunderbarer Schönheit trägt; sobald eine Nymphe, die keusch ist, unter seinen Ästen vorübergeht, so werden die Äpfel durchsichtig und von jedem Zweig des Baums ertönt eine himmlische Melodie; wenn sie dagegen, und wäre es auch nur in Gedanken, dieses unbedingte Gesetz überschritten hat, so verliert die Frucht ihre Durchsichtigkeit, wird schwarz, verkohlt und läßt auf das Haupt der Schuldigen unvertilgbare Flecken, welche Narben zurücklassen, herabfallen. Cupido, gegen Diana aufgebracht, hat sich in Frauenkleidern in den Garten geschlichen; er entflammt das Herz des Gärtners zur Liebe und lehrt ihn, wie er es anzufangen habe, um alle Nymphen in sich verliebt zu machen; noch nicht zufrieden mit diesem Triumphe, öffnet er die Pforten dem schönen Endymion, von dem die Göttin selbst im höchsten Grade bezaubert wird. Der Oberpriester entdeckt während eines Opfers die Entweihung des Heiligtums und verordnet kraft der höchsten Autorität, womit er bekleidet ist, daß alle Nymphen und die Göttin selbst sich der Probe unterziehen sollen; um diesem Beschluß zu entgehen, läßt Diana den Baum umhauen und der besänftigte Cupido erscheint in einer leuchtenden Wolke und verwandelt den Garten in einen prachtvollen Palast, der fortan dem Amor geheiligt bleibt. –

Dieses Stück war meiner Ansicht nach das beste von allen, die ich geschrieben habe; man atmet darin eine sanfte Wollust, welche gefangennimmt; was das Interesse, das darin herrscht, anlangt, so sind hundert und mehr Aufführungen Bürge dafür. Der Graf von Rosenberg stellte die Frage an mich, woher ich die so schönen Gedanken genommen hätte; ich antwortete ihm, das Verlangen, meine Feinde zu beschämen, habe sie mir eingegeben; der Kaiser, welcher meine Absicht merkte, ihn in seinen Reformideen zu unterstützen, ließ mir hundert Zechinen zustellen.

Man hatte eben die erste Vorstellung vom *Baum der Diana* gegeben, als ich nach Prag gerufen wurde, wo die erste des *Don Giovanni* von Mozart bei Ankunft der Großherzogin von Toskana in dieser Stadt aufgeführt werden sollte. Ich hielt mich hier acht Tage auf, um mit den Schauspielern ihre Rollen einzustudieren; bevor diese Oper aber in Szene ging, mußte ich nach Wien zurückkehren, da man, wie mir ein dringender Brief Salieris meldete, die Aufführung des *Axur* zur Vermählung des Erzherzogs Franz befohlen und der Kaiser gebieterisch meine Anwesenheit verlangt habe. Ich reiste in aller Eile ab, fuhr Tag und

Nacht, bis ich auf halbem Wege, mich ermüdet fühlend, in einem Gasthause einkehrte, wo ich mich ganz angekleidet auf ein Bett warf und hier ein paar Stunden schlief; als die Pferde wieder angeschirrt waren, bestieg ich wieder meinen Wagen. An einem in der Nähe gelegenen Schlagbaum sollte ich das übliche Chausseegeld entrichten; ich griff mit der Hand in meine Tasche, aber wie groß war mein Erstaunen, als ich sie leer fand, da ich doch sicher war, fünfzig Zechinen, die mir der Impresario in Prag am letzten Morgen für meinen *Don Giovanni* gegeben, zu mir gesteckt zu haben. In der Meinung, meine Börse vielleicht auf dem Bett, auf welchem ich geruht, zurückgelassen zu haben, ließ ich gleich nach dem Gasthause umkehren, ich eilte nach dem Zimmer, das ich eingenommen hatte: Nichts da! Der Wirt und seine Frau riefen mit der größten Zuvorkommenheit die Dienstleute herbei, suchten nach, störten überall herum, drohten, aber sie schwuren insgesamt, das Bett nicht angerührt zu haben. Da entdeckte ein kleines fünfjähriges Mädchen, daß Catharine das Bett für einen anderen Reisenden, der wieder fort sei, wieder in Ordnung gebracht habe. Die Wirtin befahl Catharinen sich zu entkleiden und fand nun bei ihr meine Börse mit meinen fünfzig Zechinen. Ich hatte zwei Stunden Zeit verloren, aber froh darüber, mein Geld zurückerhalten zu haben, bat ich diese braven Leute, Catharinen zu verzeihen, nahm mir kaum Zeit, die Pferde zu wechseln, und traf am nächsten Tage in Wien ein. Mein erstes war, Salieri von meiner Ankunft zu benachrichtigen und dann ans Werk zu gehen. In zwei Tagen war *Axur* beendigt und aufgeführt; der Erfolg war derartig, daß ich lange Zeit ungewiß blieb, welches von meinen drei Werken den Sieg über die beiden andern davongetragen habe, sowohl in bezug auf die Worte wie auf die Musik.

Ich hatte, wie gesagt, in Prag der Darstellung des *Don Giovanni* nicht beiwohnen können, allein Mozart hatte mich sofort unterrichtet, daß sie außerordentlich schön ausgefallen sei. In gleicher Weise schrieb mir der Impresario Guardassoni hierüber folgendes:

»Es lebe Da Ponte! es lebe Mozart! Die Impresari wie die Künstler können sich Glück wünschen. Solange sie leben, wird das Elend nicht wieder wagen, sich den Theatern zu nahen!«

Der Kaiser ließ mich rufen und machte mir unter den verbindlichsten Lobsprüchen ein neues Geschenk von hundert Zechinen, wobei er äußerte, er brenne vor Verlangen, den *Don Giovanni* zu hören. Ich schrieb an Mozart, dieser traf ein und gab die Rollen an den Abschreiber, der sich beeilte, sie zu verteilen. Die bevorstehende Abreise des Kaisers Joseph II. beschleunigte die *Mise en scène*, und was soll ich sagen? *Don Giovanni* gefiel nicht! Alle Welt, Mozart allein ausgenommen, war der Ansicht, das Stück müsse umgearbeitet werden. Wir machten Zusätze dazu, änderten mehrere Stücke, und zum zweiten Male: *Don Giovanni* gefiel nicht! Dies hinderte den Kaiser aber nicht, sich zu äußern: »Dieses Werk ist himmlisch; es ist noch schöner als die *Hochzeit des Figaro:* aber es ist kein ›Bissen‹ für meine Wiener.«

Ich erzählte Mozart diese Worte, der mir, ohne sich irre machen zu lassen, antwortete: »Laßt ihnen nur Zeit, ihn zu kosten!« Er irrte sich nicht. Auf seinen Rat ließ ich den *Don Giovanni* so oft als möglich aufführen; mit jeder Darstellung steigerte sich der Erfolg. Nach und nach gewöhnten sich die Wiener daran, diesen Bissen schmackhaft zu finden und seinen Wert einzusehen, endlich schmeckte er ihnen so wohl, daß sie den *Don Giovanni* zum Rang dramatischer Meisterwerke erhoben. Die große Kunst ist im allgemeinen zu hoch für die Menge; sie bedarf zuweilen eines oder zweier Jahrhunderte, um jene Jury des Genies zu bilden, welche endlich mit Kenntnis der Sache ohne Appellation und für die Nachwelt entscheidet.

Es war um jene Zeit, wenn ich mich nicht irre, als die Coltellini, eine gute Darstellerin, aber schwache Sängerin, zum zweiten Male in Wien erschien; sie wurde vom Kaiser und vom Grafen von

Rosenberg gern gesehen; sei es nun aber Mißtrauen in sich selbst, oder fand sie wirklich keine Sympathien im Publikum, oder sah sie sich endlich dem Übelwollen Salieris preisgegeben, der gewissermaßen das Theater leitete, kurz, sie schrieb in so lebhaften und so unpassenden Ausdrücken an den Kaiser, daß dieser sofort Befehl zur Entlassung der italienischen Truppe erteilte. Thorwart, der Unterintendant des Theaters, ein geschworener Feind der Italiener, begab sich auf die Theaterprobe und verlas hier den Brief, den der Kaiser aus dem Lager, in dem er sich eben befand, an den Generalintendanten geschrieben hatte. Dieser Brief enthielt die gebieterische Forderung, jeden von uns zu benachrichtigen, daß Se. Majestät die Schließung des Theaters mit Ausgang der Saison befohlen habe. Diese Verordnung brachte Trauer über Wien; alle Schauspieler, mehr als hundert Angestellte, Figuranten oder stumme Personen, verloren alle Existenzmittel und überließen sich der Verzweiflung. Ich kam auf eine kühne Idee, nämlich sie von der Abhängigkeit des Hofes zu befreien. Zunächst besuchte ich alle Damen, die ich als Verehrer unserer Musik kannte, und schlug ihnen, nachdem ich ihnen einen Plan auseinandergesetzt, welcher mindestens ein Drittel der Kosten aufhob, ohne uns einen beim Publikum beliebten Schauspieler zu entziehen, eine Subskription von hunderttausend Gulden vor, welche in der Bank niedergelegt werden sollten; dann wies ich durch genaue Berechnungen nach, daß die Interessen dieses Kapitals und die täglichen Einnahmen mehr als hinreichen würden, um alle Verwaltungskosten zu decken, ja daß sie sogar einen Überschuß von fünfundzwanzigtausend Gulden jährlich ergeben dürften. Diese Subskription war in acht Tagen zustande gebracht und in meine Hände niedergelegt.

Der Baron Gondar, ein reicher Wiener Edelmann, sollte unser Bankier und unser Direktor sein; ich Unterdirektor unter seinen Befehlen. Inzwischen kam der Kaiser nach Wien zurück. Ich stellte mich ihm vor. Als er mich bemerkte, zog er mich in sein Kabinett und fragte mich, wie unsere Sachen ständen.

»Sie können nicht schlechter sein, Sire!«

»Wie und warum?«

»Weil wir alle darüber betrübt sind, im nächsten September unsern hochverehrten Protektor zu verlieren.«

Während ich so sprach, konnte ich eine Träne nicht zurückhalten, die er bemerkte; mit einer Herzensgüte, die kein Wort wiederzugeben vermag, antwortete er mir:

»Ihr werdet ihn nicht verlieren.«

»Wenn es aber kein Theater mehr gibt, wie viel Personen, wie viele Familien sind dann ohne Hilfsquellen!«

»Ich kann aber so beträchtliche Summen weder an Überflüssigkeiten verschwenden, wenn ich sie zu wichtigeren Dingen nötig habe, noch aus der Börse der einen nehmen, um es den anderen zu geben! Wissen Sie, daß mich das italienische Theater mehr als 80 000 Gulden jährlich kostet? Und dann... und dann... die Coltellini...?«

Während er so zu mir sprach, zog ich aus meiner Tasche einen großen zusammengefalteten Bogen Papier, den ich in meinen Händen hin und her drehte, um seine Aufmerksamkeit darauf zu lenken. Es gelang mir; er fragte mich, was dieses Papier enthielt; ich antwortete: ein Memoire.

»Kurz?«

»Ganz kurz.«

»Auf einem Blatt von diesem Umfang?«

Dann nahm er das Papier, entfaltete es mit etwas ernster Miene und fand nur die Verse Castis darauf:

>»Ein jeder tritt mit einem Vorschlag hin,
>Ob er nun angenommen, ob verweigert werde.«

Er konnte sich nicht enthalten zu lächeln und wünschte den Vorschlag zu wissen, den ich ihm zu machen hätte.

»Sire«, erwiderte ich, »ich bitte nur um die Mitbenutzung Ihres Theaters und verpflichte mich gegen Ew. Majestät und gegen die Stadt Wien, wöchentlich drei Darstellungen zu geben.«

»Da sind Sie sehr reich!«

»Soviel ich brauche, Sire; aber hier schen Sie, was mir gelungen ist, seitdem die betrübende Bekanntmachung unserer Entlassung eintraf.«

Ich zeigte ihm jetzt zwei andere Papiere; das eine war bedeckt mit den Unterschriften der verschiedenen Personen, von denen sich jede einzeln verpflichtet hatte, 500 Gulden für eine Loge im ersten, zweiten oder dritten Rang, oder eine gewisse festberechnete Summe für eine Anzahl Eintrittbilletts zu zahlen, wie solches in London gebräuchlich war; das zweite Blatt enthielt die Berechnung der Tageseinnahmen wie der aus den Theaterregistern entnommenen Unkosten. Er warf einen schnellen Blick darauf und sprach dann zu mir: »Suchen Sie Rosenberg auf und sagen Sie ihm, daß ich Ihnen die Benutzung des Theaters gestattet habe!«

Rosenberg empfing mich wohlwollend; allein in Thorwarts Gegenwart, der dazu kam, änderte sich die Sache.

»Ew. Exzellenz wissen«, warf letzterer ein, »daß weder unsere *Mise en scène* noch unsere Garderobe reich ist, daß wir daher Gefahr laufen in fortwährende Erörterungen zwischen unsern italienischen Sängern und unsern deutschen Schauspielern zu geraten und daß wir, falls wir tagtäglich die Dekorationen aus einem Theater ins andere schaffen lassen sollen, Verlegenheiten und enorme Ausgaben zu bestehen haben werden; das geht nicht!« Und der Graf wiederholte: »Das geht nicht! das geht nicht!« Ich schlich mich davon und eilte nach dem kaiserlichen Palast. Joseph II. war allein. Außer Atem und ohne seine Erlaubnis abzuwarten, jammerte ich:

»Sire, Thorwart versichert und der Graf wiederholt wie sein Echo: es geht nicht.«

»Geben Sie mir Ihren Plan.« Ich überreichte ihn: er schrieb darunter:

»Graf, sagen Sie gefälligst Thorwart, daß es doch geht und daß ich das Theater auf meine Rechnung behalte. Nach Da Pontes Plane werden Sie die Gagen der Schauspieler verdoppeln.« Und er unterschrieb.

Ich ging jetzt zum Grafen zurück, der mich diesmal auf das beste empfing und sogar ausrief: »Bravo, bravo, unser lieber Da Ponte!« In wenigen Stunden machte die Nachricht die Runde durch die ganze Stadt und mehr als hundert Personen besuchten mich nacheinander, um mir zu danken und mir ewige Erkenntlichkeit und Freundschaft zuzuschwören.

Welcher Unterschied ist aber zwischen Taten und Worten! Wie schnell vergißt der Mensch geleistete Dienste, gemachte Versprechungen und die Erkenntlichkeit gegen seinen Wohltäter, gegen welchen er sogar oft seine von Neid vergifteten Pfeile richtet, um sich einer drückenden Last zu entledigen! Wer möchte wohl glauben, daß selbst diejenigen, welche die Vorteile von dem, was ich getan, ernteten, und welche schon aus Prinzip dankbar erscheinen und das Verdienst würdigen sollten, die ersten waren, an meinem Sturz zu arbeiten und sich erst mit meinem Untergang befriedigt erklärten? Ich will diese Meuterei in kurzen Worten entlarven, nicht als ob die Einzelheiten groß interessant wären, sondern weil sie die Ursache einer vollständigen Umgestaltung meines Schicksals wurde.

Obgleich sehr zur Galanterie geneigt, hatte ich mir es zu einem förmlichen Gesetz gemacht, meine Herzenswünsche nie an eine Dame vom Theater zu richten, und während eines Zeitraumes von sieben Jahren habe ich den Mut gehabt, allen Verführungen dieser Art zu widerstehen. Zu meinem Unglück ward eine Sängerin von Ferrara am Wiener Theater engagiert. Ohne gerade mit einem Wunder von Schönheit begabt zu sein, bezauberte sie mich doch anfangs durch ihre reizende Stimme, dann durch ihre unablässigen Liebesschäkereien und brachte es endlich dahin, daß ich meines Eides vergaß; sie besaß ein außergewöhnliches Talent, ihr Organ war hinreißend, ihre Methode neu, ihre Gestalt angenehm und ihre Augen unwiderstehlich; sie gefiel im allgemeinen in allen Rollen, in denen sie auftrat; ihre Brauchbarkeit beim Theater steigerte noch meinen Eifer für sie. Es war daher natürlich, daß sie den ganzen Haß und alle Eifersucht, vorzüglich bei zwei Schauspielerinnen wachrief, von denen die eine, die Cavalieri, ein wenig zu sehr von Salieri verdorben war, während es bei der andern das Publikum getan. Sie leiteten eine Kabale gegen meinen Schützling ein. Ich verteidigte sie nach besten Kräften, allein sie besaß einen heftigen und aufbrausenden Charakter, der mehr geeignet war, die Geister aufzureizen, als zu versöhnen. Das ganze Theaterpersonal war gegen sie und ich empfand bald die Rückwirkung.

Das Ungewitter grollte; eine Oper neuern Schlags, für die Fastenzeit komponiert, *Eine Revue* betitelt, brachte es zum Ausbruch. Ich hatte die besten Sachen aus allen Stücken, die seit mehreren Jahren in Szene gegangen waren, eingeschaltet und ließ das Werk zum Benefiz der Truppe darstellen. Allabendlich änderte ich die Arien und verdoppelte das Interesse durch einen unvorhergesehenen Effekt. Diese Oper war eine für das Publikum pikante und gegen die Unternehmer, die Schauspieler, die Dichter, die Komponisten und endlich gegen mich selbst gerichtete beißende Kritik. Sie errang einen solchen Erfolg, daß sie zehnmal mit rasendem Beifall ausgeführt wurde. Die Zuschauer zeigten sich von Tag zu Tag mehr befriedigt. Das Eintrittsgeld war verdoppelt worden, und der Kaiser selbst, der jeden Abend hundert Zechinen für seine Loge bezahlte, gab am ersten Tage, wo die Aufführung angezeigt war, zweihundert dafür. Ich hatte die Oper allein und ohne Beihilfe eines Maestro niedergeschrieben. Unter den Schauspielern hatte ich die ausgewählt, welche vom Publikum wie vom Kaiser am liebsten gesehen wurden. Die Ausgeschlossenen wurden wütend sowohl gegen meinen Schützling, für welche ich das Stück komponiert hatte, wie gegen mich. Den heftigsten Groll empfand Salieri hierüber. Dieser Mann, den ich achtete, den ich liebte, und mit dem ich aus Dankbarkeit wie aus sympathischem Mitgefühl so herrliche Stunden verlebt, und den ich seit sechs nacheinanderfolgenden Jahren, d. h. seit der ersten Aufführung des *Gutherzigen Griesgram* bis zu dieser Oper mehr wie einen Bruder denn als einen Freund behandelt hatte, Salieri zeigte sich tief verletzt. Seine allzugroße Vorliebe für die Cavalieri, eine Frau, deren Wert groß genug war, um sich über Intrigen hinwegzusetzen, wurde die traurige Ursache, die uns bewog, eine Freundschaft abzubrechen, welche das ganze Leben hindurch hätte dauern sollen, eine Freundschaft, deren Erkaltung mir die lebhaftesten Schmerzen verursachte, welche ich noch eben so stark in meinem Herzen wie am ersten Tage empfinde, obschon darüber dreißig und mehr Jahre verflossen sind. Möchten doch diese Zeilen, wenn er sich unter den Lebenden befindet, in seine Hände fallen! Ich schreibe sie als Abbüßung.

Im Jahre 1790 verschied mein erlauchter Souverän und Beschützer. Der einzige Wunsch des vortrefflichen Fürsten war, auf den Thron von Österreich seinen Neffen, den Erzherzog Franz gelangen zu lassen, einen jungen Prinzen, den er in seinen Prinzipien erzogen hatte und von dem er hoffte, daß er das von ihm begonnene Werk der Reformen fortsetzen würde. Der Ausführung dieses Wunsches widersetzte sich jedoch Erzherzog Leopold, der ein Anrecht zur Thronnachfolge besaß; er machte es geltend. Joseph starb mit Ergebung und Ruhe. In würdiger Weise belohnte er den Arzt, der den Mut gehabt hatte, ihm seine bevorstehende Auflösung anzukündigen. Ich befand mich in einem Vorzimmer, ganz in Tränen gebadet, wie die kleine Zahl derer, die ihm aufrichtig ergeben waren. Die ersten Ärzte der Stadt waren berufen worden und, obschon jeder von ihnen die Gewißheit hatte, daß der Kranke erliegen müsse, so hatte doch keiner den traurigen Mut oder, besser gesagt, die Kraft, ihm den verhängnisvollen Ausspruch zu verkündigen. Der Kaiser, der in ihrem Gesicht die Unruhe las, von welcher sie befallen waren, ließ den Doktor Quirini berufen, den er aufforderte, ihm die Wahrheit ohne Umschweife zu sagen. Dies geschah an demselben Tage, an welchem die Obsequien für die Prinzessin von Württemberg, die erste Gemahlin des Erzherzogs Franz, stattfanden. Nach beendigter Trauerzeremonie unterrichtete sich Joseph mit Ruhe und Heiterkeit, wie es dabei zugegangen sei, dann erteilte er den Befehl, man solle den Katafalk und die anderen Trauerapparate unberührt lassen, »denn«, sagte er, »sie sollen für mich dienen.« Er ließ hierauf einen seiner ersten diensttuenden Adjutanten rufen und befahl ihm, seinen schönsten Wagen nebst seinen beiden schönsten Pferden dem Doktor Quirini als Geschenk zu überreichen. Dann, nachdem er alle die nötigen Verordnungen erlassen hatte, die sein edles Herz ihm gab, *nahm himmelwärts sein schöner Geist den Flug.*

Wenige Tage später hielt Leopold seinen Einzug in Wien. Ich schrieb dazu eine Kantate, in welcher ich, nachdem ich mein Herz von Lobesworten zum Gedächtnis Josephs II. hatte überfließen lassen, die Thronbesteigung seines Nachfolgers feierte. Mein Schmerz war aufrichtig, aufrichtig waren aber auch die Lobeserhebungen, welche ich dem neuen Monarchen erteilte, den eine Reihe mißlicher Umstände in der Folge ungünstig gegen mich stimmten. Was ich zu sagen habe, könnte vielleicht unwahrscheinlich erscheinen, aber tausende noch lebender Zeugen, welche diese Denkwürdigkeiten lesen können, werden nötigenfalls die Wahrheit meiner Worte bestätigen.

7. Kapitel

Thronbesteigung Leopolds II. – Festkantate zum Besuch des Königs von Neapel – Verschwörung gegen Da Ponte – Drohende Verhaftung und Ausweisung aus Wien – Triest, Audienz beim Kaiser, vergebliche Hoffnung – Arbeit als Operndichter in Triest – Bekanntschaft mit der Kaufmannstochter Nancy Grahl, seiner späteren Frau – Tod Leopolds II. – Bertati ist Hofdichter – Die heimliche Ehe von Cimarosa

Am Anfang der Regierung Leopolds schien mir das Glück zu lächeln; alles ging mir nach Wunsch. Mit wichtigen Angelegenheiten beschäftigt, hatte der Kaiser keine Zeit, sich mit kleinlichen Gegenständen abzugeben und dem Theater Aufmerksamkeit zu schenken. Bald darauf traf der König von Neapel in Wien ein, begleitet von seinen beiden Töchtern, die mit kaiserlichen Prinzen verlobt waren. Man sprach von glänzenden Festen. Der Fürst von Auersperg und der Marquis del Gallo, ein neapolitanischer Edelmann, der sich mit im Gefolge des Königs befand, zeichneten sich namentlich von den Veranstaltungen zu diesen Festen aus. Der Fürst von Auersperg, bei welchem das erste stattfinden sollte, bewohnte einen prachtvollen Palast, der ganz besonders für diese Art von Festlichkeiten geeignet war; in ihm befand sich ein Theater und ein herrlicher Garten, in dessen Mitte sich eine ungeheuer große Rotunde erhob, welche mächtig zum Glanze des Festes beitragen sollte.

Der Fürst erwies mir die Ehre und verlangte von mir ein Stück in Versen, das ich den Umständen anpassen möchte; er bewilligte mir achtundvierzig Stunden Zeit, innerhalb welcher ich den Text anfertigen, ihn dem Komponisten überbringen, mich der Sänger versichern und die Dekorationen und Kostüme ordnen sollte. Ich hatte also keine Zeit zu verlieren; ich schrieb den ersten Teil meines Gedichts und gab den ersten Entwurf einem jungen Komponisten namens Weigs zu lesen, dem ich die Musik überlassen wollte. Von einer plötzlichen Flamme erleuchtet, ging er mit ebensoviel Feuer als Begeisterung ans Werk; sein Enthusiasmus elektrisierte auch mich; wir saßen beide an einem Tische einander gegenüber, und so wie ich ein Blatt geschrieben hatte, gab ich es ihm zur Komposition herüber. So arbeiteten wir eine ganze Nacht hindurch; am nächsten Morgen war das Werk fertig; drei Tage darauf wurde es gesungen und beifällig aufgenommen.

Ich kann dem Verlangen nicht widerstehen, eine Beschreibung dieses Festes zu geben.

Jene Rotunde konnte, außer dem ausübenden Personal, drei- bis vierhundert Zuschauer fassen. Ich hatte sie so dekoriert, daß sie einen Tempel darstellte. In der Mitte stand auf einem Piedestal eine Statue der Flora, die ich hinwegnehmen ließ und durch eine mit denselben Attributen geschmückte Sängerin ersetzte. Diese lebende Statue mußte die Unbeweglichkeit so lange, als das Orchester spielte, behaupten. Der Tempel war nur wenig erleuchtet; hinter der Statue befand sich ein Vorhang, welcher dem Anblick der Zuschauer eine zahlreiche Gruppe von Musikern mit ihren Instrumenten entzog. Auf ein gegebenes Zeichen strahlte der ganze Tempel in einer taghellen Beleuchtung. Jetzt präludierte das Orchester *pian-pianino*, ging dann in *crescendo* über und erfüllte den Raum mit Harmonien. Die Schar der Zuhörer saß mitten unter Blumen. Nach beendigtem Instrumentalteil und nach einer ersten Arie und einem von der Göttin vorgetragenen Rezitativ, näherten sich Gruppen von Amoretten den erlauchten Brautpaaren und boten ihnen Sträuße von Myrten und Rosen dar; auf sie folgte Minerva, in der Hand den Ölzweig des Friedens und den Lorbeer Apollos; in diesem Augenblick stieg Flora von ihrem Piedestal herab, nahm von ihrem Haupte die Krone, mit der sie geschmückt war, kniete zu den Füßen der Königin, der Mutter der Prinzessinnen, nieder und reichte sie ihr dar. Nachdem die Königin diese Huldigung angenommen, setzte sie die Krone, gleichsam als Huldigung des Talentes, wieder auf das Haupt der Sängerin. Diese Szene machte einen bewunderungswürdigen Effekt.

Der Fürst von Auersperg, der aufs höchste zufriedengestellt war, ließ allen Künstlern, die zum Fest beigetragen, eine Gratifikation erteilen und übersandte mir eine Tabatiere mit einer Börse voll Zechinen.

Der Marquis del Gallo war in dem Teil der Festlichkeiten, der ihm anvertraut war, weniger glücklich. Er hatte sich an Pettichio, ebenso wie der Fürst Auersperg an mich, gewendet, und Pettichio, der kein Musiker war, hatte seine Zuflucht zum Abbate Serafini genommen und diesen um den Text gebeten. Dieser Abbate hatte in seinem ganzen Leben noch nichts geschrieben, hatte sich aber eingeredet, hinlänglich von den Musen begünstigt zu sein, daß sie ihn schon begeistern würden; und so hatte er denn mit großer Anstrengung die beiden ersten Verse einer Rede zusammengebracht, welche die Stadt Neapel an den König richten sollte:

>»Seit jenem Augenblick
>Da Du im Meer entschwandest...«

Den dritten Vers konnte er jedoch nicht herausbekommen, und so verzichtete er auf seine Aufgabe, indem er einen Fieberanfall vorschützte; nach drei Tagen kam endlich der Marquis, in der größten Angst seines Herzens, zu mir gelaufen.

Nach einer im emphatischen Tone vorgetragenen Einleitung beehrte er mich mit der Bitte, ihm aus seiner Verlegenheit zu helfen. Ich habe mich zwar nie groß darum gekümmert, bei den

Großen anzustoßen; aber ich antwortete höflich, daß ich mich ihm gänzlich zur Verfügung stellte. Er ging bezaubert fort und sandte mir Pettichio zu, der mir eine alte Partitur überbrachte und sich entschuldigte, keine Zeit zu haben, um eine neue zu schreiben. Ich tat mein mögliches, um ihr die Worte eines Gedichtes, das ich in sechsunddreißig Stunden verfertigte, anzupassen. Immer habe ich gezweifelt, daß diese Musik, die mir gut erschien, wirklich von Pettichio war, denn dieser hatte stets nur Abscheuliches komponiert. Das Ganze wurde weit besser, als ich zu hoffen gewagt, aufgenommen. Der Marquis war entzückt darüber.

Jung, schön, mit einer außerordentlichen Gewandtheit und einer seltenen geistigen Begabung, war der Marquis del Gallo gern bei Hofe gesehen; leider ist aber die Freigebigkeit nicht immer die notwendige Begleiterin all jener äußeren Vorzüge. Er schrieb mir einen schönen Brief von zwei Seiten, in welchem er ein Bankbillett von fünfzig Gulden eingelegt hatte, das ich dem Diener, der mir dasselbe überbrachte, als Trinkgeld gab. Diese Lehre verletzte ihn aufs äußerste; trotzdem verstellte er sich und suchte mich abermals auf; allein sein Besuch sollte mich nur in Verlegenheit bringen; ehe ich ihn daher zu Worte kommen ließ, sprach ich ungefähr folgendes zu ihm:

»Herr Marquis, die Ehre, die Sie mir erwiesen und das glückliche Resultat meines Eifers, Ihnen zu dienen und angenehm zu sein, waren für mich eine ausreichende Belohnung. Da Sie mir Geld zusandten, haben Sie meine Empfindlichkeit verletzt; ein Wort der Billigung aus Ihrem Munde hätte mir genügt. Ich habe einem Ihrer Diener mit jener Summe ein Geschenk gemacht, denn dieser versteht nicht, den Wert eines solchen Gedichtes, wohl aber den des Goldes zu schätzen.«

»Signor Da Ponte«, erwiderte er mir, »Sie haben mich empfindlich beleidigt; trotzdem sagen Sie mir, was ich für Sie tun kann und ich werde mich glücklich schätzen, wenn ich mich dadurch räche, daß ich Sie mir verpflichte.«

Für den Augenblick fuhr mir der Gedanke durch den Kopf, mit ihm von dem Kaiser zu sprechen; denn ich hatte erst kürzlich bemerkt, daß Leopold nicht gut auf mich zu sprechen war; da ich jedoch in den Augen dieses Hofmannes las, daß sein Anerbieten nicht aufrichtig gemeint sei, hielt ich es für klüger, davon abzusehen. Nach einem Augenblick des Schweigens zog er eine goldene Uhr aus seiner Tasche und sagte zu mir: »Nehmen Sie mindestens dieses Kleinod als ein Zeichen meiner Erkenntlichkeit an.«

Diese Uhr kostete kaum fünfzig Gulden; ich wagte aber nicht, sie auszuschlagen; zwei Stunden später gab ich sie meiner mich begeisternden Muse. Diese zweite Demütigung machte mir ihn zum tödlichsten Feinde; dies habe ich später aus des Kaisers eigenem Munde erfahren.

Kehren wir zu unserer Ferrareserin zurück, die mir so verderblich wurde. Trotz ihres bösen Charakters war sie doch, wie ich schon gesagt habe, meinem Theater sehr nützlich. Ihre Mängel steigerten die Zahl ihrer Feinde, mag dies nun eine Folge der natürlichen Eifersucht der Künstler im allgemeinen oder irgendein anderer Grund gewesen sein; zum Teil aus Liebe, zum Teil aus Gerechtigkeit, vorzüglich aber von dem Verlangen beseelt, sie auf diesem Theater, mit dem ich mich so ganz identifiziert hatte und das ich wie mein Eigentum betrachtete, glücklich zu sehen, unterstützte ich sie nach besten Kräften. Sie war auf zwei und ein halbes Jahr engagiert; diese Zeit war noch nicht abgelaufen, und doch hatte man schon für ihren Ersatz gesorgt. Ein Kontrakt war mit einer vom Kaiser wie von der Kaiserin gerngesehenen Sängerin abgeschlossen worden. Ich wußte es wohl; trotzdem wagte ich um eine halbjährige Verlängerung für meinen Schützling zu bitten. Diese Bitte richtete ich, unter dem Siegel der Verschwiegenheit, an den Grafen von Rosenberg, der sich auch meinen Bemerkungen zu fügen schien, aber nichts Eiligeres zu tun hatte, als die ganze Sache, namentlich unter denen, die der

Ferrareserin nicht wohlwollten, zu verbreiten. Diese beeiferten sich, sie der Favoritin des Hofes mitzuteilen, und letztere brachte sie ihren Beschützern bei; sie schrieb sogar an die Kaiserin, die diesen Brief ihrem kaiserlichen Gemahl vorwies, der schon gegen mich eingenommen war und beim Durchlesen ausrief: »Diese Friedensstörer können sich alle zum Teufel scheren!«

Es verging einige Zeit, bevor ich hinter alle diese Schliche kam, sogleich aber bemerkte ich, daß die Zahl meiner Neider in dem Verhältnis meiner Bemühungen, die Ferrareserin zu begünstigen, zunahm, während das Publikum seinerseits sie täglich lieber gewann.

Die Wolken zogen sich enger zusammen, und das Ungewitter brach los; jeder Tag brachte eine neue Angeberei. Als meine Geduld auf dem höchsten Punkte stand, lief ich in der Verzweiflung nach dem kaiserlichen Palast und war entschlossen, bis zum Kaiser zu gehen und von ihm Gerechtigkeit zu verlangen. Leider traf ich hier mit Thorwart zusammen, der mich haßte, weil ich unklugerweise es nicht verhehlt hatte, daß ich die Betrügereien kannte, die er während seiner Verwaltung sich hatte zuschulden kommen lassen. Er erblickte mich mit verstörten Zügen und fragte mich um die Ursache davon; zu sehr außer mir, um in meinen Worten zurückhaltend zu sein, ließ ich der ganzen Bitterkeit meines Herzens freien Lauf. »Ich will jetzt den Kaiser ersuchen«, sagte ich zu ihm, »mir zur Gerechtigkeit zu verhelfen.«

Während er alles aufstellte, um mich von diesem Schritte abzuhalten, gelang es ihm, mich zu beruhigen, indem er mir versicherte, der Theaterdirektor werde bald seine Entlassung erhalten und der, welcher ihn zu ersetzen bestimmt sei, hege eine zu große Achtung für mich, als daß ich damit beginnen dürfe, ihn mir ungeneigt zu machen. Er erzählte mir noch von anderen Reformen, die, wie er sagte, im Werke wären; kurz, er tat so viel, daß ich mich törichterweise bereden ließ und auf meinen Plan verzichtete. Zwei Tage später erkannte ich meinen Fehler und bereute ihn. Der neue Direktor war ernannt; er hieß Bussani; ich bat ihn um eine Unterredung, die er mir jedoch abschlug. Die Verwirrung und die Intrigen waren im Zunehmen begriffen. Die Müßiggänger, die Böswilligen, die falschen Feinde machten sich in der Hoffnung, mich abzuschrecken, das hämische Vergnügen, mich von allem, was gesagt wurde oder sonst sich ereignete, stets in Kenntnis zu setzen, und Gott weiß, was sie noch alles hinzusetzten! Einer von ihnen zeigte mir sogar an, daß der Graf von Rosenberg davon gesprochen habe, mich verhaften zu lassen, nachdem Bussani ihm versicherte, daß ich der Aufführung gewisser Opern Hindernisse in den Weg legte. Meine Erbitterung war grenzenlos; da ich verzweifelte, eine Audienz beim Kaiser zu erhalten, schrieb ich ihm; aber welches Mittel sollte ich wohl anwenden, um mein Bittschreiben bis zu ihm gelangen zu lassen? Lattanzio, der Redakteur der Zeitschrift *Vox populi* bot sich an, es in seine eigenen Hände zu übergeben; die Lage, in welcher ich mich befand, ließ mich dies annehmen, obschon ich aus sicherer Quelle vernommen hatte, daß dieser Mann ein aus den Gefängnissen Roms entwichener Fälscher war. Trotzdem gab er sich für einen Günstling des Kaisers aus. Ich übergab ihm mein Gesuch und gleichzeitig eine goldene Tabaksdose, die ich ihm im voraus für seine Bemühungen anbot. Er führte meine Botschaft aus, indem er sie jedoch mit folgender Anmerkung begleitete:

»Diese Bittschrift, die man Da Ponte zuschreibt, kann von einem umsichtigen Monarchen nicht in Betracht gezogen werden.«

Vierundzwanzig Stunden darauf übergab er mir eine angebliche Antwort Leopolds und sagte mir einen gewissen und glücklichen Erfolg voraus; nachdem er mich achtundvierzig Stunden in dieser Hoffnung gewiegt hatte, sah ich ihn noch ein letztes Mal wieder, um von ihm zu hören, daß ihm der Kaiser jede Verbindung mit mir untersagt habe. Ich lachte und bat ihn, diese kleine

Falschheit zu den großen zu rechnen, die ihn zu der Bekanntschaft mit den Galeeren von Rom verholfen hätten, später wurde er für alle diese Schurkereien vom Kaiser selbst bestraft.

So weit waren die Sachen gediehen, als ich einen Brief von Martini empfing, der seit dem Tode Josephs II. an dem Hofe von St. Petersburg angestellt war und mir jetzt meldete, daß man eines Autors bedürfe, wobei er hinzufügte, wie es nach dem Rufe, den die *Cosa rara* und der *Baum der Diana* sowohl auf den städtischen Theatern wie auf dem der Eremitage Katharinas II. mir erworben, mehr als wahrscheinlich sei, daß ich ernannt werden würde; ich schwankte nicht und verlangte meinen Abschied. Da der Generalintendant nicht in Wien anwesend war, so mußte ich mich an Thorwart wenden; er trug meinen Wunsch dem Kaiser vor, der mir ankündigen ließ, auf meinem Posten bis zur Beendigung meines Kontraktes zu bleiben, der erst in sechs Monaten ablief. Es war bereits einer verflossen, als ich Thorwart wieder sah; er zeigte mir an, daß der Kaiser, da er meiner Dienste nicht mehr bedürfe, mir es freistellte zu gehen. Ich erwiderte, daß, wenn Se. Majestät mir die Oper, die ich auf Befehl der Intendanz geschrieben, und alle Libretti bezahlen wollte, die ich noch verkaufen könnte, bis die fünf Monate, die ich noch zu bleiben kontraktlich verpflichtet wäre, vergangen, so würde ich sofort das Theater verlassen, obwohl ich überzeugt wäre, daß es jetzt schon zu spät sei, um nach Petersburg zu gehen.

»Ich glaube nicht«, antwortete er mir, »daß Se. Majestät Ihre Vorschläge zurückweisen wird; stellen Sie mir Ihre Rechnung zu.« Ich tat dies ohne Zögern und erhielt alles, was ich verlangt hatte: die Stumme belief sich auf acht- bis neunhundert Gulden.

Ich hatte an Martini geschrieben, daß es mir, da man mir den Abschied verweigert, unmöglich sei, mich vor sechs Monaten zu seiner Verfügung zu stellen. Ich hatte Ursache zu befürchten, daß er nach Italien geschrieben und sich bereits mit einem anderen Dichter in Einverständnis gesetzt hätte, deshalb besprach ich mich mit Mozart und suchte diesen zu bewegen, mich nach London zu begleiten; allein Mozart, der vom Kaiser Joseph II. eine lebenslängliche Pension für seinen *Don Giovanni* erhalten hatte und sich in diesem Augenblicke mit der Komposition seiner deutschen Oper *Die Zauberflöte* beschäftigte, ein Werk, von welchem er neuen Gewinn und neuen Ruhm erhoffte, verlangte eine halbjährige Frist von mir, bevor er sich entscheiden könne. Ich mußte mich also den Umständen fügen, die mich auf eine Bahn trieben, die der, welche ich mir vorgezeichnet, ganz entgegengesetzt war. Alles, was ich sagen kann, daß mir nach Verlauf von elf Dienstjahren und trotz des großen Gewinnes, den mir der Verlauf meiner Opern eingetragen, wozu noch zahlreiche Gratifikationen kamen, die ich von Joseph II. und anderen Herren bei Hofe empfangen, daß – sage ich, mir kaum 600 Piaster übrig blieben. Ich hoffte, daß diese obwohl mehr als mäßige Summe hinreichen würde, mich ehrenhaft leben zu lassen, bis mir die Vorsehung von neuem zu Hilfe kommen würde.

Ich fuhr in meiner alten Lebensweise fort und änderte nichts an meinen Gewohnheiten. Nach einigen Tagen der Ruhe fand ich mich in einer so glücklichen Geistesstimmung, daß ich Lust bekam, einer Aufführung meines *Axur* beizuwohnen, der von einer neuen Truppe gegeben wurde. Ich hatte mich an die Theatertüre gestellt und bemerkte, daß mich der Billettverkäufer mit einer verlegenen Miene beobachtete. Bis zu diesem Tage hatte ich immer freien Eintritt gehabt. An diesem Abende glaubte ich jedoch, nicht von diesem Privileg Gebrauch machen zu müssen, und hatte mich deshalb mit einem bezahlten Billett versehen; ich zeigte dasselbe dem Kontrolleur vor, der es höflich zurückwies und mir das Zeichen gab, ihm zu folgen. Als wir uns abseits befanden, sagte er in einem gerührten Tone zu mir:

»Mein lieber Signor Da Ponte, ich bitte, mir nicht böse zu

sein, allein ich habe Befehl, Ihnen den Eintritt ins Theater zu verweigern.«

»Von wem haben Sie diesen Befehl?«

»Von Thorwart.«

Der Fürst von Auersperg, der in diesem Augenblicke vorüberging, hörte dieses Gespräch mit an, nahm mich bei dem Arm und führte mich in seine Loge. Ich erzählte ihm die gegen mich angezettelten Ränke. Er zeigte sich besorgt darüber und bot mir an, den Kaiser zu bitten, meine Rechtfertigung anhören zu wollen; ich aber, der ich mich jetzt eines Friedens erfreute, wie ich ihn lange Zeit nicht gekannt hatte, ich ersuchte ihn, es nicht zu tun.

Ich verließ Wien mit Ruhm genug, um mich zu trösten; in elf Jahren hatte ich fünfzehn Dramen geschrieben, unter denen sich neun befanden, die fortwährend aufgeführt und stets beifällig aufgenommen wurden, zwei meiner Kantaten entzückten ganz Wien; die dritte, auf den Tod Josephs II., erhielt die Ehre, in die *Poetischen Jahrbücher von Wien* aufgenommen zu werden; sie erschien zu Treviso und in mehreren anderen Städten Italiens mit Anmerkungen von Giulio Trento im Druck. Ich konnte also nicht befürchten, meinen Namen in Vergessenheit sinken zu sehen.

Bei der Nachricht von meiner Ungnade wiederholten meine Feinde, die nichts mehr zu schonen hatten, ganz laut, der Kaiser habe nur Recht getan und so müßten alle schlechten Menschen behandelt werden. Allein mitten unter diesen leeren Anschuldigungen konnte niemand mit Recht den wahren Grund meiner Abberufung nennen.

Der Kaiser verließ seine Residenz und begab sich nach Italien.

Obschon es mich drängte, so schnell als möglich die Orte zu verlassen, die mir Langeweile und Ekel einflößten, so hielt mich doch die Notwendigkeit, einige meiner wichtigeren Angelegenheiten erst zu Ende zu bringen, noch eine gewisse Zeit daselbst fest, während welcher ich vom Theaterdirektor am nämlichen Tage, wo das Schauspielhaus wieder eröffnet wurde, einen schriftlichen Befehl erhielt, mich aus der Haupt- und Residenzstadt zu entfernen. Böswillige hatten ihm eingeflüstert, daß ich mit Hilfe meiner Parteigänger eine Kabale gegen die Schriftsteller, die meine Rivalen waren, angezettelt hätte. Einer von ihnen war sogar so weit gegangen, ihm zu sagen, daß niemand wagen würde, etwas in die Öffentlichkeit gelangen zu lassen, solange ich noch in Wien sein würde. Diese Ausweisung war ein Angriff auf meine Würde und auf meine Ehre; nichtsdestoweniger reiste ich ab und zog mich zwei Meilen von Wien zurück. Der erste Tag, den ich in dieser Einsamkeit verlebte, war einer der traurigsten meines Lebens; ich sah mich aufgefordert, eine Stadt zu verlassen, in welcher ich elf Jahre unter Ehren und Triumphen gelebt hatte, verlassen von Freunden, denen ich so oft Beweise meiner Hingebung geliefert, verstoßen von einem Theater, das nur durch mein Bemühen bestand. Zwanzig Mal überfiel mich der Gedanke, diesem Leben durch einen Selbstmord ein Ende zu machen; statt daß mich das Gefühl meiner Unschuld tröstete, steigerte es noch meine Verzweiflung, denn diese Unschuld konnte ich nicht vor den Augen des Richters geltend machen, der, ohne mich anzuhören, verurteilt und mich eben ausgewiesen hatte. Drei Tage und drei Nächte verlebte ich in vollständiger Mutlosigkeit, bis ich den Besuch von den beiden einzigen Personen empfing, denen ich den Ort meiner Zurückgezogenheit mitgeteilt hatte. Sie rieten mir, die Rückkehr des Kaisers abzuwarten und forderten mich auf, mich in seinen Augen zu rechtfertigen, indem ich meine Ankläger vor seinen Richterstuhl forderte. Ich ließ mich überreden und schrieb eine detaillierte Erzählung der geringsten Umstände dieser Episode meines Lebens, begleitet mit den überzeugendsten Beweisstücken, nieder. Ich war so glücklich, diese Schrift in die Hände des Kaisers Leopold gelangen zu lassen.

War es nun Indiskretion dieser Freunde oder irgendeine andere mir unbekannte Ursache, kurz, man wußte bald in der Stadt, wohin ich mich zurückgezogen hatte und welche Schritte ich zu unternehmen gedachte. Meine Feinde kamen in Bewegung, und um den Wirkungen meiner Rache zuvorzukommen, beschlossen sie, keine Zeit zum Handeln vorübergehen zu lassen; zwei Polizeiagenten empfingen den Befehl, mich zu verhaften. Mit Tagesanbruch holten sie mich aus meinem Bett und führten mich nach Wien, woselbst mir nach zwei tödlichen, in Ungewißheit verbrachten Stunden, ob man mich in ein Gefängnis werfen würde oder nicht, bedeutet wurde, mich nicht allein aus der Residenzstadt Wien innerhalb vierundzwanzig Stunden, sondern überhaupt aus allen benachbarten Städten zu entfernen. Ich war dergestalt an die Launen des Glückes gewöhnt, daß mich dieser Schlag im ersten Augenblicke unempfindlich fand. Ohne alle Aufregung fragte ich, wer diesen Befehl erteilt habe? Man gab mir trocken zur Antwort: »Der, welcher befiehlt.« Hierauf gab ich den Wunsch zu erkennen, vor dem Präsidenten dieses Tribunals vorgelassen zu werden, eine Gunst, die nicht leicht zu erlangen war. Dieser Präsident war der Graf Saur, einer der achtungswertesten Männer des Kaiserreichs, ein Mann, dessen Namen ich nicht nennen kann, ohne von Dank und Verehrung durchdrungen zu werden. Ich stellte mich ihm vor und erzählte ihm auf das genaueste, was sich alles ereignet hatte; er antwortete mir, daß er leider nur der Ausführer eines höheren Willens sei; er kannte die Beschwerden nicht, die mir aufgebürdet worden wären; niemals, solange er Polizeidirektor sei, wäre eine mich gravierende Note an ihn gelangt; ich müsse jedoch mächtige Feinde beim Theater haben, die mich in den schwärzesten Farben bei Hofe – und namentlich bei der Kaiserin dargestellt hätten. Ich beteuerte ihm meine Unschuld; er schien davon überzeugt, denn die Aufrichtigkeit hat ihre besondere Physiognomie, die niemals täuscht. Ich bat um eine Frist von acht Tagen, um Zeit zu meiner

Rechtfertigung zu gewinnen; er wagte nicht, es auf sich zu nehmen und sie mir zu bewilligen, versprach mir jedoch, dem Erzherzog Franz, den sein Vater inzwischen zum Regenten eingesetzt hatte, darüber Bericht zu erstatten.

Ich benutzte diese Zeit. Die Art der gegen mich vorgebrachten Anklagen war nicht unbekannt; daher versuchte ich, das Dunkel zu lichten, in welches man meine Anklagen eingehüllt hatte; in diesem Sinne entwarf ich eine Schrift, die ich auch so glücklich war, in die Hände des Regenten gelangen zu lassen. Ich kam, nach einer überaus sorgfältigen Darstellung, darin endlich zu dem Schluß, daß es unmöglich sei, mir die Freiheit zu rauben. Dieser Prinz, ein strenger Vollstrecker des väterlichen Willens, las meine Denkschrift, beklagte mich und gab mir den Rat, mich nach Triest zu begeben, wo der Kaiser um diese Zeit erwartet wurde, und mein möglichstes zu tun, um zu ihm zu gelangen; einen Rat, den ich ohne Zögern befolgte. In Triest angekommen, begab ich mich zu dem Grafen Brigido, dem Gouverneur der Stadt. Er war von allem unterrichtet; ich weiß nicht, aus welcher Quelle er seine Nachrichten erhalten haben konnte; wie dem aber auch sei, er hatte die Güte, mich herablassend aufzunehmen, und versicherte mich seines Schutzes und seiner Wohlgewogenheit; er ist dieser Versicherung niemals untreu geworden. Es gehörte Mut dazu, sich in diesem Augenblicke zu meinem Beschützer zu erklären; der Graf wußte wohl, daß ich in Ungnade gefallen war. Er wagte es, und ich war gerettet. Da die Zeit des mir geleisteten Dienstes längst vorüber und meine Stellung eine unabhängige ist, so habe ich wohl nicht den Vorwurf der Schmeichelei zu befürchten; was ich schreibe, ist nur ein Tribut der Dankbarkeit, den mir in diesem Augenblicke einzig und allein mein Gewissen diktiert.

Wenige Tage darauf traf Leopold in Triest ein; ich eilte zum Gouverneur; allein dieser würdige Protektor bat vergebens um eine Audienz; sie wurde ihm nicht gestattet. Diese Weigerung schleuderte mich zu Boden; in den größten Ängsten verlebte ich mehrere Tage und ging mit mir zu Rate, ob ich mich nicht mit meinem siebzigjährigen Vater und sieben meiner Schwestern, die seit so vielen Jahren von dem Ertrage meiner Arbeiten gelebt hatten, dem Kaiser zu Füßen werfen und seinen Zorn zu entwaffnen suchen sollte! Wie aber diesen Plan ausführen? Meine Familie wohnte seit mehreren Tagen in Triest und die Augenblicke waren gezählt! Während ich mir den Kopf zerbrach, um ein Mittel aufzufinden, durch welches ich mein Ziel erreichen könnte, vernahm ich eine Stimme, die mir durch die Türe zurief: »Da Ponte, der Kaiser willigt ein, Sie zu empfangen!« Ich wußte noch nicht recht, ob ich meinen Sinnen trauen sollte, als der Fürst von Liechtenstein zu mir eintrat; er war von Leopold abgesendet worden. Ich eilte wie ein Rasender nach der kaiserlichen Wohnung; eine zahllose Menge harrte hier auf eine Audienz. Kaum bemerkte mich jedoch der Türsteher, als er mich sofort zum Kaiser führte. Er sah durchs Fenster und drehte mir den Rücken zu. Wie sehr ich auch von dem Verlangen angefeuert war, mich zu rechtfertigen und wie sehr mich auch die Ungeduld erfüllte, dies zu tun, so war dieser Augenblick doch nicht minder feierlich; ich spürte eine große innere Aufregung und wartete angstvoll, daß der Kaiser die Rede an mich richten würde. Es geschah in folgenden Worten:

»Ich schreibe unsere Unterredung ganz nieder, ohne auch nur eine Silbe wegzulassen.

»Darf ich wissen, weshalb der Signore Da Ponte niemals eine Audienz in Wien erbeten hat?«

»Ich habe zu wiederholten Malen darum zu bitten mir die Ehre genommen; Ew. Majestät haben aber niemals geruht, sie mir zu bewilligen.«

»Ich ließ Sie wissen, daß es Ihnen frei stände, zu mir zu kommen, wenn Sie es wünschten.«

»Auf jede Bitte meinerseits wurde mir geantwortet, Ew. Majestät hätten keine Zeit, mich zu empfangen.«

»Wenn Sie sich keine Vorwürfe zu machen hatten, so würden Sie das Mittel gefunden haben, bis zu mir zu gelangen.«

»Gestatte mir Ew. Majestät zu bemerken, daß, wenn Sie Ihrer gewohnten Gnade gefolgt wären, Sie geruht haben würden, mich anzuhören, bevor Sie mich verurteilt hätten. Ew. Majestät weiß wohl, daß, wenn ein Mann das Unglück gehabt hat, bei seinem Souverän in Ungnade zu fallen, er es nicht wagt, sich in offener Audienz vorzustellen, mitten unter Höflingen, die sich ein Verdienst daraus zu machen glauben, wenn sie ihn mit allen Mitteln vom Throne entfernen; ich liefere den Beweis dazu.«

»Wieso?«

»Am 24. Januar eilte ich verzweiflungsvoll durch die Straßen von Wien, entschlossen, mich zu den Füßen Ewr. Majestät niederzuwerfen; ich begegnete einem Ihrer Sekretäre und bat ihn, mir das Mittel anzugeben, bis zu Ihnen zu gelangen; dieser Sekretär riet mir, mich durch Steffani vorstellen zu lassen; ich begab mich zu ihm, als ich, schon auf der Treppe des Palastes, dem Vizedirektor des Theaters, Thorwart, begegnete, der, die innere Bewegung in meinen Zügen gewahrend, auf meine geistige Stimmung schloß; er hielt mich an und widersetzte sich hartnäckig meinem Plane.«

»Thorwart, er sagte mir doch, Sie weigerten sich, mir sich vorzustellen, um das Recht zu haben, sich zu beklagen und mich als einen Tyrannen darzustellen! Auf welche Weise widersetzte er sich?«

»Er wiederholte mir unablässig, Ew. Majestät, gegen mich aufgebracht, würde mich nicht empfangen und einen Schritt zu wagen, würde so viel heißen, als mich einer Beschimpfung aussetzen; der neue Direktor würde mir schon Gerechtigkeit widerfahren lassen, da er mich kenne und achte.«

»Und gerade dieser Direktor bat mich, Sie fortzuschicken,

und fügte hinzu, er könne Sie nicht ausstehen, weder bei sich zu Hause, noch im Theater.«

»Dies beweist die Aufrichtigkeit meiner Feinde.«

»Sie haben aber alle Welt zum Feinde: Intendanten, Minister, Kapellmeister, Schauspieler, alle waren gegen Sie.«

»Dies wäre ein Beweis meiner Unschuld.«

»Vielleicht ja! Warum aber dieser gehäufte Haß?«

»Der Graf von Rosenberg hat sich in seinem Wunsche, einen anderen Hofpoeten ernannt zu sehen, ganz von den Einschmeichelungen Thorwarts berücken lassen.«

»Rosenberg ist ein sehr schlechter Theaterintendant. Ich brauche seine Poeten nicht; ich habe einen nach meinem Geschmack in Venedig gefunden.«

»Ugart...?«

»Ugart ist ein Mann ohne Wert; er tut alles, was man ihm sagt, und wer zuletzt mit ihm gesprochen, hat stets recht. Warum ist aber Thorwart Ihr Feind?«

»Weil ich seine Manöver und seine Betrügereien kenne, er aber dieses weiß.«

»Wie und seit wie lange?«

»Seit ich mich einmal von meinem Eifer hinreißen ließ und ihm Administrativreformen, wie die Abstellung mehrerer Mißbräuche, vorschlug.«

»Was antwortete er?«

»Daß diese Mißbräuche seit allzu langer Zeit beständen, als daß er es unternehmen könnte, sie auszurotten. Er ging noch weiter und riet mir, zu niemand davon zu sprechen, wenn ich denn in Wien bleiben wollte!«

»Der Schurke! Ich fange an zu begreifen, warum er mir so viel Böses von Ihnen sagte. Fahren Sie fort...«

»Salieri...«

»Sprechen Sie mir nichts weiter von Salieri; ich weiß, was ich von ihm zu halten habe; ich kenne seine Intrigen und die der

Cavalieri; er ist ein Egoist, der beim Theater nur seine Opern und seine Mätresse gelten lassen will. Er ist nicht Ihr Feind allein, er ist es von allen Kapellmeistern, Sängern und Italienern, und namentlich der meinige, weil er weiß, daß ich von allem unterrichtet bin. Ich will weder seine Deutsche noch ihn an meinem Theater. Was Bussani anlangt, so behalte ich mir vor, ihn meinen Willen wissen zu lassen. Ich habe zu Venedig eine Sängerin, die Gaspari, die Sie an dieser frechen Cavalieri und dem ganzen zum Beifallklatschen um sie gruppierten Lumpengesindel rächen wird. Ich habe schon bei der Gaspari vorgebeugt, daß sie ihr keine erste Rolle läßt. Reicht dies nicht aus, so werden wir ein anderes Mittel finden. Ich bin jetzt Intendant und Unternehmer meines Theaters. Ich werde befehlen, und wir wollen doch sehen...! Ich begreife, daß Sie nicht der Mann sind, der für mich paßt. Jetzt sagen Sie mir, was ist das mit dem Buche, im Stil wie das der Frau la Motte gegen die Königin von Frankreich geschrieben, das Sie gegen mich verfertigt haben...?«

»Gegen Ew. Majestät? Das ist eine schändliche Verleumdung.«

»Ugart, Thorwart und Lattanzio haben mit mir davon gesprochen.«

»Das sind die Waffen, deren sich meine Feinde bedienen, um glauben zu machen, ich sei ein gefährlicher Mensch, welcher entfernt werden müsse. Ich habe mich aufs Land zurückgezogen, wo mir die Ehre des Besuchs von einigen Personen zuteil wurde, deren Namen ich Ewr. Majestät nennen werde. Sie haben alles gelesen, was ich geschrieben habe und Ew. Majestät möge geruhen, sie zu befragen.«

»Oh, wenn das, was mir gesagt, nicht wahr ist, so werde ich jeden nach Verdienst behandeln, vorzüglich diesen Lattanzio, welcher als mein Privatsekretär und, noch besser, mein Ratgeber angesehen zu werden wünscht. Er hat Sie um eine Tabaksdose und um eine Denkmünze unter dem Vorwande geprellt, mir eine Denkschrift zu überreichen. Wenn Sie wüßten, wie er Ihnen gedient hat! Bringen Sie mich wieder auf ihn zurück; ich werde ihn zu strafen wissen.«

»Ich werde doch immer das Opfer bleiben.«

»Vielleicht! Wohin gedenken Sie sich für den Augenblick zurückzuziehen?«

»Sire... nach Wien.«

»Nach Wien? So schnell? Das kann nicht sein; die Vorurteile sind daselbst noch zu lebhaft gegen Sie; lassen Sie mir Zeit, sie zum Schweigen zu bringen...«

»Sire, leider habe ich nicht die Zeit zum Warten; ich habe einen siebzigjährigen Vater, sieben Schwestern, die sich zu vermählen bereit sind, und drei Brüder; alle bedürfen meiner.«

»Ich kenne alles Gute, was Sie Ihrer Familie gewähren; Sie sorgen freiwillig für die Erziehung zweier Ihrer Brüder; das rührt mich; warum rufen Sie aber Ihre Schwestern nicht nach Wien? Wenn sie Talent haben, könnten sie hier eine Stellung finden.«

»Meine Schwestern würden nicht getrennt von ihrem alten Vater leben können; alles, was sie besitzen, ist ihre Tugend. Wenn Ew. Majestät uns alle zwölf auf einmal glücklich machen will, so gestatten Sie mir, nach Wien zurückzukehren. Ich werde dort für alle in derselben Weise arbeiten, wie ich es elf Jahre hindurch getan; jedesmal, wo ich meiner Familie etwas zukommen lassen könnte, würden zwölf Stimmen sich im Dankgebete für Ew. Majestät zum Himmel erheben. Wenn Ew. Majestät mich nicht für würdig hält, Hofpoet zu sein, so geruhe sie, mir eine andere Stelle anzuweisen, habe aber die Gnade, dies ohne Zögern und hauptsächlich in Wien zu tun.«

»Mein Theater kann keine zwei Poeten vertragen; ich schätze Ihr Talent... aber das Schwierige ist, die anderen dazu zu überreden.«

»Ew. Majestät soll es zum Triumphe der Gerechtigkeit und

meiner Ehre. Ich werfe mich zu Ihren Füßen nieder und werde nur aufstehen, wenn meine Bitte erhört ist. Lasse sich Ew. Majestät durch diese Tränen erweichen; es sind Tränen eines Unschuldigen, ich wage es zu sagen und zu beschwören!«

»Aber man hat mir gesagt...«

»Und wegen eines ›man sagte‹ verurteilt mich der gerechte, der weise Leopold, vertreibt mich aus einer Stadt, welche mich elf Jahre lang freundlich aufgenommen und mit Ehren überhäuft hat, die es gesehen, wie ich alle Pflichten eines Ehrenmannes erfüllt, mich meiner Familie, meinen Freunden gewidmet und sogar Großmut gegen meine Feinde geübt habe.«

Während ich dieses sprach, sank ich zu seinen Füßen nieder.

»Stehen Sie auf.«

»Er greift meine Ehre durch zwei Verbannungen an; er versagt mir gastlichen Schutz, wie wenn ich ein Verbrecher wäre.«

»Stehen Sie auf, ich befehle es Ihnen. Ein Souverän ist frei in seinen Handlungen und hat darüber niemandem, wer es auch sei, Rechenschaft zu geben.«

»Sire, ich beuge mich vor dem Willen des Kaisers, aber seine Gerechtigkeit anzurufen, kann dem großmütigen Leopold nicht mißfallen. Die Ungerechtigkeit findet keinen Platz in seinem Kodex.«

»Ein Souverän besitzt stets die Freiheit, sich mit solchen, die ihm gefallen, zu umgeben, und die zu verabschieden, welche ihm nicht mehr angenehm sind.«

»Eine reine und einfache Verabschiedung ist schon eine ziemlich große Strafe, ohne daß ich durch ein Exil gebrandmarkt zu werden brauche. Möge Ew. Majestät nicht aus den Augen zu verlieren geruhen, daß mein angebliches Verbrechen auf ein einfaches Vorurteil hinausläuft.«

»Ich habe niemals Vorurteile.«

»Ich war allen bösen Leidenschaften derer ausgeliefert, die ein direktes oder indirektes Interesse daran hatten, mich zu stürzen, und die Strenge, mit welcher man mich behandelt hat, gibt Ewr. Majestät gewonnen Spiel.«

Er ging jetzt zwei- bis dreimal im Zimmer herum und sammelte sich, dann, als er sich wieder zu mir wendete, sah ich an der Heiterkeit seines Gesichtes, daß er mir verziehen habe; hierauf reichte er mir die Hand und fuhr fort:

»Ich glaube, man hat Sie falsch angeklagt, und ich verspreche Ihnen eine glänzende Genugtuung. Was wollen Sie mehr?«

»Ich bitte noch Ew. Majestät, mir die Dringlichkeit, mit welcher ich auf meiner Verteidigung bestanden, und die Lebhaftigkeit meiner Ausdrücke zu verzeihen, die unter jeden anderen Umständen von der größten Unschicklichkeit gewesen wären.«

»Ich habe alles vergessen. Wo gedenken Sie sich niederzulassen?«

»Sire, in Triest.«

»Gut, warten Sie hier, aber von Zeit zu Zeit erinnern Sie mich an unsere Unterhaltung. Ich habe soeben Briefe aus Wien empfangen, die mir melden, daß die Angelegenheiten meines Theaters immer schlechter gehen; meine Schauspieler sind Vexationen und Intrigen aller Art ausgesetzt; können Sie mir kein Mittel angeben, diesen sämtlichen Quälereien ein Ende zu machen?«

»Ew. Majestät kann in diesem Augenblicke beurteilen, ob ich es war, der diese Verwirrungen und Kabalen genährt hat.«

»Ich sehe es, ja, ich sehe es.«

»Vor allem, Sire, muß man die Ursachen des Übels zerstören.«

»Nennen Sie mir die hauptsächlichsten.«

Er setzte sich nieder, ergriff eine Feder und schrieb länger als eine Stunde, während ich die Hauptreformen, die ich bereits dem Generalintendanten vorgeschlagen, angab, wobei er alles, was er niederschrieb, mit billigenden Mienen begleitete.

Er versicherte mir von neuem, daß er mich nicht vergessen würde, versprach, mir baldigst Nachricht zu geben, und erkundigte sich gütigst, ob ich Geld bedürfe. Obgleich ich fast ganz entblößt war, hatte ich doch Selbstliebe genug, um mit Nein zu antworten. Ich entfernte mich mit der festen Hoffnung, in kurzer Frist meine Angelegenheiten eine bessere Wendung nehmen zu sehen. Während ich mich den schmeichlerischen Illusionen hingab, erblickte ich diesen Fürsten in einem anderen Lichte. In meinen Augen war er ein von treulosen Ratgebern unwürdig getäuschter, von feilen Höflingen beeinflußter Mann, der aber, sich selbst überlassen und seiner edlen Natur zurückgegeben, sich beeilte, das Böse, das er, ohne es zu wollen, getan, wiedergutzumachen. Bei diesen Gedanken blieb ich ganze Wochen lang in vollkommenster Ruhe. Ein solcher Zeitraum genügte aber, um die Börse eines Dichters, der nie reich geworden noch jemals an Sparsamkeit gewöhnt war, nebenbei auch noch seine Familie fortwährend unterstützte, zu leeren.

Nachdem ich mit meinem Gelde fertig war, begann ich mit dem Verkauf meiner Garderobe. Als auch diese Quelle erschöpft war, kam ich auf den Punkt, daß ich mich genötigt sah, das Wohlwollen meiner Freunde, die mich jedoch frostig und gleichgültig aufnahmen, beanspruchen zu müssen. Sie kehrten mir alle den Rücken; die, welche mich anhörten, begnügten sich damit, mir einen Rat zu erteilen oder mir Vorwürfe über mein leichtsinniges Betragen zu machen. Ein Landsmann, den ich wie einen Bruder behandelt und ihn und seine Familie mehrere Monate hindurch ernährt hatte, war seitdem in den Besitz eines glänzenden Vermögens geraten und lebte als Bankier in Neapel. Da ich annahm, daß er kein so hartes Herz haben würde, mir hundert Piaster zu verweigern, so schrieb ich ihm und bat ihn unter dem Versprechen darum, sie ihm innerhalb dreier Monate zurückzuerstatten.

Seine Antwort lautete:

»Mein lieber Da Ponte, wer einem Freunde Geld leiht, verliert seinen Freund und sein Geld, ich will aber beide behalten.«

Dieser so vorsichtige Mann ist jung und fern von den Seinigen gestorben. Wenn alle, die ihm gleichen, dasselbe Schicksal hätten, würde man nicht so viel Egoisten in dieser Welt sehen! Seine Weigerung nahm mir die Lust, mich an andere zu wenden. Ich gab mir Mühe, meine traurige Lage so gut wie möglich zu verbergen, um meinen Feinden keinen neuen Triumph zu bereiten.

Der Graf Brigido wäre imstande gewesen, mein Mißgeschick zu erleichtern, aber aus falscher Scham wagte ich nicht, es ihm auseinanderzusetzen. Später hatte er die Güte, mir deshalb Vorwürfe zu machen. Ein ehrenwerter und großmütiger Landsmann, der allein nicht die Gesellschaft eines Menschen floh, den alle seine Freunde verließen, ahnte meine Lage und benahm sich dabei so fein, mir seine Hilfe anzubieten. Er war nichts weniger als reich und ich nicht indiskret. Alles, was ich von ihm empfing, lastete mir schwer auf dem Herzen. Hätte ich zum mindesten nur allein zu leiden gehabt! Aber jedes Mal, wenn ich mich zu Tische setzte, brach mir das Herz bei dem Gedanken an die unglücklichen Wesen, denen zu helfen ich allzu ohnmächtig war und die, fern von mir, vielleicht den Schrecknissen des Hungers preisgegeben waren! Und diese schreckliche Not dauerte drei ganze Monate.

Endlich führte die Theatersaison die gewöhnliche Sängertruppe nach Triest. Der Impresario bat mich, ihm bei seinen Aufführungen der *Musikalischen Biene* zu helfen, einer Oper, die ich noch in Wien geschrieben hatte und die ihm so gefiel, daß er sie mir abzukaufen beschloß; wie mäßig auch die Summe war, die er mir anbot, so war sie mir doch eine große Hilfe.

Auf diese Sängertruppe folgte eine Truppe von Schauspielern. Die Freunde, die ich hatte, und zu deren Zahl ich mit Stolz den Grafen Brigido, den Baron Petoni, die Grafen Soardi und Luecheri, meinen Landsmann, rechnen konnte, forderten mich auf, diesen Umstand zu benutzen, um einige meiner Dramen aufführen zu lassen. Kurz vor seinem Tode hatte mein Bruder die beiden ersten Akte einer Tragödie entworfen, es hatte ihm jedoch die Zeit gefehlt, die letzte Hand daran zu legen; ich korrigierte sie, vollendete das Stück und machte jener Truppe ein Geschenk damit. Sie wurde unter großem Beifall aufgeführt, und der erste, welcher mir übertriebene Lobeserhebungen darüber machte, war Coletti. Diese Unverschämtheit von seiner Seite rief wieder ein Gefühl in mir wach, das bis jetzt geschlummert hatte. Trotzdem glaube ich nicht, daß ich es habe laut werden lassen, um so weniger, als ich im Vertrauen auf die Versprechungen des Kaisers und glücklich über das Lob, das ich für meine Oper und meine Tragödie geerntet, meine frühere Heiterkeit zum Teil wiedergefunden hatte. Diese Heiterkeit hieß nicht allein in meinem Herzen jedes feindselige Gefühl schweigen, sondern trug auch gleichzeitig dazu bei, in mir von neuem meine Neigung zu Liebesintrigen zu erwecken, mit denen ich schon gänzlich gebrochen hatte. Ich bitte um Verzeihung wegen dieser neuen Episode, da sie aber die letzte sein wird und außerdem einen zu merkwürdigen Einfluß auf mein Leben hatte, so fahre ich fort und erzähle sie.

Ich glaubte mich gänzlich geheilt, irrte mich jedoch. Mein Herz war noch nicht gegen die Leidenschaften verschlossen, und wie viel Treulosigkeit ich auch von den Frauen erfahren hatte, so erinnere ich mich doch nicht, ein halbes Jahr ohne zu lieben verbracht zu haben.

Ich stand auf einem intimen Fuße mit einer englischen Familie, deren Oberhaupt sich in Triest niedergelassen hatte. Er besaß eine reizende Tochter, welche jedermann durch ihre Schönheit wie durch ihre gute Erziehung anzog. Da sie die schöne Jahreszeit bei einer ihrer Freundinnen zubrachte, die ein Landhaus in der Umgegend besaß, so hatte ich noch keine Gelegenheit gehabt, sie zu sehen. Eines Tages, als ich mich bei ihrem Vater befand, kam sie an und ich wurde ihr vorgestellt; sie war in einen

Schleier gehüllt, der ihr Angesicht gänzlich verbarg. Meine Vertrautheit mit der Familie ließ mich die Regeln der Konvenienz übertreten, ich näherte mich und sprach scherzend zu ihr:

»Fräulein, die Art, wie Sie Ihren Schleier tragen, ist jetzt nicht mehr Mode, gestatten Sie mir gütigst, ihn ein wenig zu Ihrem Vorteil zu ändern.«

Von diesem familiären Tone beleidigt, schwieg sie, kehrte mir den Rücken und ging hinaus. Ich war ein wenig bestürzt. Ihre Schwägerin versicherte mir jedoch in Güte, daß diese Wolke sich bald zerteilen werde. In der Tat geriet ich auch bald, da ich fast alle Tage fortwährend zu ihrem Vater kam, mit ihr auf denselben Fuß wie mit den anderen Mitgliedern der Familie. Es wurde zwischen ihr und mir festgestellt, daß sie mich das Französische lehren und ich ihr Unterricht im Italienischen erteilen sollte. Ich kam eines Tages auf den Gedanken, ihren Vater zu fragen, ob er einwilligen würde, sie mit einem italienischen, in Wien wohnenden Kaufmann zu vermählen, der mir mehr als einmal den Wunsch zu erkennen gegeben, eine Engländerin zur Frau zu nehmen. Ich gab ihm alle nur wünschenswerte Auskunft über Alter, Charakter und Vermögensverhältnisse des jungen Mannes. Er teilte diese Einzelheiten seiner Tochter mit, und nach ihrer stummen Einwilligung schrieb ich diesem Freund, für welchen die Antwort günstig lautete. Die Bilder wurden gegenseitig ausgetauscht; nach vierzehn Tagen war alle Welt befriedigt. Allein diese vierzehn Tage verliefen nicht ungestraft; sie genügten, um unsere gegenseitigen Gefühle umzuwandeln und zwischen uns eine geheime Sympathie erstehen zu lassen, die uns, ohne daß wir es ahnten, die dem Unterricht gewidmeten Stunden verlängern ließ. Diese sich nach und nach steigernde Sympathie verwandelte sich sehr schnell in wirkliche Liebe zwischen der jungen Braut und dem alten Vermittler, der zwanzig Jahre mehr zählte als sie. Keiner von uns beiden ließ ein Wort von Liebe fallen, aber wenn auch der Mund schwieg, taten doch die Augen nicht dasselbe. Ich hatte meinen Freund von der Einwilligung der Eltern benachrichtigt und ihm geschrieben, daß sein Portrait Vergnügen gemacht habe und er mit Ungeduld in Triest erwartet würde; seine Antwort verzögerte sich.

Eines Abends, als wir im Familienkreise zusammensaßen, überbrachte man mir einen Brief, dessen Handschrift ich kannte. Er war von dem Verlobten; mit zitternder Hand eröffnete ich ihn und las ihn mit lauter Stimme vor. Bei der Stelle: »wenn das junge Mädchen ihrem Bilde gliche, so müsse sie sehr schön sein; über ihren Charakter und über ihre ganze Persönlichkeit habe er die besten Nachrichten eingezogen; da nun aber der Vater, wie man sage, sehr reich wäre, er selbst aber in Mangel lebe, so erachte er es im Interesse seiner zukünftigen Familie für klug, sich nach der genauen Zahl der Mitgift zu erkundigen«, erhob sich der beleidigte Vater, entriß meinen Händen den Brief, warf ihn ins Feuer und rief aus:

»Ach, der Signore Giuliano will ganz einfach eine Mitgift und nicht meine Tochter heiraten!« Hierauf ging er ein paar Schritte im Zimmer herum und drehte sich wieder mit Lebhaftigkeit mir zu:

»Freund Da Ponte«, fuhr er fort, »wollen Sie sie?«

»Wen?«

»Meine Tochter!«

Und als ich lachte, wendete er sich an diese:

»Und du, Nancy, was meinst du? Nimmst du ihn an?«

Sie schlug die Augen nieder, lächelte, erhob dann das Köpfchen und betrachtete mich mit bescheidenen Blicken. Der Vater, der mein Schweigen als den Ausdruck meines Herzens ansah, nahm unsere beiden Hände, legte sie ineinander und sagte dann zu mir gewendet: »Nancy gehört Ihnen«, und zu Nancy: »Da Ponte wird dein Gemahl.«

Mutter, Tochter und Schwägerin klatschten dieser improvisierten Szene Beifall zu; aber meine Freude und, ich wage es zu sagen, die Nancys waren so groß, daß uns die Worte mangelten. Ich verließ das Haus in einem schwer zu beschreibenden Zustande. Alle meine Reichtümer bestanden in diesem Augenblicke in fünf Piastern, ich hatte weder ein Amt noch selbst Hoffnung, eins zu erhalten, und der Zorn des Vaters, dessen Ausbruch jener Brief hervorgerufen, war durchaus nicht geschaffen, um zu ermutigen und die Hoffnung zu unterhalten, daß er auch nur das mindeste Opfer bringen würde; allein ich liebte, ich wurde geliebt; dies allein ließ mich alles wagen und wegen des übrigen die Augen schließen.

Sechs Monate waren seit meiner Zusammenkunft mit dem Kaiser verstrichen. Es schien mir, als hätte er Zeit genug gehabt, alles, was meine Angelegenheiten betraf, gründlich zu untersuchen und alle Vorurteile zu zerstreuen. Ich nahm es über mich, an sein Gedächtnis durch Vermittlung des M. G...., der hoch in seinen Gunsten stand, zu appellieren. Es wurde mir die Antwort zuteil, es sei noch nicht Zeit, und Se. Majestät wäre noch allzu beschäftigt. Ich wiederholte meine Bitte. Ich schrieb an den Gesandten von Venedig, der mich mit seiner Wohlgewogenheit beehrte. Alle Antworten, die ich empfing, waren nichtssagend und unbestimmt, alle Briefe enthielten die nämliche Redensart: »Seien Sie versichert, daß der Kaiser daran denkt, Sie zurückzuberufen, aber noch ist die Stunde nicht gekommen«, oder andere ähnliche Dinge, die nur dazu beitrugen, meine törichten Hoffnungen zu nähren. Wer sollte es glauben? Es war ein Rat Castis, der mich aus meiner Lethargie zog und mir die Augen öffnete.

Zwei Monate vorher war Casti auf seiner Reise nach Wien durch Triest gekommen. Ich hatte das Vergnügen gehabt, mich mit diesem trotz seines Egoismus und seiner Wunderlichkeiten wirklich ausgezeichneten Mann zu unterhalten. Meine Bewunderung für sein Genie ließ mich die Vergangenheit vergessen; ich dachte, mein Mißgeschick habe auch in gleicher Weise bei ihm jeden Groll verwischt, und so öffnete ich ihm im besten Glauben von der Welt mein Herz.

»Suchen Sie sich eine Stellung zu schaffen, sei's nun in Rußland, Frankreich oder England«, sagte mir dieser gewandte und gründlich staatskluge Mann.

»Aber der Kaiser hat mir versprochen, mich wieder zu sich zu berufen.«

»Er wird nichts darin tun.«

»Sein Sekretär schrieb mir, ich möchte warten.«

»Sein Sekretär ködert Sie.«

»Aber meine Ehre! meine Feinde!«

»Ihre Erfolge in Frankreich oder einem anderen Lande werden Ihre Feinde widerlegen, und die neuen Ehren, mit denen Sie überhäuft werden, lassen Sie bald diejenigen vergessen, die Sie verloren haben.«

Es war mir leicht, die Beweggründe zu erraten, die ihm diesen Rat eingaben. Ich hatte nicht weit zu suchen; er selbst gab mir die Erläuterung dazu.

»Wissen Sie«, fuhr er fort, »ich war der Poet Leopolds, als er noch Erzherzog von Toskana war. Als ich ihn wieder in Italien antraf, nahm ich mir die Freiheit, ihm zu sagen, daß seine Besteigung des Kaiserthrones in mir die begründete Hoffnung geweckt hätte, auch mich zu erheben; er erwiderte mir hierauf, meine Bitte sei gerecht. Sie sehen es, ich hatte die besten Gründe zum Hoffen, und doch ist noch nichts geschehen.«

Zu gleicher Zeit gab er mir vier Opern zu lesen, die er für den Kaiser bestimmt hatte.

Dieses Vertrauen Castis, das mir in diesem Augenblick wieder ins Gedächtnis kommt, machte jedem Schwanken ein Ende. Ich blieb überzeugt, daß er sich nicht groß darum kümmern werde, mich wieder in Wien zu sehen. Meine Lage war geändert; ich war im Begriff, mich zu vermählen, deshalb mußte ich mehr als je an meine Zukunft denken. Ich hörte nichts mehr davon sprechen;

diese Verzögerungen waren ein sehr schlimmes Vorzeichen, von Tag zu Tag schwanden meine letzten Täuschungen. Nach reiflichem Überlegen entschloß ich mich, Castis Rat zu befolgen. Das erste Land, auf welches sich meine Blicke richteten, war Frankreich. Ich entschied mich für Paris. Einstmals hatte mir Joseph II. einen Brief für seine Schwester, die Königin von Frankreich, übergeben, den ich wohl aufbewahrt hatte; diesen erachtete ich für hinreichend, um mir zu einer Stellung zu verhelfen, die meinen Talenten entsprach. Ich schrieb an Casti und bat ihn, dem Kaiser zu sagen, daß die Umstände nicht mehr die nämlichen wären, und daß ich, da ich nicht mehr wagte, mich seiner Protektion zu erfreuen, mich darauf beschränkte, von seiner Mildtätigkeit eine pekuniäre Entschädigung zu erbitten, um mir zu helfen, Triest zu verlassen und Paris zu erreichen, woselbst ich mich festzusetzen wünschte. Casti sprach mit dem Grafen Saur darüber, dieser wieder mit dem Kaiser; aber stets dasselbe Stillschweigen. Endlich erfaßte ich in der Erbitterung die Feder und schrieb direkt an Leopold:

»Der Ausdruck meiner Verzweiflung muß seit geraumer Zeit an den Füßen des Thrones angelangt sein. Ich wage nicht, mir zu schmeicheln, daß Ew. Majestät davon gerührt worden ist; niemand hat geruht, mich davon in Kenntnis zu setzen. Unfähig, noch länger die Ungewißheit meines Schicksals zu ertragen, nehme ich mir die Freiheit, mich an meinen Souverän zu wenden und von seiner Gerechtigkeit irgendeinen Beschluß, der mein Los entscheidet, zu erflehen.«

Ich wartete drei Wochen auf eine Antwort, die ich weder vom Kaiser noch von seinen Ministern erhielt; nachdem ich mich daher mit dem Grafen Brigido besprochen hatte, faßte ich den Entschluß, selbst nach Wien zu gehen; da ich jedoch ohne alle Mittel war, diese Reise unternehmen zu können, so nahm ich meine Zuflucht zu dem Bischof, einem Manne von großer Frömmigkeit, der die größte Hochachtung in ganz Triest genoß. Ich wußte, daß er meinen Aufenthalt in dieser Stadt mit Mißfallen sah; ein Feind Josephs ii., der mich geliebt und beschützt hatte, war er, wenn ihm auch meine Person gleichgültig war, mindestens ein erklärter Feind meiner Doktrinen und würde mich gern zu allen Teufeln geschickt haben; ich glaubte daher seinen Wünschen zuvorzukommen, wenn ich mir von ihm die Möglichkeit, mich entfernen zu können, erbat. Er hörte mich wohlwollend an und schien von meinem Schritt gerührt; da ich jedoch so ungeschickt gewesen war, die Worte von »Ungnade des Kaisers« vorzubringen, verschwand all sein guter Wille, und er beschränkte sich darauf, mir zu antworten, daß er mich in sein Gebet einschließen würde.

Als ich vom Bischof wegging, überlegte ich mir, ob ich den Gouverneur aufsuchen und mich einer ähnlichen abschlägigen Antwort aussetzen sollte; ich hatte doch nicht groß zu wählen; deshalb entschloß ich mich dazu. Dieser, der nicht wie der Bischof im Rufe der Heiligkeit stand, hörte mich an, ohne gerade sehr gerührt zu scheinen; dann billigte er meinen Entschluß, und ohne auf eine weitere Auseinandersetzung zu hören, gab er mir fünfundzwanzig Zechinen und begleitete dieses Geschenk mit den verbindlichen Worten: »Diese fünfundzwanzig Zechinen werden, hoffe ich, für die Reisekosten ausreichen; seien Sie überzeugt, daß ich sie Ihnen aus gutem Herzen anbiete. Wann denken Sie abzureisen?«

»Morgen.«

»Gut, besuchen Sie mich noch einmal, ich werde Ihnen einen Brief für Se. Majestät mitgeben.« Bevor ich in den Wagen stieg, ging ich zu ihm, den Brief abzuholen. Er hatte nachgesonnen und gedacht, es sei passender und klüger zu schreiben und eine Entscheidung abzuwarten, bevor ich etwas unternähme. Deshalb hatte er schon geschrieben und den Brief vor mir abgehen lassen. So vergingen noch zehn Tage; dann machte ich mich, seinem Rate zufolge, auf den Weg. An den Toren der Residenz vernahm ich den Tod Leopolds ii., der an demselben Morgen erfolgt war; er hatte nur zwei Jahre regiert. Diese Nachricht donnerte mich nieder. Bald sammelte ich mich aber wieder und wiederholte mit Casti die Verse aus seinem *König Theodor*:

»Welch Schicksal uns auch vorbehalten,
Es kann doch wohl nicht schlimmer werden.«

Ich überlegte, daß, wenn ich ein Recht auf einen Akt der Gerechtigkeit seitens des Vaters hätte, der Sohn dazu geneigter sein würde und ich mehr Hoffnung, sie zu erreichen, hegen dürfe. Übrigens: »ein anderer König, andere Räte.« So ging ich mit einem günstigen Vorgefühl nach Wien hinein. Mein erster Gedanke war, Casti aufzusuchen, der bei meinem Anblick erstaunt schien, mir aber alsbald seine guten Dienste anbot. Um der Wahrheit die Ehre zu geben, er war unter diesen Verhältnissen zu allem bereit, und was auch die Triebfeder war, die ihn so handeln ließ, ich sage es hier nach seinem Tode, ich kann ihm nur Rühmliches nachsagen und bewahre ihm eine große Dankbarkeit. Wenn er mein Antagonist aus schriftstellerischer Eifersucht war, so fand ich ihn unter den jetzigen Umständen verbindlich und dienstfertig. Er versprach mir, mich dem Grafen Saur, seinem intimen Freund, vorzustellen, dessen Wohlwollen und Unparteilichkeit ihm, wie er sich rühmte, zuteil ward und der in seiner Eigenschaft als Polizeidirektor allmächtig war. Da er mich zögern sah, bot er sich an, mich zu begleiten, was ich auch annahm. Er übernahm meine Verteidigung bei dem Grafen und wußte seine gute Stimmung für mich dergestalt zu benutzen, daß mir der Graf eine Privataudienz bei dem neuen Monarchen versprach, wobei er hinzufügte, wenn es ihm gelingen sollte, sie zu erhalten, so mache er sich anheischig, mir alles ohne Rückhalt, warum ich bitten würde, auszuwirken. Es glückte. Der Kaiser Franz, der wegen des allzufrühen Todes seines Vaters keine

Audienz erteilen konnte, sandte mir durch den Grafen selbst hundert Souveräns, dann die Erlaubnis, meinen bleibenden Wohnsitz in Wien zu nehmen, wie lange mir dies belieben würde, und überdies noch die Ermächtigung, in allen öffentlichen Blättern der Monarchie meine vollständige Rehabilitation bekanntmachen zu lassen.

Ich blieb drei Wochen in Wien; mehr als hundert Italiener kamen und belagerten meine Türe, die ihnen jedoch verschlossen blieb, denn ich verschmähte es, auf ihren heuchlerischen Gesichtern den Ärger über die Veränderung meines Geschicks zu lesen, und wollte nebenbei auch ihre Neugier nicht befriedigen, indem ich ihnen die Ursache davon erzählte. Der neue Theaterdirektor Bertati wünschte, ich wußte es, sehnlichst zu wissen, ob ich mich bleibend in Wien niederlassen möchte oder ob ich nur vorübergehend mich daselbst aufhalten würde. Ich kannte seine Werke, die ziemlich zahlreich waren. Durch häufiges Schreiben hatte er die Kunstfertigkeit erlangt, szenische Effekte gut anzubringen; aber zu seinem Unglück war er nicht zum Dichter geboren, und namentlich kannte er den Genius der italienischen Sprache nicht gründlich; deshalb nahmen sich seine Stücke viel besser auf der Bühne als beim Lesen aus.

Ich wollte ihm einen Besuch machen; man kündigte mich als einen Unbekannten an. Er befand sich in seinem Kabinett allein mit einem Schauspieler. Als ich die Türe ein wenig öffnete und meinen Kopf sehen ließ, fragte er mich, wer ich sei. Wie ein Donnerschlag traf ihn mein Name. Er erkundigte sich verlegen, ob er mir in irgendeiner Weise nützlich sein könne. Ich antwortete ihm, ich hätte ihm etwas mitzuteilen. Diese Unterredung fand auf der Türschwelle statt... Er sah sich genötigt, mich zu empfangen, und bot mir jetzt einen Stuhl inmitten des Zimmers an; ohne daß es schien, als hätte ich eine Absicht dabei, setzte ich mich nahe an das Bureau, an dem er zu arbeiten pflegte; er nahm ebenfall Platz und beschäftigte sich, mit zerstreuter Miene, verschiedene Musikblätter und Broschüren in Ordnung zu bringen, die auf seinem Tische aufgetürmt waren. Ich hatte Zeit nachzusehen, was es für Drucksachen waren; ich gewahrte darunter eine französische Komödie, ein Wörterbuch und eine Grammatik von Corticelli. Ich begriff seine Abneigung, mich in sein Inneres eindringen zu sehen; er erneuerte seine Frage; da ich jedoch keinen plausiblen Vorwand hatte, um diesen Besuch zu verlängern, so sagte ich zu ihm: »indem ich mich ihm vorstellte, würde ich nur von dem Wunsche dazu bewogen, einen Mann von seinem Verdienst kennenzulernen und ihn nebenbei um die Zurückgabe eines Exemplars meiner Werke zu ersuchen, das ich bei meiner Abreise von Wien mitzunehmen vergessen hätte.« Von einer ungeheuren Last befreit, nahm er eine wichtige Miene an und antwortete mir, er habe nichts mit meinen Büchern zu tun; sie würden für Rechnung der Intendanz bei dem Hausmeister des Theaters verkauft. Nachdem ich ungefähr noch zehn Minuten dageblieben und erkannt hatte, daß dieser Mann in jeder Beziehung nur ein Prahlhans ohne Verdienst war, ließ ich ihn stehen und begab mich zum Hausmeister, von welchem ich erfuhr, daß neun meiner Libretti verkauft wären; daß man ein ganzes Jahr hindurch meine Opern mit einem Erfolge gegeben habe, der sich nie verleugnet habe, und daß, wenn ein Stück dem Publikum nicht gefallen, was oft geschehen, man seine Zuflucht zu den meinigen, und zwar vorzugsweise zu den von Mozart, Martini und Salieri in Musik gesetzten, genommen habe. *O meine Wiener Feinde, wenn ihr nicht alle tot seid, so straft mich Lügen!*

Ich kam wieder zu Casti und stattete ihm Bericht über diese Unterhaltung ab, wobei ich ihm die Bücher nannte, die ich bemerkt hatte, die Art und Weise, mit welcher mich Bertati empfangen, und vor allem die Antwort erzählte, die er mir erteilt hatte. Casti antwortete mir nur: »Bertati ist ein Dummkopf. Er ist im Zuge, eine Oper für Cimarosa zu schreiben; aber er steht tief unter einer solche Ehre. Ich will Ihnen schreiben, was daraus werden wird.«

Ich trennte mich von Casti, wie man sich unter Freunden trennt, und nachdem ich Abschied von den Familien genommen, mit denen ich zu Wien in vertrauter Freundschaft gelebt hatte, kehrte ich mit dem Entschluß, mich nach Paris zu begeben, nach Triest zurück.

Ich ließ jedoch nicht die Gelegenheit vorübergehen, Coletti, dessen Falschheit und übertriebene Schmeicheleien meinen Zorn und meine Verachtung verdoppelt hatten, eine kleine Lektion zu erteilen. Gerade an diesem Tage hatte er die Stadt mit Dichtungen nach seiner Weise geplagt. Ich schrieb ebenfalls ein Stück in burlesken Versen, das ich einem Freunde zum Druck übergab. Ich führe den Anfang an, damit Coletti weiß, daß es von mir herrührt:

> »Mein lieber Freund Coletti, höre auf
> uns mit Sonetten noch zu quälen.«

Alle Einwohner von Triest machten sich über ihn lustig. Entschlossen, am Abend abzureisen, nahm ich meinen Weg über Dresden, wo ich einen Brief von Casti vorfand, der mir meldete:
»Gestern Abend hat man zum ersten Male *Die heimliche Ehe* aufgeführt. Die Musik von Cimarosa ist köstlich; die Worte des Textes sind aber unter der Mittelmäßigkeit. Alle Welt ist unzufrieden und namentlich die Sänger. Alle wiederholen, daß Da Ponte eine solche Arroganz nicht ungestraft lassen darf. Ich schicke Ihnen das Libretto, damit Sie selbst darüber urteilen können. Fahren Sie fort, schöne Verse zu schreiben.«

Meine Antwort lautete:
»Ich danke Ihnen für das Libretto; ich werde jedoch Ihren Rat nicht befolgen; Sie sind stark genug und haben genug erfinderi-

schen Geist, um uns zu rächen. Die Verse Bertatis sind, wie sie sein sollen; mögen die Wiener sich daran ergötzen; was die Sänger betrifft, so sagen Sie ihnen gefälligst:

›Victrix provincia plora.‹«

Diese Oper war die erste und letzte des Poeten Bertati; kurz darauf ging er nach Italien und überließ seine Stelle Gamerra; ich aber nahm meinen Flug nach Paris und machte die Reise nicht allein.

8. Kapitel

*Abenteuerliche Hochzeitsreise nach Paris – Verlust der Geld-
börse – Ein Besuch bei Casanova, dessen Abenteuer – Weitere
Reiseerlebnisse – Ein unerwarteter Auftrag – Aufgrund der
Inhaftierung des französischen Königspaares ändern sie die
Reiseroute, statt Paris nun London – Versuche, am italienischen Theater in London Fuß zu fassen – Vergebliche Hoffnung auf die Gründung eines Theaters in Holland – Glückliche
Wende in großer Not – Berufung zum Operndichter ans italienische Theater nach London – Zwei berühmte Sängerinnen
und Rivalinnen, die Banti und die Morichelli – Da Ponte hilft
dem Theaterunternehmer Taylor aus der Bedrängnis –* La
capricciosa corretta *und* Die Insel des Vergnügens *– Le Texier
übernimmt Theaterdirektion – Durch Taylor wird Da Ponte in
bedenkliche Wechselgeschäfte verwickelt*

Da sitze ich denn in einer Kalesche, die von einem Pferde gezogen wird, welches ein Bursche von fünfzehn bis sechzehn Jahren
lenkt, und neben mir meine schöne und zärtlich geliebte Nancy,
die ich am 12. August 1792, um 2 Uhr nachmittags, geheiratet
hatte. In dieser Equipage saß ich, reich an Hoffnungen und leicht
an Geld, denn mein ganzes Vermögen betrug nicht mehr als 600
Gulden. Im zweiundvierzigsten Lebensjahre, aber mit einem
Vertrauen auf die Zukunft, das eines jungen Mannes von zwanzig Jahren würdig gewesen wäre, wagte ich es, den Raum zwischen Triest und Paris zu überspringen. Im Augenblicke unseres
Scheidens erkundigte sich mein Schwiegervater über den Zustand meiner Börse; ich erinnerte mich jedoch an jene Worte:
»Dieser Giuliano will nur ihre Mitgift«, antwortete sofort mit
einer Art Großsprecherei, ich brauchte nichts. Frei gesprochen,

rechnete ich ein wenig auf das Herz und die Zuneigung meiner Schwiegermutter, welche bei der letzten Umarmung ihrer Tochter ein Geschenk von hundert Gulden machte, eine Summe, die, wie bescheiden sie auch war, mir, in diesem Augenblicke gegeben, sehr nützlich wurde und mich aus einer grausamen Verlegenheit zog.

Am Abend kamen wir in Lubiano an, wo wir unsere erste Nacht zubrachten und ich die Tränen einer jungen Frau zu trocknen hatte, die zum ersten Male und vielleicht für immer sich von ihrer Familie und ihren Freundinnen getrennt sah. Wir setzten jetzt mehrere Tage hindurch unsere Reise ohne ein denkwürdiges Ereignis fort, bis wir eines Abends bei einbrechender Nacht über den Lichtmeßberg gingen, den wir zu Fuß überschritten, um bei dem feinen Regen, der unablässig niederfiel, unserem Pferde die Last zu erleichtern. Wir schritten langsam hin und erkletterten einen steilen Bergabhang, als meine Frau in kurzer Entfernung zwei mit Flinten bewaffnete Männer hinter uns kommen sah. Ihr Anblick erschreckte sie. Die vorgerückte Abendstunde, das schlechte Wetter und namentlich die Einsamkeit des Orts waren geeignet, einen solchen Eindruck zu machen. Ich reichte ihr meinen Arm, sie drückte sich eng an mich an, fuhr maschinenartig mit der Hand in ihre Kleidertasche und zog die Börse ihrer Mutter heraus, die sie jetzt zwischen meine Weste und mein Hemd gleiten ließ. Dieser Akt der Vorsicht machte mich lächeln. Wir marschierten weiter. Inzwischen gingen die beiden Männer auch rüstig vorwärts, kamen an uns vorüber, grüßten höflich und verschwanden. Jetzt sahen wir ein, daß wir es, statt mit zwei Räubern, mit zwei ehrbaren Arbeitern zu tun hatten, die nach Hause zurückkehrten, und daß das, was wir für Flinten gehalten, nichts als zwei Eisenstöcke waren, die auf solch steinigen Straßen für unerläßlich beim Bergsteigen galten. Wir lachten über unsern Schrecken, neckten uns gegenseitig und kamen glücklich an den Ort unserer Bestimmung, die

Abtei St. Edmund, am Abhang des Berges an. Hier aber verwandelte sich die Heiterkeit, die uns begleitet hatte, in wahre Verzweiflung. Meine Frau verlangte das anvertraute Gut, das sie mir gegeben, zurück; vergebens war aber all mein Suchen, es war verschwunden. Wir kehrten eiligst zurück, nahmen Laternen und angezündete Fackeln mit, durchsuchten alles auf dem ganzen Wege; nach einer Stunde fruchtlosen Nachforschens mußten wir betrübt, wie man es nur nach einem solchen Unfall sein kann, in unser Gasthaus zurückkehren. Am nächsten Morgen war meine erste Sorge, zum Abbate zu gehen und ihm zu erzählen, was mich zu diesem Besuch veranlasse. Er beeilte sich, den Vorfall allen seinen Gläubigen in der Kirche mitzuteilen. Dieser ehrwürdige Prälat setzte ein solches Vertrauen in die Rechtschaffenheit seiner Bauern, daß er mir unablässig versicherte, wenn einer derselben so glücklich wäre, die Börse zu finden, so würde er sie uns, ohne sie geöffnet zu haben, zurückbringen. Ich harrte zwei Tage hindurch, aber leider ohne Resultat. Da ich jedoch abreisen mußte, so verließ ich die Abtei, übergab aber dem Prior auf sein Verlangen meine Adresse in den Hauptstädten, durch welche wir zu kommen gedachten. Da Prag auf meinem Reiseweg lag, so verweilte ich hier einige Tage, um Nachrichten abzuwarten, die jedoch nicht einliefen. Es blieb mir Zeit, der Aufführung von dreien meiner Opern, welche Mozart komponiert hatte, beizuwohnen, und ich kann die Begeisterung nicht beschreiben, welche die Einwohner der Stadt für diese Musik an den Tag legten. Einzelne Sachen, die auf andern Theatern unbemerkt vorübergingen, wurden von ihnen als göttlich gepriesen und beklatscht.

Jedes Volk hat seine eigentümliche Organisation. Die der Böhmen scheint das auf die höchste Stufe der Vollendung getriebene musikalische Genie zu sein. Der Böhme ist der Neapolitaner Deutschlands; er sieht durch das Ohr und berauscht sich in Tönen. *Don Giovanni* war so populär in Prag, daß man gezwungen war, das Werk ins Deutsche zu übersetzen, damit das Volk die Arien, die seinem musikalischen Ohre so wohl klangen, in seiner Sprache singen konnte. Die großen und tiefen musikalischen Schönheiten werden von ihm instinktmäßig beim ersten Anhören erfaßt und geschätzt, und das Urteil, das er sich darüber bildet, ist stets das richtige.

Mein Plan war, nach Dresden zurückzukehren; da ich mich aber erinnerte, daß einer meiner Schuldner, von dem ich einige hundert Gulden zu erhalten hatte, ein gewisser Casanova, in der Nähe von Wien wohnte, so ergriff ich diese Gelegenheit, um wieder zu einer Summe zu kommen, die unter den vorliegenden Umständen mir ganz nötig war. Ich wurde sehr wohl aufgenommen, bedurfte aber keiner langen Zeit, um zu bemerken, daß seine Börse nicht eben besser gespickt als die meinige war; und um ihm eine Demütigung zu ersparen, so erwähnte ich gar nichts von meiner Forderung, da er ja doch nicht imstande war, sie mir zu gewähren. Nach zwei oder drei mit ihm verlebten Tagen kündigte ich ihm meine Abreise nach Dresden an; zu meinem Unglück bot er sich an, mich bis Teplitz, nach den Domänen des Grafen von Waldstein, dessen Sekretär und Intendant er war, zu begleiten. Dieser Gedanke, den ich ihm nicht ausreden konnte, zwang mich, noch ein Pferd und einen Postillon zu mieten. Dieser warf uns auf offener Straße um, und wir verloren einen halben Tag, um unsere Kalesche wieder herstellen zu lassen. Trotz dieser Reparatur erkannte ich doch bald, daß Wagen und Pferd nicht mehr so beschaffen waren, um mit ihnen die Reise fortsetzen zu können; ich war daher gezwungen, sie für sechzig Piaster zu verkaufen, während sie mich mehr als hundert gekostet hatten. Überdies gebrauchte Casanova, der den Unterhändler bei diesem unglücklichen Handel machte, die Vorsicht, zwei Zechinen zurückzubehalten, um seine Rückreise bestreiten zu können. Er setzte hinzu: da er mir die beiden Zechinen ebenso wenig wie die früher geliehene Summe zurückgeben könne, so wolle er mir zum Dank dafür drei Ratschläge erteilen, die mehr wert wären als alle Schätze der Welt. »Wenn Sie Ihr Glück machen wollen«, äußerte er gegen mich, »so gehen Sie nicht nach Paris; wenden Sie sich lieber nach London; aber hüten Sie sich, in dieser Stadt den Fuß in das italienische Caféhaus zu setzen, vor allem aber unterschreiben Sie nie ein Papier.«

Hätte es der Himmel gewollt, daß ich diese beiden letzten Ratschläge befolgt hätte, denn ein großer Teil der Geldverluste, die mich in London betrafen, und alles Unglück, das über mich kam, war nur die Folge meiner Besuche in diesem Café und der unbedachtsamerweise und ohne Berechnung der Folgen erteilten Unterschriften!

Nachdem ich Abschied von ihm genommen, wünschte meine Frau einige Einzelheiten aus dem Leben dieses seltsamen Alten, dessen Benehmen ihr aufgefallen war, zu erfahren; ich erzählte ihr, was ich davon wußte, und dieses Thema unterhielt uns einige Stunden hindurch auf das angenehmste. Ich will hier einige Episoden daraus einschalten, namentlich die, von denen ich Augenzeuge war.

Giacomo Casanova war in Neapel geboren. Nach vielen Wechselfällen des Schicksals wurde er hier von dem Tribunal der Inquisition in einen der unter dem Namen der Bleidächer bekannten Kerker auf die einfache Anzeige einer Dame geworfen, die sich gegen eins der Mitglieder dieses furchtbaren Tribunals, ihren *cavaliere serviente*, beklagte, daß er mit ihrem Sohne Voltaire und Rousseau gelesen habe. Nach acht bis neun Jahren war er so glücklich, diesem scheußlichen Gefängnis zu entkommen und nach den venetianischen Staaten zu gelangen. Die Geschichte dieser Flucht ließ er unter dem Titel *Der zweite Trenck* erscheinen.

Er durchreiste mehrere Städte Europas und kam unter anderem nach Paris. Unter den zahlreichen Abenteuern, deren Held er war, ist eins, das am geeignetsten ist, diese Persönlichkeit am treusten wiederzugeben, ein Abenteuer, das um so weniger bekannt ist, als er sich gehütet hat, es in seinen *Memoiren* zu erwähnen.

Seine Leidenschaften waren heftig und seine Fehler zahlreich. Um den einen oder den andern zu genügen, brauchte er Geld, und zwar viel Geld. Wurde dieses weniger bei ihm, so erschien ihm jedes Mittel, sich neues zu schaffen, willkommen. Eines Tages, wo er ärmer als gewöhnlich war, wurde er einer alten steinreichen Dame vorgestellt, welche in dem Rufe stand, eine besondere Vorliebe für junge Burschen zu besitzen. Von dieser Schwäche in Kenntnis gesetzt, begann Casanova um sie herumzugehen und ihr tausend kleine Aufmerksamkeiten zu beweisen, bis er endlich zu einer Erklärung kam. Allein die Dame, die in ihrem allzutreuen Spiegel sah, wie sich täglich die Falten auf ihrer Stirne vervielfältigten, während sie befürchten mußte, daß ihre Schatulle das einzige Anziehende an ihrer ganzen Person war, blieb unerbittlich. Da kam Casanova auf den Gedanken, ihr als ein großes Geheimnis anzuvertrauen, er besäße die Kunst, die älteste Dame wieder jung zu machen und ihr den Schmelz eines fünfzehnjährigen Mädchens zu verleihen. Er bot ihr an, ihr eine unverwerfliche Probe davon zu liefern. Die in Verwunderung gesetzte Dame nahm diese vertrauliche Mitteilung mit unsäglicher Freude entgegen und wollte den Versuch damit wagen. Sofort, ohne eine Minute zu verlieren, begab sich Casanova zu einem Freudenmädchen, der er eine ziemlich bedeutende Summe versprach, wenn die Komödie, die sie spielen sollte, glücklich auslief. Er machte ihr Runzeln und entstellte sie so, daß sie nicht wiederzuerkennen war; dann führte er sie zu der Dame, der er aus Vorsicht empfohlen hatte, alle Leute zu entfernen. Hierauf stellte er ihr die Person vor, die man für mindestens siebzig Jahre alt hielt, murmelte einige unverständliche Worte und zog aus seiner Tasche eine Phiole, deren Inhalt er ihr zu trinken gab; dies war, wie er sagte, ein wunderbarer Zaubertrank, welcher die große Metamorphose bewerkstelligen sollte; er ließ hierauf die angebliche Alte sich auf ein Sofa legen und bedeckte sie mit einem schwarzen Tuch, das ihr jedoch so viel freie Bewegung gestattete, ihre Maske abzulegen; einige Minuten später sprang sie mit leichten Füßen mitten ins Zimmer und stellte sich der erstaunten Dame im ganzen Glanze ihrer Schönheit vor. Die Verwunderung der letzteren läßt sich eher denken als beschreiben. Sie küßte und schloß das junge Mädchen in ihre Arme und bestürmte sie mit Fragen, welche diese mit großer Feinheit beantwortete. Casanova, der eine ausführlichere Erläuterung befürchtete, brach jedoch die Unterhaltung kurz ab und brachte das junge Weib möglichst schnell zum Hause hinaus. Als er zur Dame zurückkehrte, fand er diese in fieberhafter Aufregung. Sie fiel ihm um den Hals, schloß einen Schrank vor ihm auf und zeigte ihm Gold und Edelsteine mit der Versicherung, daß diese Schätze ihm zugehören sollten, wenn es ihm gelänge, sie wieder jung zu machen. Casanova, der alles für diesen Fall vorgesehen hatte, verpflichtete sich, das Wunder zu vollziehen, worauf die Törin auch sofort einging. Er ließ von jener Flüssigkeit trinken, sie schluckte sie bis auf den letzten Tropfen hinunter, wußte aber nicht, daß es diesmal kein unschädlicher Trank war, denn er hatte eine hinreichende Dosis Laudanum (Opiumextrakt) hinzugemischt. Er ließ sie sich auf dasselbe Sofa hinlegen und bedeckte sie mit dem nämlichen schwarzen Tuche. Das betäubende Mittel wirkte derartig, daß sie alsbald in den tiefsten Schlaf verfiel. Hierauf ließ er sie nach Belieben fortschnarchen, dann eilte er zu dem Schranke, den er aufbrach, bemächtigte sich der Schatulle, welche die Edelsteine enthielt, löschte die Lichter aus und suchte seinen Diener, eine Art von Don Basilio auf, der seit langer Zeit in seinem Dienste stand und Befehl erhalten hatte, auf der Straße seiner zu harren. Da er volles Vertrauen in diesen Mann setzte, so übergab er ihm jene Schatulle und bezeichnete ihm ein zehn bis zwölf Meilen von Paris gelegenes Gasthaus, wo sie sich wiedertreffen wollten.

Man sagt, daß die Diebe zuweilen Augenblicke haben, wo ihnen ihr gegebenes Wort heilig erscheint und sie sich ein ernstliches Bedenken daraus machen, es zu brechen. Dies mußte jetzt sein, denn Casanova, der vor einer so ehrlosen Handlung gegen eine Dame ohne Argwohn nicht zurückschrak, hielt sich doch für verpflichtet, zu dem Freudenmädchen zu eilen und ihr, als seiner Helfershelferin, die fünfzig Louisdor, die er ihr versprochen, zu überbringen.

Während alle beide sich über die Leichtgläubigkeit ihres Opfers lustig machten, suchte der Diener mit dem Schatz das Weite. Die fünfzig Louisdor, welche er dem Freudenmädchen gegeben, waren alles gewesen, was er von dem Schatze herausgenommen hatte. Es blieb ihm nichts davon übrig. Nachdem er vergeblich alle Wirtshäuser der Stadt und Umgegend durchsucht und die Hoffnung aufgegeben hatte, Diener und Schatz wiederzufinden, fluchte er auf die alte Frau, das Freudenmädchen und sich selbst, der doch so gewandt war, andere zu betrügen, und so ungeschickt, sich von einem Menschen täuschen zu lassen, den er stets für einen Einfaltspinsel gehalten hatte.

Da er sich vor dem Aufenthalt in Paris fürchtete, so gedachte er nach Venedig zurückzukehren. Er schickte in diese Stadt eine Schrift voll Geist voraus, die ihm einen großen Ruf erwarb, den *Anti-Amelot*, eine Gegenschrift gegen das Werk eines schwarzgalligen Schreiberlings, der alle Institutionen der Erlauchten Republik angriff; diese Schrift fand eine überaus günstige Aufnahme in seinem Vaterlande, das er mutig wieder in seine Rechte eingesetzt hatte. Im Jahre 1777 lernte ich ihn bei Zaguri und bei Memmo kennen, welche beide seine stets interessante Unterhaltung suchten, das Gute, was an diesem Mann war, freudig anerkannten und wegen seines sonstigen Genies über das Verkehrte, was in seiner Natur lag, die Augen zudrückten. Ich folgte in dieser Beziehung ihrem Beispiele, und selbst jetzt noch, wo ich mir Rechenschaft über diese Natur zu geben gesucht habe, weiß ich mein Urteil über dieses bizarre Wesen, diese eigentümliche Mischung guter und schlechter Eigenschaften, nicht bestimmt festzustellen.

Kurze Zeit vor den Ereignissen, die mich von Venedig forttrieben, entzog mir eine kindische Erörterung über die lateinische Prosodie seine Freundschaft. Niemals gestand Casanova ein Unrecht zu. Ich reiste ab, und drei Jahre lang hörte ich nicht einmal mehr seinen Namen nennen.

Eines Nachts träumte ich in Wien, daß ich am Graben einen Mann gewahrte, der mich scharf fixierte, und nachdem er mich erkannt hatte, in meine Arme sank. Es schien mir übrigens, als ob Salieri als Dritter bei uns war. Ich erzählte diesen Traum meinem Bruder.

Salieri besuchte mich allmorgendlich; am Tage des Traumes kam er zur gewöhnlichen Stunde, und wir gingen in dem öffentlichen Garten spazieren. Als ich an den Graben kam, bemerkte ich, daß ein Greis, der auf einer Bank saß, mich in einer eigentümlichen Weise fixierte. Während ich noch in meiner Rückerinnerung herumsuchte, wer es wohl sein könnte, erhob er sich und eilte mir mit lebhaften Gestikulationen entgegen. Er war's! Es war Casanova, der mit lauter Stimme mir zurief: »Lieber Da Ponte, welche Freude, Sie wiederzusehen!« Es waren dies genau die Worte, die ich im Schlafe vernommen zu haben glaubte. Wer an Träume glaubt, ist ein Narr, sagt man; wer aber gar nicht daran glaubt, was ist der?

Er hielt sich einige Jahre in Wien auf, ohne daß weder ich noch sonst jemand sagen konnte, was er hier machte oder wovon er lebte. Ich sah ihn oft; mein Haus und meine Börse standen ihm offen, und wenn ich auch seine Grundsätze und sein Benehmen mißbilligte, so wären mir doch, hätte ich einige seiner Ratschläge befolgt, viele Trübsale und Mühseligkeiten erspart geblieben.

Kurze Zeit nach dieser unerwarteten Begegnung ging ich eines Tages an demselben Graben mit ihm spazieren, als ich ihn auf einmal die Augenbrauen zusammenziehen, mich schnell verlassen, dann im Geschwindschritt einem Manne nacheilen sah, den er am Halse mit den Worten packte: »Habe ich dich endlich erwischt, Schurke!« Die von diesem seltsamen Angriff herbeigezogene Menge wuchs immer größer an. Anfangs bestürzt, wußte ich für den ersten Augenblick nicht, was ich gleich beginnen sollte; allein nach wenig Minuten des Nachdenkens eilte ich ihm nach, faßte ihn am Arm und zog ihn weit aus dem Gedränge hinweg. Hierauf vertraute er mir, dieser Mann, namens Costa, sei derselbe Bediente, welcher mit seiner Schatulle und seinem Schatz entflohen sei. Dieser Costa, den ausschweifendes Leben und schlechter Umgang vollends verdorben hatten, befand sich gerade jetzt im größten Elend. Kammerdiener bei einem vornehmen Edelmann in Wien und neben seinen untergeordneten Geschäften auch noch das edle »Handwerk« der Poesie betreibend, war er einer von denen, die mich zur Zeit, als ich noch bei Joseph II. in Gunsten stand, mit ihren Schmähungen zu Boden zu drükken versucht hatten. Wir setzten jetzt unseren Spaziergang fort und sahen, wie er in ein Caféhaus ging, aus welchem bald darauf ein Kellner trat, welcher Casanova ein Billett übergab, das vier Verse in folgendem Sinn enthielt:

»Casanova, Du hast gestohlen; ich bin Deinem Beispiele gefolgt. Du bist mein Lehrer, ich bin nur Dein Schüler. Mache kein Aufsehen! Das ist das Beste, was Du tun kannst!«

Diese wenigen Worte machten einen gewaltigen Eindruck; Casanova dachte über ihren Inhalt nach; dann lächelte er und flüsterte mir ins Ohr: »Der Spitzbube hat wahrlich recht!« Hierauf näherte er sich dem Caféhause wieder, gab Costa ein Zeichen, zu ihm zu kommen; dies geschah, und nun gingen alle beide weg und plauderten so harmlos miteinander, als ob nichts vorgefallen wäre. Einige Augenblicke später trennten sie sich und drückten sich zu wiederholten Malen die Hand, wie zwei alte, gute Freunde. Als Casanova wieder zu mir zurückkam, bemerkte ich an einem seiner Finger einen Ring mit einer Kamee, den ich früher nicht bei ihm bemerkt hatte; und durch einen wunderlichen Zufall stellte die Kamee den Merkur dar. Ich vermute, daß sie die einzige Beute war, die er aus dieser erbärmlichen Prellerei wiedererlangen konnte. Diese Szene malt hinlänglich den Charakter des Mannes, um mich jedes weiteren Kommentars zu entheben.

In Dresden hatte ich die Freude, Mazzola und den Pater Huber zu umarmen, allein auch hier fand ich keine Spur von unserer verlorenen Börse. Ich hielt mich zehn Tage daselbst auf, die jedoch eine solche Bresche in meine Reichtümer schossen, daß ich schon die Absicht hatte, meinen Kutscher wieder nach Triest zurückzuschicken, da seine Dienste, seit dem Verkauf meines Pferdes, nutzlos geworden waren; allein dieser junge Mann, den es nach einer hirschledernen Hose gelüstete, mit der ich ihm bei meiner Ankunft in Paris ein Geschenk machen wollte, bestand darauf, mich nicht zu verlassen; ich war daher gezwungen, ihn zu behalten und statt zwei Plätze deren drei auf der Diligence von Kassel zu mieten, ein Zuwachs zu den Ausgaben, welcher meine Finanzen noch mehr verringerte. Glücklicherweise fiel mir in Speyer ein kleiner, unverhoffter Gewinn zu, ohne welchen ich in große Verlegenheiten geraten wäre.

Ein vornehmer Wiener Edelmann, dessen Namen ich verschweigen will, hatte sich sterblich in eine junge Dame verliebt, die jedoch seine Liebe nur schwach erwiderte. Der Vater, der so günstig für ihn gestimmt war wie seine Tochter wenig, schlug eine kleine Reise vor, die sie alle drei zusammen antreten wollten und von der er hoffte, daß ein täglicher Umgang, verbunden mit dem Geist und mit anderen schönen Eigenschaften seines Schützlings, über die Kälte seiner Tochter triumphieren würde.

Sie fuhren ab, und durch einen glücklichen Zufall kamen sie an dem nämlichen Tage in Speyer an, wo sie auch in demselben Gasthause abstiegen wie ich. Unter jenen tausend Launen der Koketterie hatte die junge Dame, im Glauben, ihrem Verlobten eine nicht erfüllbare Bedingung aufzulegen, von ihm ein Gedicht in Versen, die er selbst gedichtet, verlangt und davon den Besitz ihrer Hand abhängig gemacht. Da er durchaus nicht Dichter war, zögerte der junge Mann trotz allen Zuredens von seiten des Vaters, der ihn aufforderte, seiner Muse freien Lauf zu lassen. Endlich nahm er im Vertrauen auf seinen guten Stern und ohne Zweifel auf ein Wunder, das sich, wie wenig wahrscheinlich auch immer, ereignen könne, die Herausforderung an. Er stand auf der Schwelle der Gasthaustüre, als ich daselbst ankam; mich wiedererkennen, herbeieilen und mir seine Verlegenheit erzählen, ohne mir nur Zeit zu lassen, meiner Frau beim Aussteigen aus dem Wagen behilflich zu sein, war ein und dasselbe. Ohne gerade näher vertraut mit ihm zu sein, kannte ich ihn doch hinlänglich genug, um mich ihm ohne weiteres zur Verfügung zu stellen. Ich versprach ihm, ihn zufriedenzustellen, er drückte mir die Hand und nannte mich seine Vorsehung.

Dieses Gedicht war nur ein Spiel für mich; sowie es fertig war, ließ ich es ihn lesen. Jeder Vers entriß ihm einen Ausruf; er schrieb es ab und ersuchte mich, mich nicht zu zeigen, um keinen Verdacht zu erwecken. Für diesen leichten Dienst bat er mich, eine prachtvolle Uhr mit Kette und Petschaft anzunehmen, die ich zu meinem großen Bedauern, aber von der Notwendigkeit gedrängt, in Rotterdam für zweihundert Gulden veräußerte; er versprach mir noch außerdem, mir nach Brüssel zu schreiben, um mir das Resultat, an dem er nicht mehr zweifelte, mitzuteilen. Es schien, als wäre dieses Resultat so ausgefallen, wie er es wünschte, denn alle beide schrieben mir, daß ihr gegenseitiges Glück den höchsten Grad erreicht habe.

Nicht weit von Speyer, während angehalten wurde, um die Pferde ein wenig ausruhen zu lassen, erfuhr ich von der Einkerkerung des Königs und der Königin von Frankreich in dem Tempel und dem Einzug der französischen Armee in Mainz; zwei Ereignisse, welche alle meine Kombinationen umstürzten und die reiflichsten Erwägungen erheischten. Casanova und einer seiner Ratschläge kamen mir wieder in den Sinn. Dieser Rat entsprach übrigens dem geheimen Wunsche meiner Frau. Da mich nichts mehr nach Paris zog, wo ich keinen Gebrauch mehr von dem Brief Josephs II. machen konnte, so entschloß ich mich, mich durch Holland nach England zu begeben. Die Fahrt von Speyer nach London bot nichts Merkwürdiges dar, außer der Gefahr, daß mir fast meine Frau entrissen wurde.

Während wir in einem Gasthause unser Mittagsmahl einnahmen, setzten sich zwei Männer von verdächtigem Äußern an unseren Tisch, tranken sich mit Bier voll und betrachteten uns mit heimtückischen Blicken. Da sie glaubten, wir verstünden kein Deutsch, genierten sie sich nicht, ihren Plan ganz laut zu besprechen. Es handelte sich um nichts Geringeres, als uns zu Pferde zu folgen und sich meiner Frau zu bemächtigen, die sie für meine Tochter hielten. Obwohl wir im Deutschen nicht allzu bewandert waren, so verstanden wir es doch genug, um aufmerksam zu werden. Ich rief den Wirt und bat ihn um einige Pistolenkugeln. Da er mir ein ehrenhafter Mann schien, so erzählte ich ihm, was wir eben gehört hatten; er bediente sich jetzt seiner Autorität. Er gab den beiden Männern einen derben Verweis und zeigte ihnen an, daß sie es schwer zu bereuen hätten, wenn sie sich die geringste Tätlichkeit gegen uns erlauben würden. Hierauf benachrichtigte er mich, daß er der Schulze des Dorfes sei, lud mich ein, ruhig fortzureisen, und verpflichtete sich, sie zurückzuhalten und vor spätabends nicht aus den Augen zu verlieren. Auf diese Versicherung hin machten wir uns wieder auf den Weg und kamen glücklich am Orte unserer Bestimmung an.

Ich langte in London an; mein ganzes Vermögen bestand noch in sechs Louisdors, einer goldenen Uhr nebst Kette und einem Ring, für welchen ich, wenn ich ihn beim Juwelier verkaufte, sechs bekommen konnte. Wir suchten zunächst eine Schwester von Nancy auf, die in dieser Hauptstadt vermählt, aber leider so wenig mit Glücksgütern gesegnet war, daß sie uns nur einige Tage beherbergen konnte, nach deren Verlauf wir ein bescheidenes Zimmer für eigene Rechnung mieteten.

Kaum eingezogen, suchte ich meine Zeit nutzbar zu machen. London besaß ein italienisches Theater. Ich glaubte, es würde mir vielleicht nicht schwer werden, hier anzukommen, und unternahm daher einige Schritte in dieser Beziehung. Um jene Zeit war W. Taylor Eigentümer davon. Unter ihm stand als Direktor ein gewisser Vincenzo Federici, während als Poet Badini fungierte. Dieser Badini, der unter anderen Talenten das besaß, einen Aretino an Büberei und Verruchtheit der Seele zu übertreffen, übte eine außerordentliche Herrschaft auf Taylor aus, den er mit Hilfe seiner Feder ganz in Botmäßigkeit hielt. Er verstand Englisch und schrieb für die Journalisten, die, wie man sagt, die öffentliche Meinung in England beherrschen und leiten. Der Erfolg der Stücke wie des gesamten Theaterpersonals hing einzig und allein von ihm ab. Was Federici betrifft, so war dieser ein wahres Prachtstück von Sünde und Missetat nach den Worten der Schrift. Es genügte, irgendein Verdienst, irgendeinen Ruf oder eine Überlegenheit zu besitzen, um einen Gegenstand des Hasses und der Verfolgung für ihn zu bilden. Taylor kannte ihn von Grund auf, allein er war gezwungen, sich seiner zu bedienen. Federici hatte das Mittel gefunden, sich unentbehrlich zu machen, er verschaffte ihm Geld, das er immer brauchte, und mehr als einmal diente er ihm sogar als Merkur bei zarten Unterhandlungen. Ich werde Gelegenheit haben, davon ausführlicher zu sprechen.

Mit Badini und Federici waren meine Pläne schwer auszuführen; und ich hatte wenig Hoffnung, die einzige Stelle, nach welcher ich strebte, zu erlangen und auf welche ich alle meine Zukunftshoffnungen basiert hatte. Mein Debut war durchaus nicht glücklich; inzwischen verlor ich den Mut nicht und klopfte an allen Türen an. Ich hatte schnell Bekanntschaft mit allem gemacht, was näher oder entfernter mit dem Theater zusammenhing. Der erste, der mir Beweise von Mitgefühl und Teilnahme gab, war Pozzi, ein Komponist von einigem Werte, der, selbst arm, aber von den edelsten Gefühlen durchdrungen, mir seine Börse öffnete und mich seinen Freunden, unter andern der berühmten Mara vorstellte, die mich bat, ein Drama für sie zu schreiben, wofür sie mir dreißig Guineen zahlte und mich außerdem mit Lobes- und Dankworten überschüttete; für einen Mann von meinem Schlage war mir das Lob weit kostbarer als das Geld. Besitzer einer Summe, die in diesem Augenblicke von wahrer Wichtigkeit für mich war, und voraussehend, daß der Wind an den Ufern der Themse nicht immer zu meinen Gunsten wehen würde, griff ich zum extremen Mittel, mein Glück anderwärts zu suchen. Ich machte von meinen dreißig Guineen zwei Teile; ich ließ zehn davon meiner Frau und reiste mit den zwanzig anderen nach Holland, wo, wie man mir gesagt hatte, das französische Theater geschlossen worden war und wo ich glaubte, daß es mir leicht sein würde, dasselbe durch ein italienisches Theater zu ersetzen. Ich irrte mich nicht. Ich hatte mich noch nicht vierzehn Tage hier aufgehalten, und schon hatte es den Anschein, als ob sich meine Zukunft günstiger gestalten wolle. Ich fand hier zwei eifrige Beschützer, den einen in der Person des Herrn Hoppe, des Chefs einer der achtungswertesten Bankierhäuser von Amsterdam; den andern in der des Generals Boetzelaer, welcher zwei junge Töchter besaß, die sehr musikalisch waren und meine Nancy seit der Zeit, wo sie und ihre Familie in diesem Lande gelebt hatten, kannte. Um den General für meine Sache zu interessieren, hatte ich ihm diese Einzelheit ins Gedächtnis zurückgerufen und so an sein Wohlwollen appelliert.

Unter dem Patronat des Herrn Hoppe und des Generals wurde mein Plan schnell entworfen, und meine Kombinationen schienen ihnen zu gefallen. Ich verlangte, man möge mir 400 000 Gulden verbürgen, und machte mich dagegen anheischig, zwei Theater, eines in Amsterdam, das andere im Haag zu eröffnen. Der Statthalter unterschrieb zuerst auf der Liste mit 40 000 Gulden, die einzig und allein für das Theater im Haag bestimmt waren, woselbst ich wöchentlich zwei Vorstellungen zugesagt hatte. Seine Unterzeichnung brachte Schwung in die Sache, und ich sah mich auf dem Punkt, eine noch größere Summe, als ich verlangt hatte, zu erhalten. Ich schrieb sofort meiner Frau diese frohen Nachrichten und forderte sie auf, wieder zu mir zu kommen; sie antwortete mir jedoch, daß sie es aus Mangel an Geld nicht ausführen könne. Die zwanzig Guineen, die ich mitgenommen hatte, gingen ebenfalls zu Ende, und ich weiß nicht, was aus uns beiden ohne Hilfe der Vorsehung geworden wäre. Eines Tages, als ich meine Lage und meine Pläne einem Italiener, Cera, erzählte, der wohl den guten Willen hatte, mir beizustehen, aber nicht die Mittel dazu besaß, brachte man mir einen Brief. Als ich die Handschrift meiner Frau erblickte, die in so kurzer Frist mir zum zweiten Male schrieb, ergriff mich eine unbeschreibliche Unruhe; zitternd eröffnete ich den Brief. Welch unverhofftes Staunen! Sie meldete mir, sie sende mir achtzig Gulden und habe zwanzig andere zur Reise behalten, denn in acht Tagen hoffe sie mich in ihre Arme zu schließen. Dieses Geld – fügte sie hinzu – wurde mir durch den ehrwürdigen Prior der St. Edmund-Abtei zugesendet und stamme aus unserer auf dem Lichtmeßberge verlorenen Börse, welche am Tage nach unserer Abreise ein ehrlicher Bauer gefunden und ungeöffnet nach der Abtei zurückgebracht hatte. Sie wurde mir jetzt von diesem ehrwürdigen Prälaten überschickt, der nur eine sehr kleine Anzahl unserer Briefe empfangen und erst neuerdings unsere Ankunft in London erfahren hatte.

Meine Frau schloß mit den Worten:

»Du siehst, daß man niemals an der Vorsehung verzweifeln muß.«

Ihre Ankunft erfolgte bald. Meine Angelegenheiten gingen rüstig vorwärts, meine Engagementsschreiben an die besten Sänger und Komponisten Italiens waren abgeschickt, mein Kontrakt war zur allgemeinen Zufriedenheit aller Theaterliebhaber unterzeichnet. Aber... eitle Pläne der Menschen! Plötzlich trifft die Nachricht von einer vollständigen Niederlage der englischen Flotte an der Küste von Dünkirchen ein, und jeder Gedanke an Vergnügungen und Feste verschwand und machte einer allgemeinen Bestürzung und Kirchenprozessionen Platz, um den Zorn des Himmels hier zu besänftigen.

Möge man nur einen Augenblick über meine schreckliche Lage nachdenken! Ohne Geld, ohne Freunde, in einem fremden Lande und ohne Mittel, ohne Hoffnung, wieder herauszukommen!...

Die achtzig Gulden konnten nicht lange in den Händen eines Mannes vorhalten, der wenig an Sparsamkeit gewöhnt war; und, um das Maß voll zu machen, hatte der diesjährige strenge Winter alle Kanäle zugefroren und jede Kommunikation gehemmt, was mir die Möglichkeit raubte, Briefe zu erhalten, die, aus welchem Lande sie auch kamen, mir vielleicht eine Linderung meiner Lage herbeiführen konnten. Casanova war der einzige Mann, an den ich mich wenden konnte. Um ihn günstiger zu stimmen, schrieb ich ihm in Versen, malte ihm meine Bedrängnisse und bat ihn, mir einiges Geld auf Abschlagszahlung auf das, was er mir schuldete, zukommen zu lassen. Statt sich um mein Gesuch zu kümmern, begnügte er sich, mir in gewöhnlicher Prosa einen lakonischen Brief zu senden, dessen Inhalt lautete:

»Als Cicero an seine Freunde schrieb, versagte er es sich, von Geschäften zu sprechen.«

Nachdem diese letzte Hoffnung gescheitert war, blieb mir nichts anderes übrig, als wieder zu dem Mittel zu greifen, was ich schon so oft in schwierigen Zeiten versucht hatte: nämlich »meine Sachen zu verkaufen«. Mein Felleisen war bald geleert. Ich hatte mir eine Wohnung bei einem ehrlichen, deutschen Schuster gemietet, bei dem wir, meine Frau und ich, länger als eine Woche, unter den härtesten Entbehrungen lebten, uns mit Brot und Wasser begnügten und selbst diese Hilfsquelle nicht alle Tage besaßen. Meine Frau verlor den Mut am wenigsten. Sie ertrug diese Not mit einer englischen Geduld, strengte sich selbst an zu scherzen und zu lachen und ließ mich alle Abende, um mich zu zerstreuen, ein Partie Schach ziehen; sie schlug einen großen Einsatz vor, dessen Verlust in Liebkosungen ausgezahlt wurde. Diese unzweideutigen Beweise von Hingebung würden zu jeder anderen Zeit mein Glück ausgemacht haben; für den Augenblick trugen sie nur dazu bei, meine Not zu verdoppeln. Eines Abends machten wir eben unsere Partie, als unser Wirt zu uns eintrat und seinem Herzen ohne weitere Umschweife in folgenden Worten Luft machte:

»Mein lieber Herr«, sagte er zu mir, »ich weiß, es ist nicht Ihre Schuld, daß Sie unglücklich sind. Sie machen auf mich den Eindruck eines braven Mannes, das gibt mir aber kein Brot für meine Kinder. Sie haben mir das Geld für die vorige Woche nicht geben können, noch weniger werden Sie es für die zweite können, die heute beginnt. Ich werde gern mit dem, was Sie mir schulden Geduld haben, allein meine Armut erlaubt mir nicht, Sie für die Zukunft zu behalten; ich muß Sie daher bitten, eine andere Wohnung zu suchen; mag Gott Ihnen beistehen und Sie, wie mich segnen.«

Nach dieser Anrede verließ er uns. In demselben Augenblick trat Cera ein, der seit einiger Zeit unser Tröster war, uns aber ach!

nur mit gutem Rate helfen konnte. Auf seine Frage, wie es ging, erzählte ich ihm unsere Unterhaltung mit dem Wirt. »Rüsten Sie sich mit Mut«, rief er mir zu, »ich hatte diese Nacht einen schönen Traum und bin voller Hoffnung.« Da ich des Traumes gedachte, den ich in Wien in bezug auf Casanova gehabt, so bat ich ihn, uns den seinigen zu erzählen.

»Es schien mir«, begann er, »als sähe ich Sie mit dieser liebenswürdigen Dame in einem sehr dunklen Walde; ein scheußliches Tier, mit Zähnen und Krallen bewaffnet, sprang um Sie herum; vergebens suchten Sie ihm zu entrinnen; es näherte sich unmerklich mehr und mehr und war im Begriff, Sie zu verschlingen. Plötzlich schien mir der ganze Wald in einem Lichtmeer zu schwimmen, und von einem sehr hohen Berge kam aus weiter Ferne ein Feuerpfeil geflogen, der endlich das Ungeheuer erreichte und ihm den Tod gab, so daß es zu Ihren Füßen niederstürzte. Einen Augenblick später wurde es von der Erde verschlungen, und alles um sie herum leuchtete im hellsten Glanze.«

»Es ist schwer«, antwortete ich ihm, »einen schöneren Traum zu haben; gebe der Himmel, daß er sich in eine prophetische Vision verwandelt! Inzwischen hat dies arme Weib, das bald Mutter werden wird, den ganzen Tag lang keine andere Nahrung gehabt, als ein wenig Brot und diesen Abend...« Er ließ mir keine Zeit fortzufahren, und mit dem Rufe: »Ich komme gleich wieder!« sprang er die Treppe hinab.

Inzwischen verging eine gute Stunde, und ich begann schon zu glauben, er würde gar nicht wiederkommen, als sich plötzlich die Türe öffnete und der brave Cera mit einem Paket unter dem Arme eintrat und dasselbe auf den Tisch legte. »Das ist ein schöner Anfang meines Traumes«, rief er uns zu; dann öffnete er das Paket, es enthielt Brot, Butter, Käse, Zucker, Eier und geräucherte Heringe; er eilte in die Küche und borgte sich eine Kasserolle und einen Bratrost, kehrte schnell zurück, fachte fröhlich Feuer an und briet seine Vorräte. Währenddessen erzählte er uns, er habe vor wenig Tagen einem seiner Freunde eine kleine Summe geliehen, dieser habe sie ihm, als er ihn besucht, zurückgegeben, und mit diesem Gelde habe er das Nötige zum heutigen Mahle angeschafft. Als alles fertig war, deckte er statt eines Tischtuches den Tisch mit dem Papier, in welches Butter, Käse, Zucker und Heringe eingewickelt gewesen waren, zog aus seiner Tasche eine Flasche Genever, trug drei Stühle herbei und setzte sich zwischen uns. Die Freude, die in seinen Augen glänzte, richtete unsere niedergeschlagenen Geister wieder auf. Wir verzehrten unsere einfache Mahlzeit, und eine heiter am Tisch verbrachte Stunde ließ uns die Schrecken unserer Lage vergessen. Nach beendigter Mahlzeit braute er ein Getränk aus Genever, Wasser und Zucker, schenkte hierauf unsere Gläser voll und trank mit den Worten auf unsere Gesundheit: »Möge sich mein Traum bald erfüllen!« Hierauf verließ er uns.

Für den Rest des Abends war von Traurigkeit keine Rede mehr.

Wir legten uns zu Bette und schliefen von Hoffnungen gewiegt ein. Unser Schlaf war süß. Ich erwachte erst mit der Morgendämmerung; eine Heiterkeit und Ruhe, deren Ursache ich mir nicht erklären konnte, war in meine Seele eingezogen. Nur durfte ich nicht an die Notwendigkeit, meine Wohnung verlassen zu müssen, denken; dieser Gedanke umdüsterte etwas meine Träume, als leise an meine Türe geklopft wurde und mein Wirt, ohne ein Wort zu sprechen, mit einem Papier in der Hand zu mir eintrat. Im Glauben, es wäre meine Rechnung und er käme, mir eine gerichtliche Kündigung zu bringen, machte ich ihm das Zeichen, sich niederzulassen. Er trat jedoch einen Schritt zurück und begann jetzt: »Hier ist ein Brief unter Ihrer Adresse; ich kann ihn aber Ihnen nicht aushändigen, wenn Sie mir nicht einen Schilling geben; der Briefträger steht vor der Türe und wartet auf Bezahlung.« Ich zog ein Schnupftuch aus meiner Tasche und bat ihn, dies inzwischen anstatt einer Bezahlung anzunehmen. Dieser brave Mann, von Mitleid gerührt, wies es jedoch zurück, gab mir den Brief und ging, eine Träne im Auge, wieder hinaus. Als ich jetzt die Blicke auf das Kuvert warf, las ich darauf neben meinem Namen die drei Worte: »Mit zwanzig Guineen.« Die innere Aufregung, die mich befiel, läßt sich nicht beschreiben. Nur wer solche scharfe Prüfungen mit durchgemacht hat, kann eine genaue Idee davon haben.

Ich zeigte Nancy diese Überschrift, die in ihrer Freude ausrief: »Meine Schwester hat uns geschrieben.« Dann blieb sie länger als fünf Minuten sprachlos; so beklommen, so niedergedrückt waren wir beide bei diesem neuen Beweis der Güte der Vorsehung. Ich öffnete den Brief, der nachstehende Zeilen enthielt:

»Mein lieber Lorenzo, die Ruchlosigkeiten Badinis haben endlich Taylor gezwungen, ihn fortzujagen. Da er jedoch einen Poeten braucht und von Ihnen sprechen gehört hat, so ließ er mich rufen und bat mich, Ihnen zu schreiben und in seinem Namen diese Stelle anzutragen. Badini hat ihn um sechzig Guineen betrogen; er will sie von Ihnen wiedergewinnen und sie von den zweihundert abziehen, die er Ihnen fürs Jahr anbietet. Ich bin sicher, daß Sie auf diesen Vorschlag eingehen und weniger aufs Geld als auf die Gelegenheit sehen, sich wieder in London einzuführen. In diesem Glauben habe ich mich für Ihre Rückkehr verbürgt. Kommen Sie, vor allen Dingen, eilen Sie. Alle Ihre Freunde, unter andern Ferrari, Novedoni und die Storace erwarten Sie mit Ungeduld. Was mich betrifft, so sterbe ich vor Sehnsucht, meine Schwester von neuem zu umarmen.«

Beim Lesen dieses Briefes konnte ich die Freudentränen nicht zurückhalten, die hundertfältig die des Schmerzes aufwogen, welche wir bis jetzt vergossen. Ich sprang aus meinem Bett, warf mich auf die Knie, hob die Augen und Hände im Gefühle des tiefsten Dankes gen Himmel, und unwillkürlich kamen mir jene vier Verse aus meiner Oper *Axur*, die daselbst dem Atar in den Mund gelegt sind, über die Lippen:

> »Dio, prottetore dei miseri,
> Tu non defraudi mai,
> Quelli che in te contidaro,
> Che speran solo in te.«

(Gott, Beschützer der Unglücklichen, nie verlässest Du die, die auf Dich Vertrauen setzen und auf Dich allein hoffen.)

Noch war keine Stunde nach diesem Auftritt vergangen, als Cera eintrat und nicht das geringste von unserer Freude begriff. Ich wollte ihm auseinandersetzen, wie alles gekommen sei, allein ich war so angegriffen, daß ich nicht wußte, wo ich beginnen sollte. Endlich hielt ich es fürs beste, ihn den Brief lesen zu lassen, der ihn von allem unterrichtete. Auch er stieß einen Freudenschrei aus, der im ganzen Hause widerhallte. Als er fertig mit Lesen war, wurde der Ausbruch seiner Freude so heftig, daß ich selbst erschrak. Er sang, tanzte, sprang, umarmte uns nacheinander, dann fing er wieder an zu weinen wie ein Kind und gab mir das Papier mit den Worten zurück:

»Das ist die Erfüllung meines Traumes; der dunkle Wald ist Holland; das Londoner Theater der hohe Berg; der Direktor der Schütz, der den Feuerpfeil abschießt; die Not das Ungeheuer, das Sie bedrohte, und das Licht, welches den Wald erleuchtete, ist die Vorsehung; alles um sie herum wird mit Glanz erfüllt!«

Warum sind Freunde, wie dieser treffliche Cera, so selten auf dieser Welt?...

Da nichts mehr in Holland zu machen war, so schiffte ich mich wieder nach England ein, wo mein erstes Geschäft nach meiner Ankunft ein Besuch bei Taylor war. Ich sah sogleich, daß ich es mit einem Mann zu tun hatte, der sich wenig mit Wissenschaften und Literaten abgab. Federici führte mich bei ihm ein. Als ich in Taylors Kabinett trat, saß dieser vor einem Tische, mit Schreiben beschäftigt, und kehrte uns den Rücken zu.

»Signore Da Ponte!« sagte Federici; Taylor schien es nicht gehört zu haben und fuhr in seiner Arbeit fort. »Master Taylor«, wiederholte Federici etwas lauter, »hier ist unser Poet.«

Auf diese zweite Ankündigung drehte sich Taylor herum, verneigte sich ein wenig und nahm dann seine frühere Beschäftigung wieder vor. Ich wartete; fünf Minuten verstrichen; hierauf gab mir Federici in respektvollem Schweigen ein Zeichen, mich zurückzuziehen. Dieser Empfang war nicht eben schmeichelhaft für einen Mann, der, wie ich, zehn Jahre lang am Hofe Josephs II., dieses Musterbildes von Güte, Herablassung und feiner Lebensart, verbracht hatte. Nichtsdestoweniger enthielt ich mich, ihn wegen dieses ersten Besuches zu verurteilen, und verschob dies auf den zweiten, wo ich sicherer gehen würde.

Ich trat mein Amt an, allein länger als drei Monate hörte ich von nichts. Erst nach der Aufführung des *Don Juan* von Castaniga, einer Oper, welcher Federici den Vorzug vor der Mozarts gegeben, die ich angezeigt und vorgeschlagen hatte, ließ Taylor, der bei ähnlichen Entscheidungen den Ruin seines Theaters zu ahnen begann, mich rufen und über verschiedene Gegenstände, die mein Fach betrafen, befragen. Infolge dieser Unterredung, in welcher ich mit ihm über Martini gesprochen, der sich, wie ich wußte, in St. Petersburg befand, bat er mich, ihm zu schreiben und zu uns nach London zu berufen, was ich auch auf der Stelle tat. Es fehlte wenig daran, daß dieser Schritt mir den Verlust meiner Stelle kostete.

Die Hälfte der Theatersaison war vorübergegangen, als zwei renommierte Schauspielerinnen, die miteinander wetteiferten, in London ankamen; die Banti, welche um diese Zeit eine der berühmtesten Sängerinnen Europas im ernsten Genre war, und die Morichelli, die ihr hinsichtlich des Talentes nicht das geringste nachgab und im entgegengesetzten Genre glänzte. Beide standen nicht mehr in der ersten Jugendblüte und waren nie als große Schönheiten gerühmt worden. Sie genossen einen großen Ruf und ließen sich einen ungeheuren Preis für ihr Auftreten bezahlen, die erste wegen des Timbres ihrer Stimme, das einzige Geschenk, was sie von der Natur empfangen, die zweite wegen ihrer szenischen Darstellungskunst und der Noblesse ihres Spieles, das voll Ausdruck und Grazie war. Alle beide waren der Abgott des Publikums und der Schrecken der Komponisten, Dichter, Sänger und Direktoren. Eine einzige dieser beiden Damen hätte genügt, um ein ganzes Theater in Aufruhr zu bringen; man denke sich nun die Schwierigkeiten für einen Direktor, der alle beide auf dem Halse hatte. Es ist schwer zu sagen, welche die gefährlichste und die am meisten zu fürchtende von den beiden war. Gleich in ihren Fehlern, Leidenschaften und Ränken fehlte beiden das Herz, obwohl sie aber von diametral entgegengesetztem Charakter waren, so verfolgten sie doch dasselbe System zur Verwirklichung ihrer Pläne.

Die Morichelli, die viel Finesse und Geist besaß, handelte mit List und Verstellung, und alles, was sie tat, ging im dunkeln vor sich; sie traf ihre Maßregeln im voraus, vertraute sich niemand an, ließ sich nie von ihrer Leidenschaft hinreißen, und trotz ihrer ausschweifenden Sitten war ihre Haltung doch so bescheiden und so zurückhaltend, daß man sie für die Aufrichtigkeit und Unschuld selbst hielt; während die bitterste Galle in ihrem Herzen siedete, spielte ein himmlisches Lächeln um ihre Lippen. Sie war eine echte Theaterprinzessin. Ihre Götter waren die aller ihresgleichen; sie war fromm in ihrer Verehrung; diese Götter hießen Interesse, Stolz und Neid.

Die Banti dagegen, leichtfertig, arrogant und von einer vollständigen Unwissenheit, die in ihrer zartesten Jugend schon in Cafés und anderen öffentlichen Orten gesungen, zeigte auf der

Bühne, wohin ihre Stimme sie geführt hatte, die Manieren und die Haltung einer frechen Choristin. Frei in ihrer Unterhaltung, noch freier in ihrem Betragen, hervorgegangen aus der Hefe des Volkes, deren ganzen Geschmack sie teilte, war sie dem Trunke ergeben und hielt weder Maß noch Ziel; sie zeigte sich stets so wie sie war, und wenn nur eine ihrer Leidenschaften ins Spiel kam, namentlich wenn sie auf Widerspruch stieß, wurde sie zur Furie, die allein imstande war, ein ganzes Reich in Aufruhr zu versetzen.

Kaum in London eingetroffen, begannen beide in das Herz des Direktors Bresche zu schießen. Ich glaube, niemand auf der Welt ist imstande, ein genaues Bild von Taylor zu entwerfen; ich wenigstens erkläre mich für unfähig dazu. Durch ihn und durch einen Zufall der Not entrissen, in welche ich nach Holland geraten war, habe und werde ich stets für seine Person die wärmsten Gefühle des Dankes hegen. Man wird sehen, bis zu welchem Grade ich die Gefühle für ihn bewahrte und wie ich mein Glück und das meiner Familie zertrümmert habe, um ihm zu helfen und Rettung zu bringen, was er mir, wie so viele andere, mit Undank lohnte. Diese Gefühle sind der Art, daß ich niemals seine Fehler und Schwächen streng prüfen und genau erforschen wollte, daß ich sie vielmehr stets zu entschuldigen suchte. Wurde ich von ihnen verletzt, so schwieg ich und begnügte mich, statt aller weiteren Rache, darüber zu seufzen. Ohne Ansprüche darauf zu erheben, ein täuschendes Bild dieses Mannes zu entwerfen, will ich bloß meine Eindrücke schildern.

William Taylor befand sich bereits, als ich in London ankam, in der größten Not, als das italienische Theater abbrannte. Ein Mann von Phantasie und Tatkraft, wünschte er Eigentümer des neuen Saales zu werden, den er erst bauen wollte; deshalb legte er den ersten Geldaristrokraten Londons ein Projekt vor, welches darin bestand, ihnen eine gewisse Anzahl Logen für eine bestimmte Zeit zu verkaufen. Nach Annahme dieses Planes ging er an die Ausführung, und nach erhaltenem Gelde sah er sich imstande, zur Aufbauung zu schreiten. Später brachte ihn der Erlös für andere unter denselben Bedingungen abgegebene Logen in die Lage, dem ehemaligen Direktor eine Entschädigungssumme, die dieser beanspruchte, auszahlen zu können. Gleichzeitig führte er einige hundert Eintrittbilletts ein, und noch war seine erste theatralische Saison nicht zu Ende, so hatte er sie sämtlich untergebracht; da seine Hilfsquellen sich demnach vergrößerten, wurde er der alleinige Besitzer eines prachtvollen Grundstückes, das ihm, um es gerade herauszusagen, nur Mühen und Sorgen, ohne weitere Lasten und Schulden kostete. Noch später war er so gewandt, daß er sich zum Mitglied im Hause der Gemeinen ernennen ließ. Wie und infolge welcher Unfälle konnte wohl dieser Mann seine Tage im Kerker beschließen? Es ist dies ein Rätsel, welches nur die Zukunft zu lösen vermochte.

Dieser Mann war ein Gemisch von zwei sehr verschiedenen Naturen. Blieb er sich selbst überlassen, so fand man ihn human, edel und hochherzig; wurde er von einem fremden Einflusse beherrscht, nahm er die Fehler der Person an, die ihn dominierte, namentlich wenn diese Person eine Frau war, die er liebte und deren Günstlinge die seinigen wurden. Ich überlasse es jedem, sich vorzustellen, was aus einem solchen Charakter unter dem Joche einer Banti, die endlich über ihre Nebenbuhlerin siegte, werden mußte.

Einige Tage waren verflossen, als Federici mir im Namen des Direktors den Befehl überbrachte, zwei Dramen zu schreiben: das eine, eine *Opera buffa*, wozu Martini, der gegenwärtig in London war, die Musik komponieren sollte, während ich die andere, auf sein Geheiß, dem Maestro Francesco Bianchi übergab und in welcher ich die ernste Rolle einer Primadonna für die

Banti schreiben sollte. Es war eine kritische Frage. Ich mußte mich vollständig neutral halten, und selbst dieses Mittel konnte mich nicht retten.

»Ein Unglück für dich«, sagte die Banti zu mir, »wenn die Morichelli eine bessere Rolle als ich in der Martinischen Oper hat!« Über diese letztere sagte sie nichts; aber ihre hingeworfenen Redensarten und ihre Beharrlichkeit, mich bei jeder Gelegenheit an meine beiden Opern zu erinnern, in denen sie zu Wien einen wahren Triumph gefeiert hatte, entschleierten mir ziemlich klar die Gedanken, die sie im Schilde führte. Nicht ohne Schrecken ging ich an meine Aufgabe.

Ich wählte zwei Sujets, die von den beiden Maestri gebilligt wurden, was mir ein wenig Mut machte. In drei Wochen war *La capricciosa corretta* in Martinis Händen, der, da er bei mir wohnte, nicht allein durch seine unerschütterliche, gute Laune meine Begeisterung wach erhielt, sondern mich noch durch die Erinnerungen aus der Vergangenheit in höheren Schwung brachte. Zu derselben Zeit übergab ich an Bianchi den ersten Akt der *Semiramide*, den er gut fand und ohne Rückhalt annahm. Alle Welt erwartete, daß die *Opera buffa* den Vorrang haben würde. Die Morichetti war darüber außer sich vor Freude. Die Banti, der man andererseits alle der Musik und dem Texte zu *La capricciosa corretta* gespendeten Lobeserhebungen wiederholte, schäumte vor Wut. Sie stand so gut bei Taylor, daß dieser mich rufen ließ und mir aufgab, meine *Opera seria* binnen vierundzwanzig Stunden zu beendigen. Auf meine Bemerkung, ich müsse es auf gut Glück wagen, geriet er in Zorn, und da ich nur mit einem Lächeln antwortete, setzte er noch hinzu, er gäbe keine Gagen für Nichtstun aus. Ohne einen Bedienten, der mit einer Flasche Portwein ins Zimmer trat und den Waffenstillstand des Streites schloß, weiß ich nicht, wie diese Szene geendet haben würde. Er ergriff die Flasche und schenkte zu trinken ein. Die Banti, die zugegen war, trank mit ihm, und ich schlich mich davon, während sie eine englische Unterhaltung führten, von welcher ich soviel wie nichts verstand; ich schloß mich in mein Zimmer ein und verbrachte die Nacht mit der Verfertigung des zweiten Aktes meiner Oper. Bianchi, dem ich sie zusandte, machte mir Lobeserhebungen darüber; er nahm sich aber längere Zeit, die Musik dazu zu schreiben, als er zum ersten Akte gebraucht hatte. Um die Banti zur Geduld zu bewegen, sprach er zu ihr von einer Oper, die er in Italien komponiert hatte, und diese war frech genug, sie Taylor als ein neues Werk, das ausdrücklich für sie geschrieben sei, zu überreichen und die Sache selbst denen einzureden, die sie bereits in Venedig gehört hatten. Ich besaß das gedruckte Libretto davon. Unklug war es von mir, zu Federici darüber zu sprechen; so kam es von Mund zu Mund und endlich auch Taylor zu Ohren, der in seiner Entrüstung das Libretto von mir verlangte. Statt zu antworten, bot ich ihm eine Flasche Champagner an und sein Zorn legte sich. Jetzt nahm ich das Libretto, warf es ins Feuer und versprach ihm, nicht allein zu schweigen, sondern auch auf der Stelle meine leichtsinnigen Reden wiedergutzumachen. Taylor, der, wie ich schon gesagt habe, zuweilen gute Regungen in sich fühlte, wurde in diesem Augenblick von einem Strahl von Vernunft erleuchtet und überzeugte sich, daß die Banti und Federici seine Leichtgläubigkeit mißbraucht hatten. Später gestand er dies in Bianchis Gegenwart ein; wenn er aber gegen die Banti darüber zu sprechen versuchte, legte diese ihm sofort Stillschweigen auf.

Da es zu meinen Geschäften gehörte, mich mit dem Druck und der Inszenierung der Theaterstücke zu beschäftigen, ließ ich diese Oper ankündigen, zu welcher die Proben beendigt waren; die Schmeichler machten großen Lärm. Obwohl aber bei der ersten Vorstellung der Saal mit bezahlten Beifallklatschern gefüllt war, so fand man doch an keinem einzigen Stücke Geschmack. Die Oper wurde nur zweimal gegeben; man mußte wieder nach dem Werke Martinis greifen, welches zu unserer großen Genugtuung Glück machte.

Nach diesem errungenen Erfolge betrieb man in unserer Nähe eifrig die Aufführung eines neuen Stückes, das ich unter dem Titel: *Die Insel des Vergnügens* geschrieben hatte. Der erste Akt wurde mit viel Teilnahme angehört; im zweiten änderten sich die Eindrücke; dumpfes Murren wurde vernommen; es wuchs mehr und mehr und endigte mit einem Ausbruch; das Fiasko war vollständig. Das Unglücklichste dabei war, daß ich es vorausgesehen und nichts getan hatte, um den Sturm zu besänftigen, oder vielmehr, daß ich nicht die Energie entfaltet hatte, um ihn zu vermeiden.

Die Morichetti hatte in Paris *Die liebestolle Nina* gegeben; da sie darin einen großen Erfolg erzielt hatte, namentlich in der Wahnsinnszene, bat sie mich um eine ähnliche. Vergebens stellte ich ihr vor, daß das Sujet dies nicht gestatte, daß solche Einschaltungen, die man sich höchstens in Italien gefallen ließe, wo das Libretto nur als Anhängsel betrachtet würde, dessen ganzer Verdienst darin bestand, die Musik zu heben, weder in Frankreich oder in England geduldet wären, indem man daselbst eine ernste Handlung und Intrige verlange; sie bestand darauf und da ich befürchtete, daß, wenn ich sie verletzte, sie sich zu rächen suchen und ihr Spiel vernachlässigen würde, so beging ich die Schwäche, mich ihrem Wunsche zu bequemen; eine andere Ursache, die durchaus von Martini herrührte, trug noch mehr dazu bei. Martini, der bis jetzt nur Meisterstücke komponiert, hatte diesmal eine Musik geschrieben, die unter der Würde war. Wenn das Genie seine Inspirationen hat, so hat es auch seine schwachen Stunden, und je mehr ein Autor in Ruf steht, desto weniger werden ihm seine Vernachlässigungen verziehen. Der so starke und sichere Martini hatte in diesem Augenblicke den Kopf verloren; eine galante Intrige nahm ihn dergestalt in Anspruch, daß er nicht mehr bei sich war. Seiner Leidenschaft ganz und gar hingegeben, schrieb er ohne Inspiration; außer einigen hübschen Duetten und einigen angenehmen Arien, die aber dünn gesät waren, war die ganze Musik im allgemeinen kalt, alltäglich und von einer Trivialität ohnegleichen. Ich hatte es zwar bemerkt und ihn darauf aufmerksam gemacht, aber es ist schwer, bei einem Autor, den man kritisiert, Gehör zu finden; Martini hörte mich mit Ungeduld an, schien mir Recht zu geben, änderte aber nichts. In der Hoffnung, daß seine Eigenliebe uns zu Hilfe kommen würde, legte ich mir endlich Stillschweigen auf, das böse Folgen für mich haben sollte. Die Folgen dieses Fehlers beschränkten sich aber nicht hierauf allein; beschämt und Vorwürfe meinerseits befürchtend, die er um so lebhafter besorgte, als er im Inneren erkannte, sie verdient zu haben, wich er mir aus. Dies war nicht leicht, da er, wie schon gesagt, bei mir wohnte. Er faßte daher den Entschluß, seine Wohnung zu verlassen und zur Morichetti zu ziehen; unsere bereits langjährige und so zarte Freundschaft litt darunter; es war dies seinerseits ein Bruch. Nach beendigter Theatersaison verließ die Morichetti London, und auf ihre Abreise folgte auch die Martinis, die ich aufrichtig bedauerte.

Die Morichetti wurde durch eine andere Sängerin ersetzt, die jedoch nicht die Kraft besaß, mit der Banti in den Kampf zu gehen, und dieser daher das Feld überließ. Ich wagte schon, eine Art von Waffenstillstand sowohl für mich, wie für alle die, welche zum Theater gehörten, zu hoffen; allein ich täuschte mich.

Es lebte damals in London ein Franzose namens Le Texier, ein Mann, der eine gewisse Geltung in Theaterangelegenheiten besaß und einen Ruf durch seine Geschicklichkeit erlangt hatte, auf einem kleinen, von ihm errichteten Theater die Aufführung einer Komödie zu ermöglichen, in welcher verschiedene Personen vorkamen, deren Rollen er allein darstellte, indem er die

Stimme, den Ton und selbst das Kostüm veränderte. Ich weiß nicht genau zu sagen, ob infolge eines Geldbedürfnisses Taylor den Franzosen Le Texier aufsuchte oder ob letzterer es ersterem selbst anbot und ihm seine Bedingungen stellte, nur so viel ist sicher, daß sich plötzlich das Gerücht verbreitete, Le Texier habe die Direktion des italienischen Theaters mit übernommen. So waren denn für diese kleine Theaterarmee zwei Generale vorhanden, von denen jeder den ausschließlichen Oberbefehl und die Befolgung seiner Ordres beanspruchte. Einige Zeit hindurch war der Krieg, den sie untereinander führten, ein heimlicher; die Banti wußte, daß ihr Nebenbuhler seine Macht aus seinem Gelde herleitete, während Le Texier die seiner Feindin in ihren Reizen erkannte. Endlich dachte Le Texier mit einem entscheidenden Schlage sowohl das Publikum als die Schauspieler und den Direktor Taylor selbst zu treffen. Dazu gehörte, daß er die Banti gewann; er trug kein Bedenken, zu ihr zu gehen, und überbrachte ihr die Partitur von Grétrys *Semira und Azur*, eine liebenswürdige Oper für die Zeit, in welcher sie geschrieben wurde, und namentlich für französische Kehlen berechnet.

»Hier«, sagte er zu ihr, »empfangen Sie die Oper, die einem Talent wie dem Ihrigen zukommt; weit über der *Semiramide*, der *Galatea* und der *Merope* stehend, wird sie Ihnen einen Triumph schaffen. Dank diesem Meisterwerke bleibt der Name der Banti Jahrhunderte lang in der Welt der Harmonien, so lange nur die Namen Grétry und Frankreich bestehen.«

Er sagte ihr dies und jenes, und sie, die eben keine große Intelligenz besaß, ging in die Falle und rief dreimal aufeinander: »Semira, Semira, Semira!«

Die Oper war jedoch französisch geschrieben; wie sollte man sie übersetzen, und wer sollte dies übernehmen? Federici war zugegen; seit längerer Zeit sann er darauf, den Nutzen aus dem Verkauf der Libretti zu ziehen; er zog die Banti auf die Seite, flüsterte ihr ein paar Worte in die Ohren, und sie entriß in ihrer

Freude die Partitur Le Texiers Händen und rief laut: »Ich, ich will schon einen Übersetzer finden!«

Nachdem Le Texier abgereist war, verständigte sie sich mit Taylor und Federici. Das Triumvirat sandte Giovanni Gallerini und zwei angebliche Poeten, Bonajuti und Baldinotti; er hatte den Auftrag, ihnen zwanzig Guineen anzubieten, wenn sie diese Arbeit, unter dem Vorbehalt des Exemplarrechts für die Banti und für Federici, übernehmen wollten. In vierzehn Tagen war die Musik abgeschrieben, die Dekorationen waren gemalt und die Kostüme fertig; nur hatten die Poeten noch nicht die erste Szene gebracht. Aufgefordert, sich zu beeilen, gingen sie doch nicht rüstiger ans Werk. Vergebens verloren Le Texier, Taylor und die Banti die Geduld; die Musen der beiden Zöglinge des Parnasses blieben stumm wie die Baalsgötzen; sie griffen sich über alle Maßen an, waren aber nicht so glücklich, auch nur eine Seite Übersetzung fertigzubringen.

Diese beiden Armseligen waren ihrer Aufgabe auch nicht im entferntesten gewachsen. Obgleich Bonajuti sich das Ansehen gab, daß er des Schreibens gewöhnt sei, so dachte doch das Publikum nicht daran, diese Meinung zu teilen. Seine harten und all und jeder Harmonie entbehrenden Verse galten im allgemeinen als unter der letzten Mittelmäßigkeit rangierend. Was Baldinotti anlangt, der seines Zeichens Improvisator war, so war sein Ruf, obwohl ihm hier und da ein paar glückliche Worte entschlüpft waren, nicht viel besser; nie hatte er auch nur einen einzigen Vers geschrieben, ohne sich dem Lachen auszusetzen – und diesen beiden Talenten hatte man eine so schwierige Arbeit übertragen!

Man täusche sich nicht, die Übersetzung eines Theaterstücks aus einer Sprache in die andere ist durchaus keine leichte Sache. Die Kunst, Verse zu machen, ist dabei das mindeste Talent; aber Worte und Musik einander anzupassen, und zwar dergestalt, daß die Töne der Poesie mit den Noten des Musikers harmonieren, das ist die Klippe; eine solche Befähigung ist nicht jedem gegeben. Wer diese Aufgabe unternimmt, muß nicht allein eine musikalische Organisation besitzen, sondern noch dabei eine gründliche Kenntnis der Sprache, die er übersetzt, und dies alles fehlte ihnen.

Nach dreiwöchigem Warten ließ der Direktor ihnen die Partitur wieder abnehmen, und sie hatten die Demütigung, sie ebenso, wie sie sie empfangen, zurückgeben zu müssen, wodurch sie natürlich ihre gänzliche Unfähigkeit bekundeten.

Ich war so vorsichtig gewesen, mich in dieser Angelegenheit ganz fern zu halten. In der Überzeugung, daß ich die erzählten Einzelheiten nicht kannte, kamen Taylor und Federici zu mir, als wenn gar nichts vorgefallen wäre.

»Signore Da Ponte«, sagten sie zu mir, »jetzt ist der Augenblick gekommen, Ihr Talent glänzen zu lassen; wir bringen Ihnen ein Stück zum Übersetzen.«

Ich war schon im Begriff, ihnen auf diese mich außerordentlich verletzende Frechheit zu entgegnen, daß ein Ehrenmann sich nicht mit Lumpengesindel abgeben könne; allein ich war Gatte und Vater! Vielleicht trug auch ein wenig Eigenliebe zu meinem Entschluß bei. Ich hatte die Kraft mich zu verstellen und zu erwidern:

»Die Bedingungen meines Engagements sind zwar, daß ich nur den Text oder die Übersetzung zu solchen Opern liefere, welche eine neue Musik enthalten sollen; wenn mir indessen die Verwaltung fünfzig Guineen zahlt, will ich auch dieses Werk übersetzen.«

»Und wem kommt der Vorteil des Textverkaufes zugute?« warf Federici ein.

»Wer ihn will.«

»Und wieviel Zeit brauchen Sie zu dieser Arbeit?«

»Acht Tage.«

Sie sagten kein Wort weiter, empfahlen sich und ließen die Partitur zurück.

Ich ging sofort ans Werk; in achtundvierzig Stunden war es vollendet. Hierauf begab ich mich zu einem meiner Freunde, einem tüchtigen Musiker und Manne von Geschmack; diesem las ich die Übersetzung vor; abgesehen von einigen unbedeutenden Veränderungen waren die Textworte der Musik bestmöglichst angepaßt. Zum dritten Tage brachte ich die Partitur an Le Texier zurück, bedeutete ihm aber zugleich, daß ich die Übersetzung nur gegen Zahlung der fünzig Guineen, über welche wir uns verständigt hatten, ausliefern würde. Er tat, als wäre er über mein Verfahren sehr indigniert, allein ich blieb fest, und einige Stunden später zählte er mir, da er das Stück, von dem er Ehre und Nutzen erwartete, baldigst aufführen wollte, mein Geld mit den Worten hin: »Da Ponte, Sie, Sie haben die Summe verdient, die anderen aber verdienen den...« – »Stock«, ergänzte ich seine Rede.

Semira und Azur wurde mit einem großen Prachtaufwand an Dekorationen dargestellt, was jedoch nicht verhinderte, daß sie durchfiel; nach dem Theaterausdruck machte sie Fiasko. Alle Welt verlor dabei; Federici die fünfzig Guineen, die ich verlangt hatte, dann den Druck des Libretto, dessen Verkauf nicht einmal die Kosten deckte; Gallerini fünf oder sechs Guineen, die er Baldinotti vorausbezahlt hatte; die Banti alle ihre Hoffnungen auf einen glücklichen Erfolg. Sie richtete jetzt ihre Blicke auf die *Semiramide*, allein Taylor bestand auf *La capricciosa corretta*, denn auch er wurde von den Liebhabern guter Musik gezwungen, welche ihm versicherten, daß es nichts Besseres gäbe. Ich allein, ich lachte im stillen und zählte meine fünfzig Guineen, denen ich einen hundertmal höheren Wert beilegte als allem Gelde, das ich im Laufe meines Lebens gewonnen. Eine unschuldige Rache an denen, die mich erst wählten, als es nicht anders ging.

Mag nun der glückliche Erfolg meiner ersten Oper oder irgendein anderer mir unbekannter Grund die Ursache davon gewesen sein, kurz, Taylor suchte mich wieder auf. Er begann mir häufige Besuche abzustatten, er begleitete mich auf meinen langen Spaziergängen, bat mich um meine Ansicht über verschiedene das Theater oder seine Privatinteressen betreffende Angelegenheiten, mit einem Worte, er zeigte die größte Nachgiebigkeit in alle meine Ratschläge und Ideen. Eines Abends, den wir zu dritt, mit der Banti, bei ihm verlebten, stellte er im gleichgültigen Tone die Frage an mich, ob es mir nicht möglich sei, ihm Geld zu verschaffen.

»Auf welche Weise und wofür?« antwortete ich.

Er zog hierauf aus seiner Brieftasche eine Menge Wechsel, welche Federici indossiert hatte, hervor; davon nahm ich einen auf 300 Pfund Sterling und versprach, es zu versuchen, ihn zu Geld zu machen. Noch war ich nicht über die Türschwelle, als ich mir auch schon die Frage stellte, wie ich mich einer solchen Mission unterziehen konnte und an wen ich mich wohl wenden sollte, um dieses Geld zu beschaffen. Ich, ein Dichter in der prekärsten Lage, das bescheidenste Honorar genießend, kaum wissend, was ein Wechsel sei, und ein totaler Fremdling in allem, was Handel, Indossament, Agio und dergleichen mehr betraf! Ein guter oder böser Genius kam mir zu Hilfe und erinnerte mich daran, daß ich kurz nach meiner Ankunft in London aus Geldnot einen Diamantring in einem Laden verpfändet hatte, über dessen Türe das Wort: »Money« stand, und daß mir ein dort befindlicher junger Mann mit großer Freundlichkeit sechs Guineen darauf geliehen hatte, obschon jener Ring höchstens zwölf wert war. Ich ging wieder in diesen Laden und fand dieselbe Person von früher, der ich jetzt meinen Wechsel anbot. Er nahm ihn, besah ihn von allen Seiten und antwortet mir endlich, daß er, wenn ich einige Goldsachen annehmen würde, die fehlende Summe in barem Gelde ergänzen würde. Auf meine

Einwilligung legte er mir verschiedene Gegenstände vor, unter denen ich eine goldene Repetieruhr aussuchte, die er auf zweiundzwanzig Guineen anschlug, während sie kaum fünfzehn wert war; das fehlende ergänzte er durch einen Londoner Bankschein. Ich streckte schon die Hand aus, um beide Gegenstände in Empfang zu nehmen, als er mir eine Feder reichte und mich aufforderte, meinen Namen auf diesen Wechsel hinter dem Federicis zu unterzeichnen. Da ich weder die Bedeutung noch die Folgen einer solchen Handlung kannte und nur eine einfache Gebrauchsformalität zu erfüllen glaubte, so willigte ich ein. Kaum hatte ich aber meinen Namen unterschrieben, als mir Casanova und sein Rat, in London unter nichts meinen Namen zu setzen, einfiel und heftiges Zittern mich überfiel; eine innere Stimme rief mir zu, ich sei verloren. Das Übel war nicht wiedergutzumachen. Ich kehrte zu Taylor zurück und übergab ihm den Bankschein wie die Uhr, deren sich sogleich die Banti bemächtigte und die sie ohne weiteres in die Tasche steckte. Taylor, der schon zu wiederholten Malen zu solchen Auskunftsmitteln gegriffen und sich dabei Federicis oder Gallerinis bedient hatte, die ihm höchstens 70 bis 80 Prozent für seine Wechsel verschaffen konnten, war sowohl über das Resultat, als über die Schnelligkeit des Geschäfts äußerst erfreut. Er bezeigte mir seine Dankbarkeit.

Die Banti sprang vor Freude; ihr Entzücken gab sich in den Worten kund: »Bravo, Da Ponte, Ihr Glück ist gemacht!«

Dieses Versprechen ließ nicht lange auf sich warten. Schon am nächsten Morgen überreichte mir der Direktor einen neuen Kontrakt, in welchem mein Honorar um hundert Pfund Sterling gesteigert, außerdem aber noch mehrere andere Gebühren und Nebeneinnahmen mir bestätigt waren. Es waren dies Bedingungen, die mir während einer gewissen Zeit äußerst vorteilhaft waren. Mit dem Gefühle der lebhaftesten Dankbarkeit gegen Taylor erfüllt, wurden unsere Beziehungen immer inniger. Eines Tages sagte er mir im Vertrauen, er brauche drei- bis viertausend

Pfund Sterling und zweifle nicht, daß es mir gelingen werde, sie ihm zu verschaffen. Er benahm sich dabei so gütig, daß ich ihm versprach, mich dem Geschäft zu unterziehen. Zu meinem Unglück gelang es mir.

Der Einlösungstermin des ersten Wechsels nahte heran. Da ich nicht wagte, mich dem ersten Wucherer wieder zu zeigen, begab ich mich zu einem zweiten und dritten. Nachdem dies Geld verausgabt war, verlangte Taylor anderes von mir. Kurz, die Wechsel, die ich diskontieren ließ, um Taylors Launen oder seinem Geschmack an Verschwendungen zu genügen, überstiegen in kaum einem Jahre die Summe von 6500 Guineen; ich war sein Schatzmeister, sein Wechselmakler, mit einem Worte sein Faktotum, mit einem Worte der Günstling Taylors geworden. Ging er während der Saison, wo die Theater geschlossen waren, aufs Land, so mußte Da Ponte das nötige Geld beschaffen; fehlte der Wein im Keller, Da Ponte mußte welchen auf Borg herbeischaffen; brauchte das Theaterpersonal Geld, Da Ponte war's, an den man sich wenden mußte. Mit einem Worte, Da Ponte war der Mann, zu welchem alle Welt seine Zuflucht nahm.

Mein Erfolg in derartigen Angelegenheiten wurde alsbald so bekannt, daß mir von allen Seiten ähnliche Anträge gestellt wurden. Ich war der Unterhändler für alle, welche Geld brauchten. Es ging dies bis auf die Schauspieler herab, welche mich in Kontribution setzten; und ich, glücklich, meinen Landsleuten Dienste erweisen zu können, bedachte gar nicht die Gefahren, denen ich mich aussetzte. Dieses Leben währte drei Jahre.

Die Banti fuhr ihrerseits fort, mich ihrer besonderen Aufmerksamkeit zu würdigen. Sie verfolgte mich mit ihren Schmeicheleien, schwur bei meinem Namen, lobte meinen Charakter, meine Arbeitstätigkeit und rühmte sogar zuweilen meine Persönlichkeit. Ich wage nicht zu sagen, daß sie mir förmlich entgegenkam; inzwischen konnte ein Wort, das sie später zu mir sagte, wie ihr sonstiges Betragen gegen mich leicht, ohne mir Eitelkeit vorwerfen zu müssen, mich zu diesem Glauben veranlassen.

Die Sommersaison war gekommen; Taylor reiste aufs Land; die Banti und seine Familie begleiteten ihn. Er lud auch mich ein, einige Zeit mit meiner Frau bei ihm zuzubringen. Obschon ich es unpassend fand, meine Frau nähere Bekanntschaft mit seiner Maitresse machen zu lassen, konnte ich es doch, der Stellung nach, die ich bei ihm einnahm, nicht gut abschlagen. Nachdem sie ihre Einrichtung beendigt hatten, begaben wir uns zu ihnen. Die Banti empfing uns auf das liebevollste, ein Lächeln auf den Lippen. Einige Minuten später, als sie mir allein begegnete, wechselte sie Gesicht wie Benehmen und warf mir die Worte entgegen: »Mit deiner Frau! Du wirst es bereuen!« Diese Drohung verwirklichte sich nur zu bald.

9. Kapitel

Reise nach Italien – Auftrag, Primadonnen und Tenöre zu engagieren – Wiedersehen mit der Familie und alten Freunden in Ceneda – Venedig unter der österreichischen Fremdherrschaft – Der Spion Doria – Wiedersehen mit der Ferrareserin – Intrigen – Ausweisung aus Venedig – Ugo Foscolo in Bologna – Literarischer Salon in Florenz – Abenteuerliche Rückreise nach London

Wir verlebten drei Tage bei Taylor, innerhalb welcher ich Muße hatte, seinen Charakter von Grund aus zu studieren und mich immer mehr zu überzeugen, daß, wenn er stets seinen eigenen Eingebungen folgen konnte, dieser Mann eine der besten Naturen von der Welt gewesen wäre. Während einer unserer häufigen Unterhaltungen stellte er die Frage an mich, ob ich wohl geneigt wäre, eine Reise nach Italien zu unternehmen, ich, dessen heißester Wunsch es war, nach einer mehr als zwanzigjährigen Trennung, meinen alten Vater und meine Familie wiederzusehen! Ich konnte meine Freude nicht verhehlen, und auf meine Antwort, ich würde alles auf der Welt für eine solche Reise hingeben, sagte er mir, er setze alles Vertrauen auf meine Rechtlichkeit und auf meinen Geschmack, deshalb stelle er mir hundert Guineen zu meiner Verfügung, mit denen ein Teil meiner Reisekosten gedeckt werden sollte, wenn ich sofort abreisen wollte, um seinen Auftrag auszuführen und für sein Theater eine *Prima donna buffa* und einen Tenor, die er beide brauchte, zu engagieren. Man kann sich denken, mit welchem Eifer ich diesen Vorschlag annahm; sofort begab ich mich nach Yorkshire, kaufte daselbst einen leichten Wagen, sammelte hierauf meine ganze Barschaft und befand mich im Besitze einer Summe von ungefähr tausend Pfund Sterling, wenn ich Geld und Schmucksachen zusammenrechnete. Nachdem die nötigen Vorbereitungen beendigt waren, schiffte ich mich nach Hamburg ein. Meine Überfahrt war kurz und glücklich; von London am 2. Oktober abgereist, war ich am 10. in Hamburg und übernachtete, ohne einen erheblichen Zwischenfall am 2. November in Castelfranco.

In dieser nicht weit von Venedig und von Ceneda entlegenen Stadt eingetroffen und von dem Wunsche beseelt, in aller Weise das freudige Staunen und die Wonne zu genießen, die ich mir von der Rückkehr in meine Familie versprach, ließ ich meine schöne und junge Reisegefährtin in Castelfranco und kam mit ihr überein, uns wieder in Treviso zu treffen. Treviso ist kaum zwölf Meilen von Castelfranco entfernt. Wir wollten hier am 4. November früh wieder zusammenkommen. Ich reiste ab und kam abends in Conegliano an, welches nur acht Meilen von Ceneda, meiner teuren Vaterstadt, entfernt ist.

In weniger als einer Stunde befand ich mich an dem Tore meines väterlichen Hauses; im Augenblick, als meine Füße die Erde berührten, wo meine Wiege gestanden und wo ich die lauen Lüfte dieses sanften, heimatlichen Himmels geatmet, der mich während so vieler, junger Jahre genährt hatte, wurde ich von einem Zittern an allen Gliedern befallen; ein solches Gefühl des Wiedererkennens und der kindlichen Liebe durchrann alle meine Adern, daß ich eine Zeitlang unbeweglich dastand und nicht fähig war, mich zu rühren. Ich weiß nicht, wie lange ich in diesem Zustande verblieben wäre, wenn ich nicht plötzlich vom Balkon herab eine Stimme vernommen hätte, die mein Herz laut zu erschüttern schien und die ich als eine Stimme wiederzuerkennen glaubte, die früher meinem Ohre wohlbekannt war.

Ich war in einiger Entfernung von meinem väterlichen Hause vom Postwagen abgestiegen, um nicht die Aufmerksamkeit zu erregen, und die Ankunft eines Fremden in der Stadt durch das

Rollen der Räder und den Tritt der Pferde vermuten zu lassen. Ich hatte meinen Kopf mit einem Schnupftuch verhüllt, das über mein Gesicht herabfiel, damit man mich beim Scheine der Laternen nicht durch die Fenster erkennen könne; nachdem ich schüchtern an die Tür geklopft hatte, hörte ich eine Stimme vom Balkon herabrufen: »Wer ist da?« Ich gab mir Mühe, den Ton meiner Stimme zu verstellen, und sagte nur: »Ich bitte, zu öffnen!« – Allein diese wenigen Worte genügten, mich am Klang meiner Stimme erkennen zu lassen, eine meiner Schwestern kam herabgestürzt und warf sich mit einem lauten Rufe des Staunens und der Freude an meinen Hals. »Er ist's, Lorenzo ist's!« rief sie jubelnd ihren Schwestern zu.

Mit Blitzesschnelle eilten auch sie die Treppe herab, umarmten mich um die Wette, erstickten mich mit Liebkosungen und führten mich unter tausend Küssen zu meinem armen Vater, der meinen Namen an der Treppe rufen gehört hatte, und da er mich wenige Augenblicke darauf wieder zu seinen Füßen liegen sah, kurze Zeit unbeweglich und wie versteinert dastand.

Außer dem Vergnügen und dem Erstaunen über meine unvermutete Zukunft war es noch ein anderer Umstand, welcher dieses Erstaunen und dieses Glück unendlich für ihn steigerte, denn der Tag meiner Ankunft war gerade der zweite des Novembers oder der Tag Allerseelen, ein in allen katholischen Ländern besonders feierlich begangener Trauertag.

An diesem Tage kommen alle Verwandte und Freunde des Hauses am Abend zusammen, um einige Stunden bis zur Nachtzeit im Kreise der Familie und in harmloser Unterhaltung hinzubringen. Mein Vater befand sich also in diesem Augenblicke zu Tische, umringt von seinen Söhnen, Schwiegersöhnen und Enkeln, und hatte sie eben aufgefordert, auf meine Gesundheit zu trinken, indem er sich von seinem Stuhl erhob, ein Glas ergriff und ausrief: »Auf das Wohl unseres seit so vielen Jahren abwesenden Lorenzos, und möge uns Gott die Gnade erweisen, ihn vor meiner Todesstunde noch einmal zu sehen!«

Noch waren die Gläser nicht geleert, als an die Tür gepocht wurde und der Ruf: »Lorenzo! Lorenzo!« aus allen Winkeln des Hauses widerhallte!

Man hätte kein Herz in der Brust haben müssen, um sich bei einem so natürlichen Ereignis nicht den Zustand eines Greises, der weit über achtzig Jahre alt war, vorstellen zu können. Was mich anlangt, so konnte ich es am besten nach dem ermessen, was ich selbst empfand. Wir blieben mehrere Minuten lang ineinandergeschlungen, wie die Rebe an den Ulmenbaum, und nach einem gegenseitigen Austausch von Küssen, Liebkosungen und Umarmungen, welche anhielten, aufhörten und von neuem begannen, saßen wir bis zwei Uhr nachts zusammen, als wir auf einmal von der Haustür verwirrte freudige Stimmen und den Ruf: »Lorenzo! Lorenzo!« vernahmen. Ich trat ans Fenster und sah beim Mondschein eine Menge Personen, welche Eintritt verlangten. Kaum war die Türe geöffnet, als sogleich das ganze Zimmer mit meinen guten und lieben Freunden aus der Stadt angefüllt war, welche auf die Nachricht von meiner Rückkehr herbeieilten, mich zu begrüßen. An diesem Abend begriff ich, welche freudige Wonne das Herz eines Menschen zu durchströmen vermag, und wie wahr jenes Wort des Dichters ist:

»Dulis amor patriace, dulce videre suos.«

Die, welche lieben können, werden leicht den Eindruck ermessen, welchen die Gegenwart all meiner mehr oder minder teuern Freunde auf mich machte, die nach meiner zwanzigjährigen Abwesenheit meine Zukunft mitten in der Nacht feierten, als hätte ihre Ungeduld nicht den nächsten Tag erwarten können. Nach einigen Stunden herrlicher Unterhaltung trennten wir uns. Mein Vater wünschte jetzt, daß ich mich zur Ruhe begeben möchte, und bot mir die Hälfte seines Bettes an, um bei ihm zu schlafen. Ich legte mich daher eine kurze Zeit zu dem braven Greis, der sich vorher vor einem Kruzifix niederbeugte, um sein gewohntes Gebet zu verrichten; es währte fast eine halbe Stunde, und ich vernahm, wie er mit zerknirschtem und gerührtem Herzen die Worte des Psalmisten wiederholte: »Herr, nun laß Deinen Diener in Frieden ziehen, denn ich habe nichts mehr von Dir zu erbitten.«

Hierauf ging er zu Bett und schloß mich mit den Worten in seine Arme: »O mein Kind, jetzt habe ich Dich wiedergesehen, nun sterbe ich zufrieden!« Er blies die Lampe aus, und wir verblieben einige Augenblicke im Schweigen, des Schlafs gegenwärtig; da ich inzwischen meinen zärtlich geliebten Vater stärker als sonst seufzen hörte, bat ich ihn, mir den Grund seiner Schlaflosigkeit zu sagen. »Schlaf, schlaf, mein Kind!« antwortete er mir mit einem neuen Seufzer, den er nicht unterdrücken konnte, »wir wollen morgen davon sprechen.«

Kurz darauf schien er zu schlafen; auch ich schloß die Augen. Als ich am nächsten Morgen mit Sonnenaufgang erwachte, bemerkte ich, daß ich allein im Bett lag; schon vor Tagesanbruch hatte sich mein Vater still erhoben und war zu früher Stunde auf den Stadtmarkt gegangen, um die schönsten Früchte und die gesuchtesten Gerichte der Jahreszeit für das Frühstück und das Mittagsmahl einzukaufen. Meine jüngern Schwestern, ihre Männer, die Kinder derer, die schon Mütter waren, meine beiden kleinen Brüder Enrico und Paolo waren alle schweigend beisammen und warteten an der Tür des Zimmers, um bei dem ersten Geräusch, das ihnen mein Erwachen verriet, hereinzustürzen; ich weiß nicht, ob eine Bewegung, ein lautes Atmen, ein Knacken des Bettes ihnen anzeigte, daß ich munter sei; nur das weiß ich, daß plötzlich und zugleich eine Menge Männer, Frauen und Kinder die Bettvorhänge aufrissen, mich küßten, in ihre Arme schlossen und fast durch Umarmungen, Küsse und Liebkosungen erstickten. Kurz nach diesem Einbruch in mein Zimmer kam mein Vater zurück; dieser gute Greis hatte sich über seine Kräfte mit Früchten und Blumensträußen beladen, mit denen mein Bett augenblicklich von der ganzen mir so teuren Familie überdeckt wurde. Während dieses Tumultes von Zärtlichkeit überbrachte mir ein hübsches kleines, sehr gewandtes Dienstmädchen den Kaffee; die ganze Gesellschaft war um mein Bett herum, ich richtete mich in die Höhe, und sämtliche Anwesende nahmen das erste Frühstück mit mir in ihrer Mitte ein.

In der Tat, ich erinnere mich nicht, weder früher noch später während meines ganzen Lebens, eine Szene der Heiterkeit und Glückseligkeit gesehen zu haben, die diesem Morgenmahle in Ceneda gleichkam. Mich dünkte, eher inmitten einer Gruppe von Engeln des Paradieses als von irdischen Bewohnern dieser Unterwelt zu sein. Die jungen Frauen, meine Schwestern, waren alle von reizenden Gesichtszügen; aber Faustina, die jüngste dieser sieben Schwestern, war ein wahrer Engel von Schönheit. Ich schlug ihr scherzend vor, sie mit mir nach London zu nehmen; mein Vater willigte ein; da sie selbst aber weder ja noch nein antwortete, so schloß ich nicht ohne Grund, daß sie, obwohl noch nicht ganz fünfzehn Jahre alt, doch nicht vollständig mehr Herrin ihres eigenen Herzens sei. Man ging unvermerkt auf andere Gegenstände der Unterhaltung über.

Da niemand von meinen andern beiden teuren Brüdern, Girolamo und Luigi, zu mir sprach, die beide in der Blüte ihrer Jahre gestorben, so hütete ich mich auch, ihre Namen auszusprechen, denn ich fürchtete, durch schmerzliche Erinnerung die Freude dieses schönen Tages zu trüben. Allein ein neuer Seufzer, der meinem Vater entschlüpfte, erinnerte mich an sein schweres Atmen in der vergangenen Nacht, und ich fragte deshalb zum zweiten Male um die Ursache davon; er antwortete mir nicht, wohl aber gewahrte ich, daß sich seine Augen mit Tränen füllten, deren Quelle ich nur zu wohl ahnte; deshalb brachte ich auch schnell das Gespräch auf einen andern Gegenstand. Ich hatte bis jetzt nur wenig oder gar nicht von meiner lieben Reisegefährtin gesprochen, jetzt glaubte ich den rechten Augenblick gekommen, von meinem häuslichen Glück zu sprechen, und um die Heiterkeit, welche des Vaters schwer zurückgehaltene Tränen verscheucht hatte, wieder auf die Lippe zurückzuführen, begann ich also:

»Glaubt aber nicht, meine teuren Schwestern, daß ich allein von London gekommen bin, um mein Vaterland wiederzusehen; ich habe eine junge schöne Frau, die wie ihr auf dem Theater getanzt hat, mit mir gebracht und werde wahrscheinlich morgen oder übermorgen das Vergnügen haben, sie Euch als achte Schwester vorzustellen.«

»Ist sie wirklich so schön, wie du sie machst?« fragte mich Faustina.

»Schöner noch als du«, antworte ich ihr.

»Nun, wir werden ja dieses Juwel sehen!« versetzte sie hierauf.

Diese kleine Herausforderung über die Schönheit brachte die gute Laune wieder zurück; man blieb noch einige Zeit beisammen; endlich gingen sie nacheinander alle fort und ließen mir Zeit mich anzukleiden. Mein Vater blieb allein bei mir.

Sein Herz bedurfte des Trostes; ich dachte daher, daß jetzt der Augenblick gekommen sei, zu ihm von den beiden während meiner Abwesenheit verstorbenen Brüdern zu sprechen.

»Ach!« rief er aus, »wenn diese beiden armen Kinder bei uns zugegen gewesen wären, wie groß würde nicht unsere und ihre Freude gewesen sein.«

Wir vergossen zusammen Tränen, er um seine Söhne, ich um meine Brüder; es gelang mir am Ende, ihn zu beruhigen, indem ich ihm versprach, daß ich ihm vor meiner Abreise von Ceneda etwas zeigen würde, das ein wenig die Familienverluste, die uns betroffen, zu vermindern vermöchte.

Unvermerkt kehrte die frühere Heiterkeit wieder zu uns zurück; ich machte hierauf allen den Personen einen Besuch, die am gestrigen Abend zu uns gekommen waren; ich sah einige meiner alten Jugendfreunde wieder, die mich mit einer Freude und einer zärtlichen Artigkeit aufnahmen, welche den Gefühlen ähnelte, die ich selbst bei ihrem Wiedersehen empfand, und erst am Nachmittag, während des Essens setzte ich meine Familie und meine Freunde davon in Kenntnis, daß ich schon am nächsten Morgen nach Treviso, vielleicht auch nach Venedig abreisen müsse.

Am 4. November schickte ich mich wirklich zur Abreise nach Treviso an. Meine Absicht war, schnell mit meiner Gemahlin nach Ceneda zurückzukehren; auch hatte ich mir vorgenommen, ihr auf dieser kleinen Reise die jüngste meiner Schwestern, Faustina, und meinen jüngsten Bruder Paolo zuzuführen, welche früher meine Frau, als sie noch meine Braut in Triest war, gekannt hatten. Kaum hatte sich aber das Gerücht von meiner Abreise mit ihnen in der Stadt verbreitet, als die ganze Jugend des Ortes sich um die Haustür drängte, um meinen Fortgang aus dem Hause abzuwarten. Ich glaubte, man beabsichtige mir glückliche Reise und baldige Rückkehr zu wünschen; keineswegs; es geschah nur, um mich zu beschwören, die schöne Faustina nicht mit fortzunehmen, und da diese Bitten fast den Ausdruck des Mißtrauens und der Drohung hatten, so mußte ich mit einem feierlichen Eid geloben, daß ich sie, bevor drei Tage verflossen wären, wieder nach Ceneda zurückbringen würde.

Wir kamen noch am nämlichen Abende in Treviso an; meine Frau traf, gegen meine Erwartung, erst am nächsten Morgen daselbst ein; ich stand am Fenster des Gasthauses und wartete ungeduldig auf ihre Ankunft, als ich den Wagen herankommen sah; schnell stieg ich die Treppe hinab und empfing sie in meinen Armen. Mein Bruder, der über meine Angst, sie wiederzusehen, und über meine Unruhe wegen dieser Verzögerung von einigen Stunden gescherzt hatte, glaubte, nur ein Ballettänzerin, wie ich in Ceneda gesagt, zu erblicken.

»Endlich werden wir nun diese unvergleichliche Perle, die schöner als du sein soll, mit eigenen Augen erblicken«, sagte er zu Faustina.

Wir, meine junge Frau und ich, stiegen die Treppe hinauf; da sie einen Schleier trug, der ihre ganze Gestalt verhüllte, machte mein Bruder, welcher sich des schwarzen Schleiers von Triest erinnerte, den ich zum Scherz das erste Mal, wo ich sie gesehen, gelüftet hatte, dieselbe Gebärde wie ich; er hatte, als kleines Kind, mit leidenschaftlicher Zärtlichkeit die geliebt, welche später meine Gemahlin geworden war. Tausend- und abertausendmal hatte er mir einzelnes über sie abgefragt, und stets hatte ich ihm mit Allgemeinheiten geantwortet, ohne ihn weder hoffen noch ahnen zu lassen, daß ich Nancy geheiratet hatte. Wie soll ich wohl sein freudiges Erstaunen malen, als er sie wiedererkannte? Obschon Faustina in der Tat vollendet schön und eitel genug war, um ganz genau zu wissen, wie sehr sie bewundert wurde, konnte sie doch nicht umhin auszurufen: »'s ist wahr, 's ist wahr, sie ist noch weit schöner als ich.« Dieses Erstaunen war das erste und größte Vergnügen, das ich in Treviso empfand.

Allein noch andere Aufregungen und ein nicht minder großer Genuß, obschon verschiedener Art, waren mir aufbewahrt; auf die erste Nachricht von meiner Ankunft besuchte mich einer meiner liebsten Freunde, Giulio Trento, und in zwanzig Minuten folgte ihm eine Menge anderer. Die Mehrzahl bestand aus Männern, welche die höchsten Ehrenstellen bekleideten oder die wichtigsten Ämter in der Stadt innehatten und in ihrer Jugend unter meiner Leitung im Seminar studiert hatten. Weder die verflossene Zeit, die im allgemeinen so manche Freundschaftsbünde in Vergessenheit begräbt, noch ihr Vermögen, noch ihre Stellung, mit welcher sich die meinige nicht messen konnte, hatten die innere Regung ihres Herzens aufzuhalten vermocht, und so eilten sie denn herbei, mich mit einem Namen zu begrüßen, auf den ich stolz war – »unser lieber Lehrer!« Sie erzählten mir, daß Bernardo Memmo ihr Mitbürger geworden war. Jetzt war nun an mir die Reihe, zu ihm zu eilen, und der Anblick dieses gelehrten und ehrenhaften Mannes und Freundes war noch eine der seltenen Freuden, die mir auf dieser Reise zuteil wurden, eine Freude, welche ich nie in meinem Leben vergessen werde. Therese lebte noch immer bei ihm als Witwe, häßlich geworden im Laufe der Jahre, dabei aber ziemlich wohlbeleibt. Trotzdem war sie noch immer der Abgott dieses vollkommenen Mannes, dessen Wunsch und Willen sie leitete.

Ich schwankte noch unentschlossen, ob ich nach Ceneda zurückfahren sollte, als ich mich des Hauptzwecks meiner Exkursion nach Italien erinnerte, nämlich der mir von Taylor anvertrauten Mission. Da ich vernommen hatte, daß in Venedig zwei Primadonnen von ausgezeichnetem Rufe am dortigen Theater engagiert wären, so entschloß ich mich, sie aufzusuchen. Ich veranlaßte meine Frau, mit meinem Bruder und mit Faustina zu meinem Vater zurückzukehren, während ich allein nach Venedig ging, das von den Österreichern besetzt war, die hier eine tyrannische Herrschaft ausübten. Hier fand ich Gelegenheit, mein Herz in den Busen eines Freundes über zwei Gegenstände auszuschütten: über die Ereignisse meines Privatlebens und über die Leiden meines unglücklichen Vaterlandes. Ich hatte viel jammervolle Berichte über jene jetzt in Verfall geratene Stadt vernommen, allein diese Berichte waren noch weit von dem entfernt, wovon ich innerhalb der vierundzwanzig Stunden, die ich daselbst verweilte, Zeuge war!

Ich freute mich, den St. Markusplatz zu besuchen, den ich seit zwanzig Jahren nicht gesehen hatte; mein erster Eintritt in den Platz fand vor dem Portal mit der Uhr statt, von wo aus man mit einem Blick das Ganze überschaut. Wie groß war aber meine Bestürzung, als ich auf diesem endlosen, ehemals mit einer müßigen und lachenden Menge bedeckten Raume nur Isolierung und

Schweigen fand; wie ich auch die Augen nach allen Richtungen hin wendete, so konnte ich doch nur sieben Personen auf demselben erblicken. Mein Staunen wurde noch größer, als ich unter den sogenannten Arkaden der Prokuratia spazierenging und alle Cafés verlassen fand. In elf oder zwölfen, an denen ich vorüber ging, zählte ich kaum zweiundzwanzig Personen. Als ich durch die letzte Arkade wanderte, zog eine seltsame Gestalt meine Blicke auf sich. Ich ging näher an sie heran und erkannte Gabriele Doria, den Sohn des Kochs von Barbarigo, jenen erbärmlichen Sachverwalter von Treviso, der im Solde der Reformisten stand und sich so unwürdig in dem unglücklichen Prozeß, den ich wegen meiner Abhandlung zu bestehen hatte, aufführte. Dieser Gabriele, ein Engel anderer Art, war nicht der Gabriel, der

»Herab die Gebote des Himmels trägt und wieder zu Gott
Die Gebote der Sterblichen bringt.«

Seine Botschaften waren ganz anderer Natur.

Seine soziale Stellung und seine Geschichte war folgende:

Lange vor meiner Abreise aus dieser Stadt hatte er ein Weib geheiratet, bei welchem ich wohnte und deren Bruder sich mit der Tochter eines Florentiners, einer jungen, angenehmen Persönlichkeit, vermählt hatte, deren Reize ihn jedoch nicht hinderten, eine Maitresse zu nehmen, die ihn so weit unterjocht hatte, daß er den Tod seiner Frau herbeiwünschte.

Mochte es nun Neugier oder Folge von Verdacht gewesen sein, kurz, diese Frau durchwühlte eines Tages die Taschen ihres Gemahls, und fand zwischen dem Futter eingenäht, ein Paket mit Briefen, deren eines nachstehende Zeilen enthielt:

»Der Tag unseres Glückes ist nicht mehr fern; meine Frau, die ich verabscheue, wird bald Mutter werden; ich werde selbst ihre Hebamme sein, und wir werden aufgehört haben zu leiden. Ich will schon dafür sorgen, daß sie schläft. Du erwartest mich. Meine Schwester ist ins Geheimnis gezogen.«

Am Abend desselben Tages, wo sie diesen Briefwechsel entdeckt hatte, kam ich zur gewöhnlichen Zeit nach Hause. Sie befand sich allein in ihrem Zimmer; als sie mich sah, rief sie mich hinein, und übergab mir jene Briefe mit der Bitte, sie mitzunehmen und durchzulesen. Ich kann den Schrecken, der mich erfaßte, nicht schildern. Diese Frau war ein Muster von Sanftmut; sie liebte ihren Mann, dabei war sie voll Sittenreinheit und der außerordentlichsten Zurückhaltung. Ich hegte Achtung und Zuneigung für sie; bei einem andern Manne hätten diese beiden Gefühle leicht gefährlich werden können; ich hatte mir aber als Gesetz auferlegt, niemals eine verheiratete Frau von ihrer Pflicht abwendig zu machen. Unter diesen Umständen konnte ich mir es aber auch nicht zum Verbrechen anrechnen, alle meine Kräfte anzustrengen, um die Unglückliche zu retten. Ich lief zu ihrem Vater; ich traf einen durch das Alter geschwächten, energielosen Greis, der sich damit begnügte zu weinen; übrigens befand er sich in der Unmöglichkeit, ihr eine Zufluchtsstätte in seiner Wohnung anzubieten, da diese kaum für ihn groß genug war. In der Stadt hatte ich noch einen Cousin, einen achtenswerten Familienvater; zu diesem nahm ich meine Zuflucht; er war bereit, dieser Unglücklichen ein Zimmer zu leihen; sie kam um sieben Uhr abends in seiner Behausung an, und schon nach zwei Stunden ward sie entbunden. Jetzt begab ich mich zu Zaguri, erzählte ihm den Tatbestand und händigte ihm die Briefe als schriftliche Beweismittel aus. Als ich um zehn Uhr nach Hause kam, fand ich die Türen verschlossen; ich klopfte; eine Stimme von innen antwortete: »Es wird niemand eingelassen.«

Gezwungen, die Nacht in einem Gasthaus zuzubringen, eilte ich am nächsten Morgen wieder zu Zaguri, welcher mir schon von weitem zurief:

»Sie haben eine gute Eingebung gehabt, als Sie mir die Briefe überließen; denn während ich den gestrigen Abend bei einem Mitglied des Tribunals der Drei zubrachte, kam Doria und bat dasselbe um eine geheime Audienz, um eine Denunziation anzubringen, in deren Folge der wieder in den Salon zurückkehrende Inquisitor mich folgendermaßen anredete:

›Ihr Schützling Da Ponte hat schöne Sachen angestiftet; nicht zufrieden, die Frau eines ehrenhaften Bürgers von Venedig zu verführen, hat er sie noch veranlaßt, aus ihrer ehelichen Wohnung zu fliehen und, um den Skandal auf die Spitze zu treiben, ist er selbst zu ihr gezogen.‹

Statt aller Antwort legte ich ihm die Belege unter die Augen; nun übertrug er sofort die ganze Erbitterung, die ihn gegen Sie erfaßt hatte, auf Ihren Ankläger. Jetzt können Sie ruhig schlafen, Sie sind weißer als der Schnee.«

Inzwischen fuhr der »ehrenhafte Bürger« fort, in aller Freiheit seine Maitresse nach wie vor zu besuchen. Seine Frau übersandte ihm das Kind, von dem sie entbunden worden war; er übergab es dem Findelhaus, und ich… trotz aller Gesetze, die ich mir auferlegt, trotz aller Grundsätze, nach welchem ich mein Benehmen geregelt hatte, soll ich es sagen?… soll ich hier eine Schwäche eingestehen, die ich mir hundertmal vorgeworfen und die ich hundertmal bereut habe?… könnte doch mein Beispiel denen dienen, die, in zu großem Vertrauen auf sich selbst, die Wahrheit jenes Satzes nicht anzuerkennen wissen:

»Man überwältigt die Liebe nur, indem man sie flieht.«

Ich handelte anders; die Sicherheit, welche mir Zaguri eingeflößt, das innige Verhältnis des Ehemanns mit seiner Maitresse, vor allem eine Anhänglichkeit, die ich aus Mitleid empfand, ein ganz natürliches Gefühl, das noch durch den Gedanken an die Gefahr gesteigert wurde, welcher ich dieses Opfer entrissen, alles zog mich hin…

Ich reiße ein Blatt aus diesen Denkwürdigkeiten aus.

Ich komme auf mein Begegnen mit Doria zurück. Er redete mich zuerst an und grüßte mich, welchen Gruß ich meinerseits erwiderte; nach mehreren Hin- und Herfragen kam auch die Rede auf die Florentinerin, und er erzählte mir, daß sie sich wieder mit ihrem Gemahl ausgesöhnt habe, nannte mir auch ihre Wohnung. Da ich glaubte, kein Mißtrauen in ihn setzen zu müssen, antworte ich ihm, daß ich sie besuchen würde, was ich auch tat. Ich wurde mit jener Freude einer Schwester empfangen, die einen geliebten Bruder wiedersieht. Die andern Mitglieder der Familie und ihr Gemahl selbst überhäuften mich mit Höflichkeiten und bezeugten mir ihre Freude bei meinem Anblick. Wir trennten uns unter Ausdrücken, die nicht allein Wohlwollen, sondern selbst Freundschaft verrieten. Von hier aus besuchte ich einige Freunde, unter anderen Perruchini und Lucchesi, der sich in Triest so gut gegen mich benommen hatte. Zaguri war abwesend; was Giovanni Pisani anlangt, der seine Freiheit wiedererhalten hatte, so wurde mir gesagt, daß er sich augenblicklich in Ferrara befände. Der Name dieser Stadt rief in mir die Erinnerung an die Ferrareserin und den Wunsch, sie wiederzusehen, wach. Sie empfing mich mit Ausrufen der Freude, und da sie wußte, daß ich mich in Venedig aufhielt, um Engagementskontrakte für das Londoner Theater abzuschließen, verdoppelte sie ihre Schmeicheleien; wie sehr mich aber auch gelüstete, ihr zu Gefallen zu leben, so hielt ich es doch nicht für klug, in ihr die geringste Hoffnung zu nähren, bevor ich mich versichert, daß sie noch nichts von ihren Stimmmitteln verloren hätte. Ich wußte, daß sie seit ihrer Abreise von Wien bereits auf einem Theater in London aufgetreten und daselbst einem äußerst kalten Publikum begegnet war; ich gab ihr daher meinen Wunsch zu erkennen, sie einmal singen zu hören; sie ließ sich nicht lange bitten; wenn ich aber auch ihrem Talent meine Huldigung darbrachte, fand ich sie doch nicht der Stelle, die sie ausfüllen sollte, im ganzen Umfange gewachsen; ich brachte daher die Unterhaltung auf einen andern

Gegenstand und scherzte mit ihr über die Liebschaften; sie gestand mir, daß sie für den Augenblick ohne *cavaliere serviente* sei und bat mich, sie ins Theater zu begleiten. Ich mietete eine Gondel, und da wir noch einige Stunden vor dem Beginn des Theaters Zeit hatten, so gab ich dem Schiffer Befehl, vor einem Café zu halten und daselbst Eis zu verlangen. Als er sich entfernt hatte, erfaßte sie meine Hand, und indem sie ihre Augen fest auf die meinigen mit jener Frechheit der Theaterdamen richtete, sagte sie zu mir:

»Weißt du wohl, daß du schöner als jemals bist?«

»Ich bedaure, von dir nicht dasselbe sagen zu können«, antwortete ich ihr.

Sie schwieg, der Purpur stieg ihr ins Angesicht, und ich glaubte, eine Träne aus ihren Augen herabperlen zu sehen; dies tat mir weh, ich ergriff ihre Hand, die ich drückte, und wendete die Sache in Scherz, indem ich hinzusetzte, daß ich jetzt durch die Verheiratung mein Galanterieleben beendigt und mir gelobt hätte, nicht mehr von Liebe zu sprechen, vorzüglich zu ihr. Dieses Wort »vorzüglich« schien sie zu trösten; man brachte das Eis, und da der Gondolier zurückgekehrt, so war nicht weiter die Rede davon. Wir begaben uns nach dem Theater, wo man den *König Theodor* von Casti aufführte; die Primadonna war eine vorzügliche Schauspielerin; da ich gehört hatte, daß sie bereits für den nächsten Karneval engagiert war, so fand ich es nutzlos, mit ihr von London zu sprechen. Beim Ausgang aus dem Theater gingen wir in Begleitung zweier sehr schöner Sängerinnen, um ein Abendmahl einzunehmen; ich suchte jedoch nach keiner Schönheit, sondern nach einem Talent. Nachdem ich die Ferrareserin nach Hause geführt, begab ich mich in das Gasthaus, zufrieden mit mir, mit meinen Besuchen und meinen Freunden. Der folgende Tag, der 8. November, war ein an denkwürdigen Ereignissen für mich fruchtbarer Tag. Ich war frühzeitig ausgegangen, um zu versuchen, Venedig unter allen seinen Auspizien wiederzusehen. Ich kehrte auf den Markusplatz zurück, aber auch heute war er von keiner größeren Menge als am gestrigen Tage angefüllt. In ein Café eingetreten, wo ich mehrere junge Leute beisammen fand, horchte ich auf ihre Unterhaltung; sie sprachen von der Politik und der gegenwärtigen Weltlage.

»Haben Sie die neuen an die Mauern angeschlagenen Ordonnanzen gelesen?«

»Man streut sie so verschwenderisch aus, daß es schwer fallen würde, sie nicht zu lesen.«

»Es ist die Rede darin von einer neuen Steuer auf Fleisch und Wein.«

»Die noch nicht teuer genug sind, nicht wahr? Was soll noch daraus werden?«

»Das Volk stirbt schon vor Hunger.«

»Zu diesem Äußersten wollen sie es auch bringen.«

»Wann wird wohl dieser Druck aufhören?«

»Quando cantera il Gallo!«[*]

Bei diesen Worten kam der Besitzer des Cafés ganz erschrokken herbeigeeilt und bat inständigst, ihn nicht zu kompromittieren.

»Bei der Liebe Gottes«, rief er mit flehender Stimme, »schweigen Sie! Ich will nicht glauben, daß jemand von Ihnen Lust verspürt, den Stock auf seinem Rücken zu fühlen!«

Er erzählte ihnen hierauf, daß vor zwei Tagen einige Personen, die sich mit Lebhaftigkeit auf der Straße unterhalten hätten, von vorübergehenden Soldaten, die sie im Streit begriffen geglaubt, festgenommen und ohne andere Prozeßform, nach den gebräuchlichen Mißhandlungen, auf die Hauptwache abgeführt worden wären, wo sie, da weder Offizier noch Soldaten Italienisch verstanden, sich nicht zu erklären vermochten und gezwungen wa-

---

[*] Ein unübersetzbares Wortspiel: Das Wort ›Gallo‹ bedeutet gleichzeitig einen Hahn und einen Gallier oder Franzosen.

ren, die Nacht daselbst zuzubringen. Er zeigte hierauf den jungen Leuten einen anderen Saal, wo sie von außen nicht gehört werden konnten, und bat sie, daselbst einzutreten, was sie auch taten. Allein geblieben, entfernte ich mich auch, das Herz so schmerzlich zerrissen, als wäre ich vom Grabe meiner Mutter gekommen. Ich begab mich hierauf zur Piazzetta, die ich jedoch eben so verlassen wie die übrige Stadt fand, obschon dies der Ort war, wo der Markt abgehalten wurde. Ich trat zu einem Fischhändler heran und fragte ihn, ob seine Ware auch einer erhöhten Steuer unterworfen wäre. Ein bleicher, entkräfteter, mit Lumpen bedeckter Greis, der ganz wie ein Bettler aussah, hielt mich für einen Einkäufer und bot sich an, mir die einzukaufenden Gegenstände nach Hause zu tragen. Maschinenmäßig drehte ich den Kopf herum, um ihm zu antworten; plötzlich sah ich ihn einen Schritt zurückspringen und ausrufen:

»Großer Gott! Da Ponte!« Es war der edle Bruder jenes Weibes, welche drei Jahre lang das Unglück meines Lebens ausgemacht und der ich die schöne Mathilde wie die Tochter jener Maske vom Ridotto geopfert hatte. Der Zustand gänzlicher Entblößung, in welchem ich diesen Elenden wiederfand, weckte alle Gefühle der Menschlichkeit wieder in mir; ich vergaß alle seine Schändlichkeiten wie die Niederträchtigkeiten seiner Schwestern, warf meinen Mantel über seine Schultern und forderte ihn auf, mir zu folgen. Ich ließ ihn hierauf in eine Gondel steigen, die uns in mein Gasthaus führte. Dem Gondolier gab ich Befehl, vor einem Trödler zu warten, wo ich einen vollständigen Anzug für ihn kaufte. Einmal in meiner Behausung ließ ich diesem Unglücklichen Zeit, seine Toilette zu machen, während ich zum Trödler ging, um die Rechnung für seinen Anzug zu bezahlen. Ich holte ihn hierauf wieder aus meinem Zimmer, und ich wüßte nicht zu sagen, wer der glücklichste war, der Wohltäter oder der Empfänger; rasiert und geputzt war er ein ganz anderer Mensch. Ich fand sogar einige seiner aristokratischen

Manieren bei ihm wieder. Ich ließ zum Frühstück auftragen. Während der Mahlzeit wollte er mir zu wiederholten Malen seine Dankbarkeit bezeigen; aber die Worte erstarben auf seiner Lippe; endlich siegte er über seine innere Aufregung, er ergriff meine Hand und führte sie an seine Lippen: »Meine Schwester ist tot!« sagte er zu mir, heiße Tränen vergießend, »wollte Gott, sie wäre noch auf dieser Welt, um selbst den Verlust beurteilen zu können, den sie durch die Trennung von Ihnen erlitten!« Ich tröstete ihn nach Möglichkeit und bat ihn, mir zu erzählen, durch welche Verkettung von Umständen ich ihn in diesem Zustande der Verworfenheit wiedergefunden hätte.

»Sie kennen meine Familie; sie ist ohne Widerrede eine der edelsten und ältesten Venedigs und zählte in ihren Reihen Dogen, Prokuratoren von St. Markus, Generale, Prälaten und Magistratspersonen von großem Ruf; mein Großvater war Gesandter in Konstantinopel, und ganz neuerdings ist einer meiner Oheime Inquisitor; aber keiner von ihnen erwarb Reichtümer, und ihr ganzes Vermögen bestand in dem Ertrag ihrer Ämter. Beim Untergang der Republik verfielen sie und mehr als dreihundert Familien mit ihnen in Armut und in die erniedrigende Lage, in welcher Sie mich sehen; ich, niedriger stehend als alle übrigen, weil meine Jugend in Ausschweifungen vergangen war und ich keinen Unterricht empfangen hatte. Ich befand mich ohne Stand, ohne Talente, ohne Zukunft, hatte außerdem noch die Last auf mir, für die Erhaltung einer Frau mit vier Kindern und meiner Schwester zu sorgen, und ohne die wohlwollende Menschenfreundlichkeit einiger Personen mit Herz würde das edle Gewerbe, das ich zu führen gezwungen war, mir kaum Brot gegeben haben. Ich beschwöre Sie im Namen des Himmels, Lorenzo, entfernen Sie sich aus dieser Stadt, Sie können sich hier nicht ohne Gefahr aufhalten; das ist nicht mehr jenes Venedig, das Sie gekannt haben; nicht mehr mit der Dogenmütze und dem Bilde des heiligen Markus wird es regiert. Jetzt haben wir nicht nur vor drei Herren zu erzittern; heute beläuft sich die Zahl unserer Unterdrücker auf tausend. Aus Furcht oder aus Politik haben sie unseren Handel zu Grunde gerichtet, unsere Manufakturen vernichtet, unsere Bedürfnisse gesteigert und gleichzeitig unsere Hilfsmittel verringert, während man Uneinigkeit zwischen uns sät; man meidet sich einander, man flieht sich, und sie rufen Mißtrauen, Feindschaft und Verrat zwischen uns auf. Um das Elend auf den höchsten Gipfel zu steigern, muß unsere kräftige Jugend, die durch ihrer Hände Arbeit ihre Familie ernährte, unter dem Zelte leben und sterben, auf einer fremden Küste, wo man sie dressiert, fern von ihrem Vaterlande und zuweilen selbst gegen dasselbe zu streiten: man läßt uns nur die Weiber, die Kinder und die Greise. Das ist das Venedig von heute.«

Und während er so sprach, verwandelte sich seine ganze Gestalt; das war nicht mehr der Spieler vom Ridotto oder der Bettler vom Fischmarkt, den ich vor mir sah; seine Gebärden waren belebt, seine Sprache zitterte, seine Augen sprühten Hassesblitze; ich glaubte die Stimme Davids oder Jeremias' zu hören, der auf den Ruinen von Babylon oder Jerusalem weint. Wenn ich mich der Herabwürdigung seines früheren Betragens und der Gemeinheit seiner Naturtriebe erinnerte, so erreichte mein Erstaunen den höchsten Punkt, bei ihm eine so erhabene und richtige Schätzung der Erniedrigung unseres gemeinsamen Vaterlandes zu finden, allein

Dat intellectum vexatio.

Wir blieben länger als zwei Stunden beisammen. Ohne großes Bitten bewog ich ihn, ein Dutzend Zechinen anzunehmen; dann verließ er mich, tausend Segenswünsche auf mich herabflehend. Ich habe ihn nicht wiedergesehen.

Ich überlasse jedem, sich den Eindruck vorzustellen, den diese Worte auf mich machten, die so klar das ausdrückten, was ich bereits vernommen und mit eigenen Augen beobachtet hatte: verzehrt von einer glühenden Liebe zu meinem Vaterlande, das, wie ungerecht es auch immer gegen mich gewesen, doch in meinen Augen noch immer das größte und schönste der Welt war, zu meinem Vaterlande, das, sei es nun seiner Abstammung, sei es seiner ursprünglichen Gesetze, seiner Siege, seiner Denkmäler, seines vergangenen Glanzes wegen, sei es endlich, daß man sich nur an die Denkungsart seiner Kinder hält, eines besseren Loses würdig wäre! Hatten nicht Völker und Fürsten seit den ältesten Zeiten den Venetianern den Beinamen: »die guten«, erteilt? Gab es wohl eine edlere, gastfreundlichere, hochherzigere Nation? Hatte es nicht diese alten Tugenden trotz des durch den Handel und die Eroberungen in seine Mitte eingeführten Luxus, trotz des Wechsels der Zeiten, dessen Mission es ist, alles zu verwischen, treulich bewahrt?

Während ich in diese trüben Betrachtungen versunken war, klopfte man an meine Türe; ich öffnete und sah einen jungen Burschen von ziemlich gutem Aussehen eintreten, der sehr anmutig die Frage an mich richtete, ob ich mich rasieren und frisieren lassen wolle. Sein Auftreten und seine Manieren gefielen mir, und obschon ich durchaus kein Bedürfnis hatte, von seiner Dienstfertigkeit Gebrauch zu machen, so ließ ich ihn doch näher kommen, und er schickte sich an, meinen Kopf in Angriff zu nehmen. Während er seine Zurüstungen auskramte und seine Messer schärfte, fragte ich ihn, wie die Sachen in Venedig gingen.

»Wie die Sachen gehen?« antwortete er mir, »und wie wollen Sie, daß sie mit Leuten gehen, die nicht einmal unsere Sprache verstehen, während wir die ihrige nicht kennen! Die nehmen, was wir besitzen, und die keinen Soldi ausgeben! die uns unterdrücken und, wenn sie so unglücklich sind, uns zu beklagen, uns, um uns zu trösten, mit dem Stocke schlagen!«

»Und die Franzosen, wie behandeln die euch?«

»Die Franzosen, ah, die Franzosen! Gott segne sie überall, wo sie sind, und führe sie wieder in unsere Stadt! Man sah sie stets heiter, lachen und scherzen! Das, was sie aus den Börsen der Reichen holten, das verschwendeten sie freigebig an die Armen, die Kaufleute und die Künstler. Und nun vollends die Damen! Sie können mir glauben, die liebten sie vorzüglich, sie zogen sie sogar den jungen Männern von Venedig vor!«

Dann nahm er seine Rasiermesser, band mir eine Serviette um und begann mir das Kinn einzuseifen. Nach einer kurzen Pause fragte er mich, ob ich die Dichtkunst liebte.

»Sehr.«

»Ah, in bezug auf die Franzosen! Wenn ich mich noch darauf besinne, will ich Ihnen ein Sonett, das Ihnen gefallen wird, hersagen.«

Er hatte recht; es waren wirkliche Barbierverse; sie waren aber doch nicht trivial. Ich habe nur zwei behalten, die ich nie vergessen habe und jetzt meinen Lesern mitteilen will:

> »Napoleon nell' Adria entro co' suo' Galli
> Ma prese, al suo partir quattro cavalli«

(Napoleon rückte im Adriatischen Reiche ein mit seinen Hähnen und nahm bei seinem Scheiden nur vier Rosse mit.)

Diese doppelte Anspielung auf den lateinischen Namen der Franzosen (Galli) und auf die vier bronzenen Rosse, die Napoleon aus Venedig entführte, schien mir ganz geistreich und wandelte ein wenig die betrübte Stimmung, in welcher ich mich befand, um.

Als er fertig war, bot ich ihm einen Piaster an. In der Meinung, daß ich ihm denselben nur zum Wechseln gegeben, fragte er lachend zu mir:

»Beim heiligen Markus! wo soll ich die Münze zum Herausgeben auf diese zehn Lire bekommen? So viel verdiene ich nicht in vierzehn Tagen.«

»Wieso? Bringt denn der Bart nicht mehr ein?«

»Ach was! Man läßt sich einmal die Woche rasieren und gibt dann zwei Soldi, oder man begnügt sich, die Zahlung auf übermorgen zu versprechen; dieses Übermorgen kommt aber nie!«

Auf meine Antwort, dieser Piaster sei eine Entschädigung für die mit mir verlorene Zeit und für die schönen Verse, die er mir so gut hergesagt, stieg sein Erstaunen auf die höchste Stufe, und ich hatte alle Mühe, ihn nur wieder loszuwerden. Als er fortgegangen war, verfiel ich wieder in meine schmerzlichen Betrachtungen.

Obgleich die Genugtuung, die ich über die Ausführung solcher Akte der Humanität empfand, ein heilsamer Balsam war, welcher die Bitterkeit meines Herzens beim Anblick des mein Vaterland heimsuchenden Elends linderte, so faßte ich doch den Entschluß, es noch am nämlichen Tage zu verlassen. Ich befand mich bereits auf der Treppe, um meine Besuche zu beendigen, als ich die Florentinerin bemerkte, die am Arme ihres Gemahls mit der Miene des besten Einverständnisses heraufkam. Wir machten auf dem Treppenabsatz halt und plauderten miteinander; die Unterhaltung verlängerte sich jedoch, und ich ersuchte sie, bei mir zu Mittag zu speisen. Während der Mahlzeit drehte sich unser Gespräch um die Lage des Vaterlandes, den Gegenstand, von welchem ich ausschließlich und fortwährend eingenommen war; sie enthüllten mir Dinge, welche die Feder sich weigert, wieder aufzuzeichnen.

Nachdem sie lange Zeit verweilt hatten und sicher bis nachts bei mir geblieben wären, verriet ihnen endlich wohl mein zerstreutes Äußeres, daß es Zeit zum Abschiednehmen sei. Ich begleitete sie bis an die untere Haustüre; hier reichte mir die Frau die Hand zum Abschied und ließ dabei nachstehendes Billett hineingleiten:

»Nach zwanzigjähriger Abwesenheit habe ich Sie wiedergesehen, mein würdiger Wohltäter und Retter; möge es mir gestattet sein, Ihnen noch einmal für die mir geleisteten Dienste Dank zu sagen. Sie scheinen glücklich zu sein; dies ist alles, was ich vom Himmel erbitte; möge er sie segnen, aber reisen Sie ab, Signor Da Ponte, reisen Sie so schnell als möglich aus einer Stadt ab, die nie Ihrer würdig war, noch es jemals sein wird. Außer den Gefahren, denen Sie hier infolge der Ränke eines eifersüchtigen Bösewichts ausgesetzt sind, würden Sie gezwungen sein, in meinem eigenen Hause einem herzzerreißenden Auftritte beizuwohnen, ohne daß es Ihnen möglich wäre, mir Hilfe zu bringen. Doria, dieses Ungeheuer, ist ein Tyrann gegen mich; er ist mit Billigung meiner eigenen Familie und meines Mannes, der mich halb aus Not, hauptsächlich aber aus Rache an diesen Menschen, den ich fürchte und mehr als den Tod hasse, verkauft; inzwischen muß ich mir den Anschein geben, als liebte ich ihn, um nur zu verhindern, daß meine Kinder und ich selbst Hungers sterben. Sie werden bei mir einen Greis gesehen haben . . . es ist mein Vater . . . Ach! reisen Sie ab und behalten Sie im Andenken

Ihre arme
Angiolina.«

Ich hätte ein Herz von Erz haben müssen, wenn ich bei Durchlesung dieser Zeilen nicht bis zu Tränen gerührt worden wäre; aber leider war Seufzen das einzige, was ich für dieses unglückliche Opfer des Schicksals zu tun vermochte.

Ich blieb bis abends sieben Uhr im Gasthause, dann begab ich mich ins Theater. Allein ich war so von meiner Traurigkeit und meinen schwarzen Vorgefühlen absorbiert, daß ich den ganzen Abend hindurch dem, was um mich herum vorging, fremd blieb. Bei der letzten Szene vernahm ich aus der benachbarten Loge eine Stimme, die mir nicht unbekannt war und meinen Namen nannte. Ich wendete mich um und erkannte zu meinem großen Erstaunen einen langjährigen Freund von mir, den Abbate Artusi, einen bedeutenden Mann, der zu den ersten Poeten, vor allem aber zu den bravsten Bürgern gerechnet wurde; er hatte mich beim Eintreten bemerkt und eilte jetzt herbei, mich in seine Arme zu schließen. Beim Herausgehen aus dem Theater begleitete er mich bis an meine Wohnung. Als wir in ihre Nähe kamen, sahen wir zwei Männer daselbst Wache halten; einer von ihnen verschwand, aber nicht so schnell, daß ich nicht Zeit gehabt hätte, ihn zu erkennen; es war Doria. Der andere redete mich an und fragte mich, ob ich nicht der Signor Da Ponte sei? Auf meine Antwort erklärte er, daß er mit mir zu sprechen habe. Ohne eine Silbe vorzubringen, ging ich auf mein Zimmer, wohin er mir mit dem Abbate nachfolgte. Hierauf zog er ein Papier aus seiner Tasche und las mir den Inhalt desselben vor:

»Auf Befehl Sr. Kaiserlichen und Königlichen Majestät wird Lorenzo Da Ponte hiermit angehalten, Venedig binnen vierundzwanzig Stunden zu verlassen.«

Ich fragte ihn jetzt meinerseits, ob es mir gestattet sei, zu wissen, in wessen Namen und in welcher Eigenschaft er mir diesen Befehl verkündige.

»Ich bin ein Agent Sr. Kaiserlichen und Königlichen Majestät und bei dem Ministerium der Polizei angestellt; wenn es nötig ist, will ich Ihnen auch meine Legitimation vorzeigen.«

Schon wollte ich etwas erwidern, als ein Blick des Abbate, der ihn kannte, mich davon zurückhielt. Ich entgegnete daher nur, daß ich ihn davon entbände und ihn nur bäte, Sr. Kaiserlichen und Königlichen Majestät, wie Sr. Exzellenz dem Herrn Minister der Polizei die Versicherung zu geben, daß mich die aufgehende Sonne nicht mehr in Venedig erblicken würde. Als er uns verlassen hatte, brach ich in solch lautes Gelächter aus, daß der Wirt hereintrat und mir mit leiser Stimme meldete: der Signor Gabriele verweile mit dem Agenten Sr. Kaiserlichen und Königlichen Majestät im benachbarten Zimmer und dieses laute Gelächter könne leicht von ihnen falsch ausgelegt werden. Ich dankte und bat ihn, uns ein Abendessen auftragen zu lassen; hierauf setzten wir, der Abbate und ich, unser Gespräch wieder ruhig fort.

Nach beendigtem Mahle gingen wir auf die Straße hinab, und hier, wo wir uns allein befanden, erzählte er mir eine Menge von Tatsachen, die nur geeignet waren, meinen Wunsch, mich zu entfernen, zu steigern. Ich wollte jedoch nicht abreisen, ohne mir das süße Vergnügen einer kleinen Rache zu gönnen.

Die Gemahlin des Hauptmanns William, eines braven vom Kaiser geliebten englischen Marineoffiziers, der von diesem auch zum Flottenkommandanten ernannt worden war, stand in einem intimen Freundschaftsverhältnis mit meiner Frau; er selbst bewies mir eine große Zuneigung. Er war von Venedig abwesend, man erwartete ihn jedoch von einem Tag zum andern. Ich schrieb ihm nachstehendes Billett, mit dessen Bestellung ich den Abbate beauftragte:

»Mein lieber Herr Kommandant!
Ich bin in Begleitung meiner Nancy mit dem Wunsche nach Italien gekommen, meinen Vater zu umarmen, und nach Venedig, um eine Sendung zu erfüllen, mit welcher mich der Direktor des Londoner Theaters beauftragt hatte. Jedoch nur zwei Tage konnte ich mich in dieser Stadt aufhalten, wo ich einige Freunde wiederfand. Zwar rechnete ich darauf, noch längere Zeit hier verweilen zu dürfen, in der Hoffnung, uns hier wieder zu begegnen; allein in diesem Augenblicke, um Mitternacht, bringt mir ein Polizeiagent Sr. Kaiserlichen und Königlichen Majestät einen Befehl, der mir einschärft, Venedig binnen vierundzwanzig Stunden zu verlassen. Wenn Sie nach Ihrer Rückkehr von dieser Angelegenheit gütigst Kenntnis nehmen und Erkundigungen einziehen wollten, so würden Sie uns, meine Frau und mich,

durch diesen Beweis von Teilnahme und Wohlwollen aufs höchste zu Dank verpflichten.

Ich verbleibe u. s. w.«

Am nächsten Morgen, noch vor Sonnenaufgang, war ich weit von Venedig. Ich nahm eine Gondel, um mich nach Fucino zu begeben; von hier aus reiste ich nach Padua; man sprach hier bereits von begonnenen oder dem Beginn naher Feindseligkeiten zwischen den Franzosen und den Österreichern. Die beiden Lager wurden nur durch Verona getrennt. Da ich Schwierigkeiten fürchtete, die mich an der Fortsetzung meiner Reise auf dieser Seite hindern konnten, so verzichtete ich darauf, nach Ceneda zurückzukehren, und beschränkte mich darauf, meiner Frau zu schreiben: sie möge ohne Aufschub zu mir nach Padua kommen, von wo aus wir nach Bologna gehen wollten. So geschah es auch. Da uns nichts zurückhielt, stiegen wir in den Wagen. Kaum hatten wir aber einige Schritte auf der Straße zurückgelegt, als der Ruf: »Halt!« von allen Seiten ertönte. Der Kutscher hielt, und ein Offizier erschien mit zwei österreichischen Soldaten am Kutschenschlag, um unsere Pässe nachzusehen. Ich übergab sie ihm; er behielt sie und befahl jetzt dem Kutscher, umzukehren und ihm zu folgen. Vor der Türe eines Polizeibureaus machte er halt und forderte uns auf einzutreten.

Ich war bekannt genug im Lande, um den Verdacht von meiner Person abwenden zu können; anders war es aber mit meiner Gemahlin, die, beim ersten Anblick, als Fremde erkannt und für eine französische Spionin gehalten wurde. Man befragte sie in dieser Sprache, wie in der italienischen. Auf jede Frage antwortete sie in derselben Landessprache, was seitens des Befragers eine ironische Anrede hervorrief:

»Sie sind sehr gelehrt, Madame«, äußerte er gegen sie, »Sie sprechen diese beiden Sprachen vortrefflich.«

»Ich danke Ihnen für das Kompliment«, erwiderte sie; »allein ich spreche noch einige andere, namentlich meine Muttersprache.«

»Aus welchem Lande sind Sie denn?«

»Ich bin Engländerin; ich spreche französisch, weil ich einige Zeit in Frankreich gewohnt habe, das Deutsche, weil mein Vater und meine Familie sich in Triest niedergelassen, das Holländische, weil ich einige Monate in Holland gewohnt, und das Italienische, weil mich mein Gemahl in demselben unterrichtet hat.«

Das Gespräch wollte sich weiter fortsetzen, als der General Klebeck herzutrat, mit welchem ich zu Wien einige Beziehungen gehabt hatte. Er drückte mir freundlichst die Hand und fragte mich, was ich in diesem Bureau mache. Mit wenigen Worten hatte ich ihn von allem unterrichtet. Sogleich gab dieser würdige General Befehl, uns abreisen zu lassen, und fügte noch einige ehrenvolle Bemerkungen in meinem Paß hinzu.

Ich wendete mich nach Bologna, einer Stadt, in welcher sich alle Theaterdirektoren Europas zusammenfanden, um die nötigen Künstler zu engagieren. Als ich durch Ferrara kam, vergaß ich nicht, meinen alten Freund und Protektor, Giorgio Pisani, der diese Stadt zu seinem Aufenthaltsort gewählt hatte, zu besuchen. Ich blieb einige Tage bei ihm, um mich noch einmal ganz in das Herz meines Freundes zu versenken; es war ihm ein außerordentliches Vergnügen, mich wiederzusehen. Aber ach! wie verändert fand ich ihn! Sein Unglück, seine lange Gefangenschaft, alle die Leiden, die auf ihn und seine Familie eingestürmt waren, hatten aus diesem weisen, hochbegabten und hervorragenden Bürger Venedigs einen wütenden Revolutionär gemacht. Er brachte mich in Beziehungen zu den französischen Behörden und den ersten Einwohnern der Stadt, und sei es nun seine Empfehlung, sei es infolge meiner Werke, die fast einzig und allein ihr Theater unterhielten, kurz, alle beehrten mich mit einer besonderen Hochachtung.

Pisani wollte mich in Ferrara zurückhalten, wo es ihm, wie er mir sagte, leicht werden würde, mich zum Poeten der neuen zisalpinischen Republik ernennen zu lassen; meine Stellung in England war jedoch fest, und ich hatte überdies nur ein mittelmäßiges Vertrauen in die Beständigkeit dieser Regierung wie ein noch geringeres in das Urteil Pisanis, der mir getäuscht schien. Eines Tages hörte ich ihn die Menge in einer Art und Weise harangieren, daß mir die Lust verging, eine zweite Probe dieses Genres zu versuchen. Welcher Unterschied zwischen ihm und Ugo Foscolo, einem jungen, zu großen Hoffnungen berechtigenden Manne, den ich später in Bologna öffentlich mit einer seltenen Beredsamkeit sprechen hörte. Sein Feuerwort, voll Wahrheit und Energie, sein blühender Stil, seine gewählte Ausdrucksweise, seine hinreißenden Bilder elektrisierten seine Zuhörer. Ich hatte das Glück, mich mit ihm zu unterhalten, bei welcher Gelegenheit ich ihm den Rang vorhersagte, den er unter den Schriftstellern seines Vaterlandes und seines Jahrhunderts einnehmen würde. Er muß diesen letzten Besuch, den er mir in Ferrara machte, im Gedächtnis behalten haben. Was mich anlangt, so habe ich nie das Vergnügen vergessen, das mir seine unvergleichlichen *Letzten Briefe des Jacopo Ortis* und noch mehr sein Werk *Von den Gräbern* und seine anderen Dichtungen bereitet haben – Werke, die ich bei den auserlesenen Geistern dieser gelehrten Stadt kennenzulernen und zu bewundern die Ehre hatte.

Ich verlebte kostbare Tage in seiner Gesellschaft, so wie in der einiger ausgezeichneter Gelehrter Bolognas und hatte fast meine Hauptsendung vergessen, als ein Brief von London, der mich daran erinnerte und mir die Wiederaussöhnung der Banti und Federicis meldete, mich aus meiner Lethargie zog und ernstlich an Taylor denken ließ. Da es in Bologna keine namhafte Sängerin gab, so gedachte ich mich nach Florenz zu begeben. Noch ein anderer Beweggrund bestimmte meinen Entschluß; ich wünschte nämlich diese berühmte Stadt, die ich noch gar nicht kannte, zu sehen. Die Kälte war streng, ich wagte nicht, meine Gemahlin derselben auszusetzen; ich eilte zur Post und vernahm hier, daß ich auf der Stelle abreisen könnte, wenn ich einwilligte, eine junge Dame, die man mir vorstellte, als Reisegefährtin mitzunehmen. Sie war einfach gekleidet und von angenehmem Äußeren. Es schien mir sonderbar, daß eine junge Dame bereit war, so tête à tête mit einem Unbekannten zu reisen; von der Neugier gereizt, nahm ich es an. Wir machten uns gegen vier Uhr abends auf die Reise und behaupteten zwei Stunden hindurch ein unbedingtes Stillschweigen. Sie war die erste, die es mit den Worten brach:

»Ich bin sehr müde.«

»Ich auch.«

»Ich kann nicht einschlafen.«

»Ich auch nicht.«

»Wenn wir ein wenig miteinander plauderten?«

»Ich stehe ganz zu Diensten, meine Dame.«

»Woher sind Sie, mein Herr?«

»Ich bin Venezianer und ihr Diener.«

»Und ich aus Florenz.«

»Eine schöne Stadt!«

»Florenz und Venedig! die schönsten Städte Italiens... Ich war mehrmals in Venedig... Venedig ist schön... aber Florenz!... Es fehlt viel, bevor es Florenz gleichkommt... Kennen Sie diese Stadt?«

»Ich habe sie noch nie gesehen.«

»Sie werden es sehen... Sie werden es sehen... dieses Paradies! Vor allem sind die Frauen dort wahre Engel... Lieben Sie die schönen Frauen?«

»Soweit dies einem Manne von meinem Alter, der noch dazu verheiratet ist, gestattet wird.«

»Sie sind verheiratet?«

»Jawohl, die Dame, die Sie an der Post gesehen haben, als wir in den Wagen stiegen, ist meine Frau.«

»Diese junge Dame... Ihre Frau!«

»Meine Frau.«

»Entschuldigen Sie gütigst, ich hielt sie für Ihre Tochter... Bravo! Sie haben einen guten Geschmack, aber wahrlich, war's Ihre Frau?«

»Es gibt also Frauen, die es ›wahrlich‹ sind und andere, die es nicht ›wahrlich‹ sind?«

»Oh, es konnte doch Ihre ›Dame‹ und Sie ihr *cavaliere servente* sein!«

»Meine Frau ist keine Italienerin, Madame, sie ist eine gebürtige Engländerin.«

»Und die Engländer haben keine *cavalieri serventi*?«

»Nein, Madame, das kennen sie nicht.«

»Ich bedaure es.«

»Warum?«

»Weil ein *cavaliere servente* das beste Tier von der Welt ist.«

»Es scheint mir doch, als ob der Ehemann, der ihn duldet, ein noch weit besseres Tier ist. Sind Madame verheiratet?«

»Ich war es; aber Gott sei Dank! ich bin es nicht mehr; seit einem halben Jahr hat mir der Tod meine Freiheit zurückgegeben.«

»Einer Dame von Ihrem Werte kann es nicht fehlen, gar schnell einen anderen Gemahl zu finden.«

»Ich, einen anderen Gemahl? Das ist eine Schlinge, in der man sich nur einmal fangen läßt und der man zum zweiten Male aus dem Wege geht, wenn man nur gesunden Menschenverstand hat.«

»In diesem Falle haben Sie also einen *cavaliere servente*?«

»Ich hatte einen und hoffe, wohl noch andere zu bekommen; für den Augenblick bin ich frei und biete Ihnen an, bis nach Florenz seine Stelle einzunehmen.«

»Ich kann es nicht akzeptieren.«

»Ich will Ihre ›Dame‹ sein, und ich versichere Ihnen, daß Sie sich wohl dabei befinden werden.«

»Ich habe keine Lust, Madame, die Ämter dieses guten Tieres zu bekleiden, dessen Eigenschaften Sie mir soeben gepriesen haben.«

Wir waren so weit gekommen, als wir den Ruf: »Halt! Halt!« vernahmen. Zwei junge Männer fragten uns, ob wir ihnen nicht einen Platz an unserer Seite bis Pietra Mala ablassen könnten. Ich, dem wenig daran lag, ein Gespräch unter vier Augen mit dieser Dame fortzusetzen, antwortete nicht allein »Ja«, sondern bat noch den Kutscher sie aufzunehmen, was auch nach kurz abgeschlossenem Vertrage geschah. Jetzt änderte sich die Szene. Die Dame dachte nicht mehr daran, zu ihrem *cavaliere servente* einen Mann zu nehmen, der die fünfzig bereits überschritten hatte; sie richtete alle ihre Batterien nach jenen beiden jungen Männern, die, ihrerseits erfahren genug, noch nicht bis Pietra Mala gekommen waren, als ihre Dienerschaft oder Dienstbarkeit angenommen und bereits so weit vorgerückt war, daß man sie für alte Freunde gehalten hätte. Wir speisten zusammen zu Abend, und am nächsten Morgen erwiesen mir alle drei die Gunst, mich allein in meinem Wagen abreisen zu lassen, der viersitzig war und mir alle Muße des Philosophierens vergönnte.

Ein einziger Gedanke beherrschte alle übrigen; wenn einer jener Touristen, sagte ich zu mir, die so viel Parteilichkeit und Güte für Italien affektieren, einer solchen Frau auf seinem Wege begegnete und uns dann Rechenschaft über seine Reiseeindrücke geben wollte, zu welchen Betrachtungen würde er sich unzweifelhaft über die italienischen Frauen hinreißen lassen? Ich berufe mich auf diejenigen, die einen Smollet, Saß oder einen anderen derartigen Schriftsteller gelesen haben. Was mich betrifft, so gebe ich keinen Kommentar über obige Tatsache und stelle es jedem frei, sie nach Belieben zu würdigen. Ich beschränke mich zu sagen, daß Florenz für eine Närrin, die sich auf der Reise eine Florentinerin nannte und die ich eher für eine jener Abenteuerinnen hielt, die gar kein Vaterland haben, Tausende von Frauen besitzt, die durch ihre Grazie, ihren Geist und alle Gaben der Natur verbunden mit einer großen Sittenreinheit keinen Vergleich zu scheuen brauchen und sich mit den ehrenhaftesten Frauen aus jedem beliebigen Orte messen können. Ich habe Florentinerinnen gefunden, welche liebenswürdig ohne Ostentation, unterrichtet ohne Pedanterie, umgänglich ohne Vertraulichkeit, kokett, ohne die Wohlanständigkeit zu verletzen, waren. Rechne man zu diesen kostbaren Eigenschaften ein Organ, das in die Seele dringt, und man kann leicht das Verlangen fühlen, in Florenz zu leben und zu sterben. Ich konnte mich nur kurze Zeit in dieser Stadt aufhalten; aber was ich daselbst in bezug auf Industrie und Künste, Gärten, Malereien, Statuen und Monumente, namentlich alte, gesehen, hat mich in Begeisterung versetzt und nur das Bedauern zurückgelassen, diese herrliche Stadt so schnell verlassen zu haben.

Was mir am meisten auffiel, war die Art der Unterhaltung bei den meisten Frauen. Ich wurde einer der ersten Damen der Stadt, einer reichen, jungen und schönen Witwe vorgestellt, deren Salon für alle distinguierten Fremden geöffnet war. Hier fand man den höchsten Adel aller Lande, die Größen der Wissenschaften und Künste versammelt. Hier wurde einmal die Woche musiziert, zuweilen auch öfter, wenn besondere Umstände, wie die Einführung einer berühmten Persönlichkeit dazu Gelegenheit boten. Monatlich einmal wurde getanzt. Selten sprach man hier von Politik, und das Spiel war ganz aus diesen Kreisen verbannt. Die Unterhaltung bewegte sich im allgemeinen um Literatur. Alle Abende las man hier poetische Werke, kurze wissenschaftliche Abhandlungen und oft eine Komödie oder Tragödie, wobei die Leser durchs Los gezogen wurden. Jeder mußte die Rolle lesen, die ihm zuteil wurde. Man erwies mir die Ehre, auch meinen Namen in die Urne zu werfen.

Ich konnte mich nicht von dem üblichen Gebrauche ausschließen. Das erste Mal teilte mir das Los die Rolle des Aristodemos in Montis schöner Tragödie zu. Am zweiten Abend wurde ich aufgefordert, einige meiner Arbeiten zum besten zu geben. Ich las meine Dithyrambe auf die Wohlgerüche vor und hatte die Genugtuung, damit Beifall einzuernten. Am dritten Abend las man den *Saul* von Alsieri vor, der mich in Bewunderung setzte.

Alle Rollen darin wurden von Schülern dieses großen Meisters gelesen. Ich sagte mir immer innerlich: wenn einige jener englischen Damen, die so ausschließlich für den Tanz passioniert sind, daß sie ihm ganze Nächte widmen, durch einen magischen Ring in diesen Salon versetzt werden könnten, welch andere Gedanken würden sie sich von unseren italienischen Frauen bilden und welche Rückwirkung würde dies nicht auf sie selbst äußern? Was ich damals von den Engländern dachte, könnte ich mit dem nämlichen Grund der Wahrheit auch von den Amerikanerinnen sagen.

Nachdem ich mich zu meinem Bedauern überzeugt hatte, daß ich zu Florenz keine für das Londoner Theater passende Persönlichkeit engagieren konnte, gedachte ich wieder, nach Bologna zurückzukehren. Diese Fahrt wurde mir durch einen Zufall merkwürdig, der Gefahr zu bringen drohte, glücklicherweise aber sich ins Komische wendete.

Die Nacht war kalt, der Wind blies scharf und durchdringend, reichlicher Schnee bedeckte die Straße. Ich reiste des Nachts in einer in ganz schlechtem Zustand befindlichen Kalesche und mit noch schlechteren Pferden. Es war mir keine Wahl gelassen; der Eigentümer dieses erbärmlichen Fuhrwerkes war der einzige, der, vom Gold bewogen, sich bereit erklärt hatte, mich fortzuschaffen, indem das Gerücht von einem Zusammenstoß der beiden Armeen ging. Kurz vor Pietra Mala, während ich im tiefen Schlaf lag, stürzte meine Kalesche um; ich wachte auf und sah mich auf Schneematratze gebettet; auf meinem Rücken lag der Wagen, der mir jede Bewegung unmöglich machte. Es war Nacht, aber der Himmel war rein, und der Mond schien in all seinem Glanze. Mein Kutscher eilte zur Hilfe herbei, und mit einem »affe di dua«, einem gewöhnlichen Schwure des Florentiner Volkes, zerschnitt er mit merkwürdiger Geschwindigkeit die Stränge, mahnte mich zur Geduld und holte aus einer erbärmlichen Kneipe der Umgegend Hilfe und Beistand. Einige Minuten später gelang es ihm, mich mit Hilfe zweier Bauern wieder auf die Füße zu bringen, aber zerquetscht, zerbrochen und am ganzen Leibe vor Frost zitternd. Mehr tot als lebendig wurde ich nach Pietra Mala getragen und zufälligerweise nach demselben Gasthause, in welchem ich schon logiert hatte. Von der liebenswürdigen Wirtin wiedererkannt, erhielt ich ein gutes Bett. Hier wurden mir eine halbe Stunde lang Arme und Füße eingerieben, dann gab man mir einen trefflichen Wein von Chianti, zwei oder drei kleine Gläschen Alchermes, einen vortrefflichen Liqueur von wundersamer Wirkung, zu welchem Florenz allein das Rezept besitzt, zu trinken. In weniger als drei Stunden war ich wieder munter und gesund und bereit, meine Reise von neuem anzutreten; allein mein Kutscher hatte sich zu Bett gelegt und dem Wirt empfohlen, mir zu sagen, daß weder Wagen noch Pferde imstande wären, mich nach Bologna zu bringen; er ließ mich bitten, ihm das zu bezahlen, was ich für die zurückgelegte Fahrt als ausreichend erachtete, und mich wegen Fortsetzung meiner Reise nach einem anderen Kutscher umzusehen.

Der Wirt riet mir hierauf, mir zwei Pferde zu mieten, eins für mich, das andre für meinen Führer. Durch seine Vermittlung geschah dies auch; mit dem ersten Tagesschein brach ich auf. Das Pferd, das ich ritt, war kaum so groß als ein Esel, aber stark und sehr gelehrig; gegen Abend kam ich am Ort meiner Bestimmung an. Am nächsten Morgen besprach ich mich mit einem bekannten Unterhändler, der alle Theater Europas versorgte, und engagierte durch seine Vermittlung die Primadonna Allegranti und den Tenoristen Damiani, zwei ausgezeichnete Talente, die einzigen, die sich ohne Engagement in Italien befanden.

Da die Kriegsgerüchte sich täglich mehr verbreiteten, so dachte ich an meine Rückreise nach London. Die Allegranti wünschte, mich mit ihrem Manne und ihrem Kinde zu begleiten. Gegen Ende Dezember verließen wir Bologna, und in den ersten Tagen des Januars trafen wir in Aosta ein.

In letzterer Stadt begegnete ich dem Kapitän William, an welchen ich tags vor meiner Abreise geschrieben hatte. Er machte mir viel Freundschaftsversicherungen und sagte, nachdem wir unsere gegenseitigen Komplimente ausgetauscht hatten, zu mir: »Sie sind gerächt, der, welcher Sie willkürlich aus Venedig verwies, hat, auf mein Befragen, sein Amt verloren. Doria ist nicht mehr zu fürchten.«

Ich sagte ihm meinen Dank dafür. Er hielt uns mit Gewalt noch einige Tage zurück; eine Verzögerung, welche die traurigsten Folgen für mich haben sollte.

Die Banti hatte mir ihren elfjährigen Knaben anvertraut; der der Allegranti stand ungefähr in demselben Alter; während wir bei Williams zu Mittag speisten, kamen beide im jugendlichen Übermut auf den Gedanken, aus dem Gasthause, in welchem wir sie zurückgelassen hatten, zu entwischen und einige wertvolle Gegenstände mit fortzunehmen. Nur nach vielfachen Nachforschungen gelang es den Matrosen Sir Williams, sie bei einem Bauern wiederaufzufinden, der ihnen auf die Fabel hin, die sie ihm vorgespielt hatten, ein Nachtquartier gegeben. Zum Glück hatte dieser Vorfall keine weiteren Folgen.

Wir kamen in der Nähe von Braunschweig in ein deutsches Dorf, das wenige Tage zuvor von den Franzosen niedergebrannt worden war. Nur wenige Häuser und der Gasthof waren stehengeblieben. Die hereinbrechende Nacht versetzte uns in die Notwendigkeit, hier halt zu machen. Dieser Gasthof war eine Hütte, in welcher kein einziges Fenster Glasscheiben hatte. Ein einziges Parterrezimmer und die angrenzende Küche waren bewohnbar. Wir näherten uns dem Zimmer und verlangten ein Abendessen. Die Wirtin fragte, was wir haben wollten. Meine Frau verlangte Bouillon.

»Eine Bouillon? ... Wovon?« erwiderte sie.

»Von Fleisch oder Geflügel, wie's beliebt.«

»Von Fleisch an einem Freitag? Macht, daß ihr aus dem Hause kommt, ihr Gottlosen!«

Ihr Mann, der die Wut des Weibes und den Zustand, in welchen diese Szene meine Frau versetzt hatte, erblickte, suchte, wiewohl vergeblich, sie zu besänftigen. Ohne daß wir es bemerkten, bemächtigte sie sich des Türschlüssels und verschwand. Zum Glück hatte sie vergessen, gleichzeitig den zur Vorratskammer abzuziehen. Ihr Mann, der ein weiteres Gewissen als sie hatte, gab meiner Frau diesen Schlüssel und forderte sie auf, nach Belieben über das Vorhandene zu verfügen. Ausgehungert, wie wir waren, speisten wir wohl oder übel. Als die Stunde des Zubettgehens herannahte, war es nicht möglich ins Zimmer, dessen Türe verschlossen war, zu gelangen. Es wurde daher beschlossen, daß die Damen und die Kinder im Wagen schlafen und Herr Harison, der Gemahl der Allegranti, und ich uns mit einigen Strohschütten im Pferdestalle begnügen sollten. Es war jedoch ziemlich kalt, und obschon wir vorsichtigerweise unsere Mäntel über uns gebreitet hatten, so schützte uns dieses doch nur wenig; dazu kam, daß eine Anzahl Ratten von unmäßiger Größe sich ein Vergnügen daraus machten, an unsern Stiefeln herumzuknabbern, und uns zwangen in die Küche zurückzukehren, woselbst die Atemausströmungen von ungefähr dreißig Personen, verbunden mit einer schrecklichen Hitze, welche ein enormer gußeiserner Ofen ausströmte, uns zu ersticken drohten. Das

Atemholen dieser dreißig war von einem Schnarchen begleitet, dem kein Waldhorn gleichkam. Die unerschrockenen Schläfer lagen bunt durcheinander auf den Tischen, den Stühlen und sogar auf Brettern, die an Stricken wie Hängematten von der Decke herabhingen und bei der geringsten Bewegung des Schläfers drohten, ihre Last auf unsere Häupter herabfallen zu lassen und uns zu zerschmettern. Mit Tagesanbruch verließen wir diese verwünschte Kneipe und gelangten bald darauf nach Harburg.

Die Harmonie, in welcher wir bis jetzt gelebt hatten, begann sich aufzulösen; ich hatte schon mehrmals bemerkt, daß Harison bei unserer Ankunft in den Gasthäusern in seiner hochmütigen Weise Gelegenheit zu Streitereien suchte. Ich stellte mich zwar bei meiner versöhnlichen Gemütsart, als gewahrte ich seine Feindseligkeit nicht, allein er trieb die Sache endlich so weit, daß ich sein unartiges Benehmen nicht länger ertragen zu dürfen glaubte.

Nach zweitägigem Aufenthalt in Harburg mußten wir über die Elbe, die zugefroren war. Man sagte uns, wir könnten uns auf die Stärke des Eises verlassen und uns auf diesem Wege nach Hamburg begeben. Diese Art zu reisen war im allgemeinen gebräuchlich, und wir entschlossen uns ebenfalls dazu, obwohl erst vor einigen Tagen das Eis gebrochen und einen mit sechs Pferden bespannten Wagen nebst allen in demselben befindlichen Passagieren verschlungen hatte. Als wir an den Ort kamen, wo dieses Unglück sich ereignet hatte, sahen wir in der Tat noch den obern Teil des Wagens aus dem Wasser hervorragen. Gesund und wohlbehalten gelangten wir bis Hamburg.

Da die bessern Gasthäuser von Reisenden vollgepfropft waren, so fanden wir in einem derselben nur zwei Zimmer leer, die wir für uns in Anspruch nehmen wollten. Da mein Wagen zuerst in den Hof des Hotels eingefahren war, so stieg ich auch zuerst aus und verlangte die Wohnung zu sehen. Ich traf die Vorsorge, das beste Zimmer für mich auszuwählen, und befolgte dabei an diesem Tage die nämliche Regel, welche Harison an allen Orten, in denen wir angehalten hatten, zu befolgen pflegte. Als er das für ihn bestimmte Zimmer sah, kam er wie ein Wütender zu mir gelaufen und fragte arrogant, mit welchem Rechte ein Poet sich so zu betragen wage.

»Mit demselben Rechte«, erwiderte ich ihm, »das sich ein Halbvirtuose bis zu diesem Tage angemaßt hat.«

Harison stammte aus einer adligen irländischen Familie und hatte als Offizier in den kaiserlich-deutschen Armeen gedient. Infolge mehrerer Unglücksfälle hatte er seinen Abschied genommen und endlich eine Sängerin geheiratet. Ein Wort gab das andere und schließlich forderte er mich zum Duell; dies war zum vierten Mal seit acht Tagen. Die Furcht, meine Frau in Angst zu versetzen, und mein unbesiegbarer Abscheu vor dem Duell hatten mich bis jetzt bewogen, diese Impertinenzen zu ertragen; endlich aber, als sie aufs höchste gestiegen waren, nahm ich eine der Pistolen, die er auf den Tisch gelegt hatte.

»Wohlan«, sagte ich zu ihm, »machen wir diesen Prahlereien ein Ende; schlagen wir uns.«

Unsere bestürzten Frauen warfen sich zwischen uns, um uns zu trennen; er aber begnügte sich mit einem lächerlichen Wichtigtun zu antworten:

»Ich schlage mich nicht mit einem Manne, der nicht meines Standes ist.«

Die beiden Frauen begannen zu lachen und ich tat achselzukkend dasselbe. Zwei oder drei Tage darauf war er jedoch der erste, der mir die Hand reichte und mir sagte, daß er sein Unrecht einsähe.

10. *Kapitel*

*Unfreundlicher Empfang in London – Wechsel werden fällig,
Da Ponte gerät in große Not – Schuldhaft – Entlassung als
Theaterdichter – Gründung einer italienischen Buchhandlung
– Bekanntschaft mit Sir Thomas – Theaterdichter, Buchdruk-
ker und Verleger – Taylors Undankbarkeit – Frau Da Ponte
reist mit den Kindern nach Amerika – Hoffnungslose Verschul-
dung und erneute Gefahr der Schuldhaft*

Wir mußten einen ganzen Monat in Hamburg bleiben. Dieser
Aufschub erschöpfte endlich meine Finanzen. Von den tausend
Guineen, die ich mit von London fortgenommen hatte, waren
mir kaum fünfzig noch übrig geblieben. Dieser enorme Aufwand
machte mir jedoch nicht den geringsten Kummer, und ich habe
ihn nie und nimmer bereut; die Hochgenüsse, die ich auf meiner
Reise empfand, waren so groß, daß kein Gold der Welt sie
aufzuwiegen vermochte. Sie waren zwar mit einigen Unannehmlichkeiten vermischt, allein diese Unannehmlichkeiten konnten
wie der Schatten in einem Gemälde betrachtet werden.

Das Aufgehen des Eises fand in den letzten Tagen des Februars
statt, und nun erst konnten wir unsere Weiterreise auf einem
Segelschiffe antreten, das uns nach Dover brachte, wohin ich
Taylor gebeten hatte, unsere Reisepässe zu senden. Nach unserer
Ankunft lief ich auf das *Alien-Office*, um nach ihnen nachzufra-
gen. Sie waren sämtlich da, mit Ausnahme des meinigen. Da man
mich von der Wiederaussöhnung der Banti mit Federici benach-
richtigt hatte, so zweifelte ich keinen Augenblick, daß diese
Versäumung unter ihnen verabredet und nur das Vorspiel neuer
Zwistigkeiten sei. Ich war in Verlegenheit; ein glücklicher Zufall

kam mir zu Hilfe. Ich hatte, wie schon erwähnt, den elfjährigen Sohn der Banti bei mir. Man hatte die Vorsicht so weit getrieben, ihm sogar einen besonderen Paß auf seinen Namen ausstellen zu lassen, und da dieser Name schlecht geschrieben war, las ihn der Direktor, den ich persönlich kannte, Ponti und machte noch die Bemerkung, daß ein Reisepaß für ein Kind von diesem Alter unnütz sei. In Wahrheit gesagt, hatte ich alle Ursache, diese Gefälligkeit einer Freundlichkeit von mir zuzuschreiben. In London wurde ich von Taylor mit einer frostigen Miene und einem noch frostigeren Gruß empfangen, und drei Tage vergingen, ohne daß ich ein Wort von ihm hörte. Ich konnte leicht merken, daß er unzufrieden war; woher kam aber diese üble Laune? Ich konnte mir nicht erklären, woher sie wohl stammen könne; während meiner Reise hatte meine Korrespondenz ihn stets von meinen Unternehmungen in Kenntnis gesetzt; ich konnte den Faden nicht finden. Erst viel später erfuhr ich die Ursache davon. Federici und die Banti hatten die Niederträchtigkeit gehabt, ihm einzureden, daß ich mit Aufopferung seiner Interessen die Allegranti, welche schon zu alt sei, und Damiani, einen mehr als mittelmäßigen Tenoristen, engagiert, mit beiden Künstlern aber besondere Bedingungen zu meinem Vorteil gestellt hätte. Eines Tags ließ er mich endlich rufen, um mich zu befragen und aus meinen unvorhergesehenen Antworten zu ermessen, ob sich nichts Tadelnswertes vorfände.

Nach dem *all well* kam das *but*. »Aber schließen wir die allgemeine Rechnung unserer Verwaltung ab.« Das Vertrauen, das er mir drei Jahre hindurch sowohl hinsichtlich seiner Privatwie der Theaterangelegenheiten geschenkt, hatte mich alle üblichen Vorsichtsmaßregeln, die man unter solchen Umständen zu treffen pflegt, vergessen lassen. Ich war indessen glücklich genug, alte Noten und Dokumente zur Unterstützung meiner Einnahmen und Ausgaben wieder aufzufinden und ihm zu beweisen, daß ich auf seinen Befehl sieben- bis achttausend Pfund

Sterling Wechsel verhandelt und den Betrag derselben ihm vollständig mit alleinigem Abzug der Spesen, die nicht ganz zwanzig Prozent betrugen, zugestellt hatte, während diejenigen, welche vor mir seine Geschäfte geführt, die Federici, Gallerini und andere, ihn dreißig und noch mehr hatten zahlen lassen und er schließlich mir noch 250 Pfund schuldete.

Da er sich in Sachen des Rechnungswesens nicht sehr stark fühlte und sich nicht getraute, diese Rechnung selbst zu prüfen, so ließ er die Revision von seinem Advokaten vornehmen, der jedoch trotz der vorgefaßten Meinung, die man ihm über mich beigebracht hatte, sie so klar und richtig fand, daß er nicht umhin konnte, ihm in meiner Gegenwart zu sagen, daß, wenn alle seine Geschäftsführer mir glichen, seine Angelegenheiten weit besser stehen würden. Hierauf nahm Taylor die Feder und unterzeichnete eine Anweisung im Betrag meiner Anforderung an seinen Bankier, der zum Glück noch Gelder von ihm in Händen hatte.

Da Taylor von diesem Augenblicke an nicht weiter über dramatische Sachen mit mir sprach, so wußte ich nicht, wie ich dieses Schweigen auslegen sollte, als eines Morgens zwischen 6 und 7 Uhr, am 10. März, die Türe meines Zimmers sich öffnete. Ich lag noch im Bett und hatte eben die Glückwünsche meiner Frau zu meinem Geburtstage in Empfang genommen; plötzlich trat ein Mann in mein Zimmer und befahl mir, ihm zu folgen. Ich ergriff eine Pistole, die in meiner Nähe hing, und gab mit einer gebieterischen Gebärde das Zeichen, sich zu entfernen. Da er mich so entschlossen sah, suchte er die Türe zu erreichen und rief mir von hier aus zu: er sei Gerichtsbote und Überbringer eines Wechsels von dreihundert Pfund, welchen ich für Taylor indossiert und zu bezahlen hätte. Ich besaß nicht entfernt diese Summe, da ich jedoch nichts zu entgegnen wußte, so folgte ich ihm endlich und wurde zum ersten Male in meinem Leben in ein Gefängnis gesteckt.

Ich schrieb an Taylor, der meinen Brief unbeantwortet ließ; so war ich denn gezwungen, die Nacht bei diesem Gerichtsboten in einem mit eisernen Gittern versehenen Zimmer und in Gesellschaft anderer wahrscheinlich im nämlichen Falle wie ich befindlichen Personen zuzubringen. Am folgenden Morgen stellte ich zwei Bürgschaften und wurde wieder in Freiheit gesetzt. Noch war ich keine vier Schritte auf der Straße gegangen, als mir ein zweiter Gerichtsdiener eine ähnliche Anweisung vorlegte, für welche ich ebenfalls Kaution leistete. Als ich nach Hause kam, fand ich einen Dritten vor, der mich mit einem Wechsel in der Hand erwartete. In weniger als vierundzwanzig Stunden hatte ich also die Erniedrigung, mich dreimal verhaftet zu sehen und zwar für diesen Ehrenmann, der in seiner Eigenschaft als Parlamentsmitglied, das Privileg genoß, seine Schulden nicht selbst, sondern durch seine Freunde bezahlen zu lassen. Mehr als jemals erinnerte ich mich an Casanovas Rat und verwünschte meine Unvorsichtigkeit. Dies war jedoch nur das Vorspiel. Möge es genügen, wenn ich sage, daß ich in drei Monaten mehr als dreißigmal, stets wegen protestierter Wechsel, verhaftet wurde. Endlich ging ich nur sonn- und festtags aus, um solche verdrießlichen Auftritte zu vermeiden. Diese Lebensweise wurde jedoch unerträglich; ich konnte mich an niemanden als an Taylor wenden, bei welchem aber all mein Bitten und Flehen umsonst war. Nachdem ich meinen letzten Obolus geopfert, um die unablässig wachsenden Prozeßkosten zu decken, und sogar mein Mobiliar den Gläubigern dieses Mannes geopfert hatte, sah ich mich genötigt, meinen Bankrott anzuzeigen.

Ich bin, glaub ich, das erste Beispiel eines Mannes, der zu diesem äußersten Schritte gezwungen wurde, ohne auf eigene Rechnung auch nur die geringste persönliche Schuld kontrahiert zu haben. So befand ich mich wenigstens vor Verhaftungen gesichert; was blieb mir aber zum Leben, und was sollte weiter daraus werden? In der Tat besaß ich noch als Eigentum meine Druckerei, die, auf Taylors Namen hypothekarisch eingetragen, von den Gläubigern nicht genommen werden konnte, allein die Schlüssel davon befanden sich in den Händen eines Wucherers, der ihm Geld darauf geliehen, und erst nach langen Unterhandlungen, und nachdem ich mich verpflichtet hatte, wöchentlich eine Guinee zu zahlen, konnte ich wieder in den Besitz dieser Schlüssel gelangen. Meine einzigen Hilfsquellen bestanden in meinen Honoraren und dem Ertrag meiner Werke. Die ersteren waren einem andern Gläubiger Taylors verpfändet, und im Theater gab man nur alte Opern, deren Textbücher kontraktlich an Federici seitens der Direktion überlassen waren.

Federici und Gallerini erlitten bald dasselbe Schicksal wie ich und aus denselben Ursachen. Beide erniedrigten sich so tief, mich um meinen Beistand anzuflehen, und ich war einfältig genug, ihnen denselben zuzusagen. Auf diese Weise verfiel ich wieder in meinen alten Fehler und erwies Gutes für Böses. Zu spät erkannte ich, daß das den Bösen erwiesene Gute für sie nur eine Ermutigung war, noch mehr Böses zu tun. Durch meine Vermittlung erhielten sie ihre Freiheit wieder, und was war mein Lohn? Federici erhielt von Taylor in einem neuen Kontrakt das Privileg zum Verkauf der Libretti als Entschädigung für die erlittenen Nachteile. Was Gallerini anlangt, der mich schon mehrmals bestohlen und dem ich immer wieder verziehen hatte, so legte er später ein falsches Zeugnis gegen mich zu Gunsten eines Gauners seines Gelichters ab, der mir gegen tausend Guineen abgepreßt hatte.

Taylor ließ mich zwei Monate ohne jedes Lebenszeichen. Ich schrieb ihm zwei Briefe, die er ungeöffnet ins Feuer warf; ich erschöpfte alle Mittel, ihn wieder zu guten Gesinnungen gegen mich zu bewegen; ich sandte ihm einen gedruckten Bericht der vorgefallenen Tatsachen, und obwohl ich mir alle erdenkliche Mühe gegeben, so mäßig als möglich zu schreiben, so brachte ihn dieses Schriftchen in einen solchen Grad von Wut, daß er sich dafür zu rächen schwor. Um besser seinen Zweck zu erreichen, verstellte er sich jedoch und sandte mir einen Unterhändler zu, der so geschickt war, alle Exemplare meiner Memoiren mir abzulocken, wobei er mich noch auf meine Ehre versprechen ließ, das Original zu verbrennen, sich meiner Bücher bemächtigte und mir dagegen als Vorschuß fünfzig Guineen auszahlte, eine Summe, die kaum den zehnten Teil dessen erreichte, was ich nur für Kosten ausgegeben hatte.

Nachdem dieses Arrangement getroffen war, trug Taylor kein Bedenken mehr, die Maske wegzuwerfen; er sandte mir seinen Advokaten zu und ließ mich benachrichtigen, daß er meiner Dienste nicht mehr bedürfe, ja noch mehr, er ließ mich gerichtlich durch das *Alien-Office* anhalten, London zu verlassen. Da ich mir kein politisches Vergehen vorzuwerfen hatte und gewiß war, daß meine Person der Regierung nicht verdächtig war, so faßte ich den Mut, persönlich auf dem Polizeibüro zu erscheinen, wo man ohne große Schwierigkeiten den allzu leichtfertig von einem Subalternbeamten auf Anreizung meines Verfolgers erlassenen Befehl zurückzunehmen sich beeilte.

Damiani und die Allegranti hatten ohne großes Glück debütiert. Federici erneuerte im Einverständnis mit dem Direktor seine Intrigen. Die Banti wiederholte unablässig, daß ich reich sei, und drängte Taylor mich zu besuchen und sich davon zu überzeugen. In der Tat kam er auch zu mir und verlangte die Druckerei zu sehen. Ich entgegnete ihm, daß sich der Schlüssel in den Händen des W. Fox befände, welcher die Gefälligkeit gehabt habe, mir 250 Pfund darauf vorzuschießen, um mit diesen einen seiner noch unbezahlten Wechsel einzulösen; ich zeigte ihm letzteren auch. Das Endresultat dieses Besuchs war, daß ich meinen Abschied in aller Form rechtens erhielt.

Meine Frau hatte ebenso wie ihre Schwester einige Ersparnisse in einem Unternehmen gesammelt, das ich ihr zugewiesen hatte; allein dieses Geld war nicht in ihren Händen.

Ich sehe mich genötigt, eine zweite Seite aus diesen Denkwürdigkeiten herauszureißen, um sowohl mein Herz wie das meiner
Frau nicht allzusehr bluten zu lassen.

Noch einmal befand ich mich also in einer der peinlichsten
Lagen. Trotzdem vertraute ich stets auf die Vorsehung; ich
glaubte, eine innere Stimme zu vernehmen, die mir zurief, mich
nicht der Verzweiflung hinzugeben.

Ich versuchte, mir fünfzig Guineen zu leihen, die mir jedoch
abgeschlagen wurden. Was möchte ich darum geben, wenn ich
den Namen desjenigen, der mir diese abschlägige Antwort gab,
vergessen könnte! Ich glaube, daß die Schrecken des Todes nicht
fürchterlicher sein können, als die Schmerzen, die ich darüber
empfand. Eines Tages, als ich mutloser als jemals, mechanisch,
ohne zu wissen, wohin ich mich wenden sollte, auf gut Glück
herumschlenderte und mir bei jedem Schritte wiederholte, daß ich
die Vorsehung handeln lassen müsse, gelangte ich an den Strand, in
die Nähe von Temple Bar; ein Ochse, der aus einem Schlachthause
entsprungen war und von Hunden verfolgt wurde, zwang mich,
schleunigst in einen Buchladen einzutreten, um ihm zu entgehen.
Nachdem sich die Menge zerstreut hatte, wollte auch ich mich
wieder fortbegeben, als ein Buch durch seinen Einband meine
Aufmerksamkeit auf sich zog; aus Neugierde öffnete ich es; es war
ein Virgil. Ich erinnerte mich seiner weissagenden Aussprüche,
und der erste Vers, auf den mein Auge fiel, lautete:

»O passi graviora: dabit Deus hic quoque finem.«

Er paßte vollkommen zu meiner Geistesstimmung.

Mehr als einmal verfiel ich auf den Gedanken, eine italienische
Buchhandlung in London zu gründen. Dieser Gedanke erwachte
plötzlich wieder in mir, und die Verwirklichung desselben erschien mir leicht ausführbar. Ich fragte den Buchhändler, ob er
Bücher in der italienischen Sprache besäße.

»Nur zu viel!« erhielt ich zur Antwort.

»Ich werde wiederkommen und sie ansehen.«

»Sie werden mir einen wirklichen Dienst leisten, wenn Sie mir dieselben vom Halse schaffen.«

Als ich aus dem Laden heraus war, hatte ich meine ganze Heiterkeit wiedergefunden, ja, ich möchte sagen, einen mehr intuitiven als begründeten Hoffnungsschimmer. »Es muß eine italienische Buchhandlung etabliert werden«, sagte ich zu mir selbst; »man muß in London den Geschmack an unserer schönen Literatur wieder wachrufen!« Dann jedoch, als ich an meine Lage dachte, fing ich an, über meinen Plan zu lachen. In diesem Augenblick stieß ich jemanden an; es war Benelli, ein Schauspieler, der mich mit den Worten bei der Hand faßte:

»Sie kommen mir sehr gelegen; morgen oder später reise ich nach Neapel, wohin ich engagiert bin. Ich möchte nun gern einen Wechsel, den mir Taylor gegeben, diskontiert haben. Ich wollte ihn eben zu meinem Sachverwalter tragen; können Sie mir vielleicht hundert Pfund dafür verschaffen – er lautet auf 175 Pfund – so bin ich damit zufrieden; so viel brauche ich zu meiner Reise.«

Ich nahm den Wechsel und versprach ihm noch vor einer Stunde Antwort zu geben; ich lief hierauf zu einem Wucherer von meiner Bekanntschaft, der gegen fünfzehn Guineen und meine Bürgschaft den Betrag auszahlte. So sah ich mich denn im Besitz von sechzig Guineen, die ich mir mit gutem Gewissen anzueignen das Recht zu haben glaubte, denn ich riskierte stets, eines Tags gezwungen zu werden, den ganzen Betrag des Wechsels zu zahlen. Ich hatte jedoch soviel Zartgefühl, Benelli Mitteilung davon zu machen, der aber, als ich ihm seine hundert Pfund aufgezählt hatte, sehr verbindlich zu mir sagte: »Ich bin glücklich über diesen unverhofften Gewinn für Sie; und wenn Taylor seinen Wechsel nicht einlöst, so werde ich Ihnen die Summe, die ich empfangen habe, wieder ersetzen.«

Ohne Zeitverlust eilte ich hierauf zu dem Buchhändler, der

mich mit Lächeln im Gesicht empfing und mich in einen Hinter-
laden führte.

»Ich habe hier nur italienische Bücher«, sagte er zu mir, »wenn
Sie sie *en bloc* kaufen wollen, so stelle ich Ihnen einen sehr
mäßigen Preis, dreißig Guineen.«

Während er sprach, warf ich einen flüchtigen Blick auf die
ganze Sammlung, und obgleich die Bücher mit Staub und Spin-
nengewebe bedeckt waren, so konnte ich doch einige Titel lesen.
Ich ließ ihn die geforderte Summe noch einmal wiederholen und
zahlte sie ihm auf der Stelle; er stellte mir einen Empfangsschein
aus und bat mich, noch immer mit demselben Lächeln im Gesicht, sie sobald als möglich abholen zu lassen. Dieses Lächeln,
das mir sardonisch erschien, machte mich bedenklich; glücklicherweise befiel mich aber keine Furcht. Als ich die Bücherbretter sorgfältiger untersuchte, die nicht weniger als sechs- bis
siebenhundert Bände von jedem Format und jeder Größe enthielten, konnte ich meinerseits ein Lächeln nicht unterdrücken,
während ich im Innern die Geringschätzung bedauerte, die man
der Literatur meines teuren Vaterlandes antat.

Ich will hier nicht eine Aufzählung der Schätze, die ich daselbst vorfand, versuchen. Es genüge einfach zu erwähnen, daß
ich durch ihren Wiederverkauf in meinem Magazin vierhundert
Guineen gewann. Diese neue Gunst des Himmels gab mir alle
meine Hoffnungen wieder und erschien mir als ein günstiges
Augurium für die Verwirklichung meines Lieblingsplanes, der
italienischen Literatur wieder all jenen Glanz zu verschaffen, in
dem sie in dieser Stadt zu den Zeiten der Gray, der Dryden und
der Milton geleuchtet hatte.

Ich machte die Runde in allen Buchhandlungen Londons und
widmete meine letzten dreißig Guineen ähnlichen Einkäufen. In
der Mitte des Monats März 1801 besaß ich neunhundert Bände
von Meisterwerken, deren Zahl ich auf sechzehnhundert durch
andere Akquisitionen bei öffentlichen Verkäufen brachte. Ich ließ

einen Katalog davon drucken und hatte die Genugtuung, in mein Magazin die gelehrtesten und einflußreichsten Männer der Hauptstadt strömen zu sehen, welche meine Bücherbretter um mehr als vierhundert jener Bände leerer, aber meine Börse um so viel schwerer machten. Ich ließ aus allen Städten Italiens das Neueste und Denkwürdigste, was dort im Druck veröffentlicht wurde, mir zusenden. Auf diese Weise setzte ich mich in den Stand, in weniger als einem Jahre die Hypothek löschen zu können, die noch auf meiner Buchdruckerei lastete, und diese nunmehr dazu zu benutzen, einige meiner Poesien zu veröffentlichen. Dieser Veröffentlichung verdanke ich die Bekanntschaft des ehrenhaftesten Mannes, den ich in meinem Leben angetroffen, des ehrenwerten Sir Thomas Mathias.

Die Freundschaft dieses Namens hat zu viel Einfluß auf mein Schicksal gehabt, als daß ich nicht mit Wohlgefallen davon sprechen sollte. In allen toten und lebenden Sprachen bewandert, gelehrt, voll Geist und Geschmack an der schönen Dichtkunst, war Sir Mathias gegen die Textverfasser der *Opera buffa* und namentlich gegen die, welche für das Londoner Theater schrieben, eingenommen; er hatte diese Ansicht, die bis zur Verachtung ging, in mehreren Schriftchen und vorzüglich in seinem *Demogorgon*, einem Werke voll Geist und Attizismus, ausgesprochen. Ein Sprachlehrer Zenotti hatte zu ihm über mich in Ausdrücken gesprochen, die den Wunsch in ihm rege machten, mich kennenzulernen. Während ich eines Tages vor meinem Magazin stand, trat er ein und verlangte nach mehreren Büchern; während ich beschäftigt war, sie zu suchen, nahm er ein Bändchen Poesien in die Hand und begann die erste Seite zu lesen. Es war eine Ode, die ich auf den Tod Josephs II. geschrieben hatte; ich glaubte an der Bewegung, die sich in seinen Gesichtszügen spiegelte, zu bemerken, daß er zufrieden damit war. Als er an die vierte Strophe kam, hielt er inne und verlangte lebhaft nach dem

Namen des Verfassers; gleichzeitig las er mit lauter Stimme auf dem Titelblatt: Poetische Versuche von Lorenzo Da Ponte.

»Mit dem ich ohne Zweifel zu sprechen die Ehre habe?« Ich verbeugte mich. »Und Sie sind nicht der Poet unseres Theaters?«

»Ich war es«, antwortete ich.

»Sie waren der Poet unseres Theaters und der Verfasser dieser Verse! Wollen Sie mir die Gewogenheit erweisen, morgen zu mir zu kommen, und mir inzwischen erlauben, dieses Bändchen mit nach Hause nehmen zu dürfen?«

Ich verneigte mich von neuem. Er ließ mir seinen Namen und seine Adresse zurück und ging hinweg. Zur bestimmten Stunde war ich bei ihm. Er empfing mich mit jener Artigkeit, die man fast stets bei hervorragenden Männern findet, lud mich zum Frühstück ein und fragte mich, wie ich mein Talent so hätte erniedrigen können, um für ein Theater zu schreiben, auf welchem man nur erbärmliches Zeug zur Aufführung brächte. Ich bat ihn, mir zu sagen, ob er einige meiner Stücke habe darstellen sehen. Ich erinnere mich nicht, ob er mir bejahend antwortete oder ob er, um mich zu verletzen, mir sagte, er habe sich darauf beschränkt, nur auf die Musik zu hören.

Ich erzählte ihm mit kurzen Worten die Geschichte meiner theatralischen Laufbahn; dann nannte ich ihm die Opern, welche ich für die Theater zu Wien und zu London geschrieben; ich ersuchte ihn, einige derselben flüchtig zu durchlaufen, die ich zwar für keine vollendete Arbeit ausgab, in denen er jedoch vielleicht einige Szenen finden würde, die ihn mit dem dramatischen Dichter von London auszusöhnen vermöchten, obwohl es weder ein Zeni noch ein Metastasio sei. Er versprach mir, es zu tun. Nach einer Stunde der Unterhaltung kam er jedoch auf meine Ode zurück, deren Vorlesung er vom Verfasser selbst zu hören wünschte, bei welcher Gelegenheit er mir die schmeichelhaftesten Dinge in dieser Beziehung wiederholte. Von diesem Tage an begann seine Zuneigung zu mir, und drei aufeinanderfolgende Jahre hörte er nicht auf, mich mit allen Beweisen einer Freundschaft zu überhäufen, die sich nie verleugnet hat.

Beim Beginn der neuen Theatersaison faßte die Banti, dieses Weib, welches an allem Unglück, das mich zu Boden gedrückt hatte, schuld war, den plötzlichen Entschluß, nach Italien zurückzukehren. Taylor begleitete sie bis nach Paris, wo er sich einige Zeit aufhielt. Während seiner Abwesenheit hatten die Billington und die Grassini die Banti in London ersetzt; die Gläubiger des Theaters, die mit der Verwaltung Taylors wenig zufrieden waren, benutzten seine Abwesenheit, und es gelang ihnen glücklich, ihn von der Leitung zu verdrängen und einen andern an seine Stelle zu bringen. Der Koterie der Federicis und der Banti fremd, entließen sie den Poeten der Intrige und beriefen mich wieder auf meinen früheren Posten. Das Anerbieten dieser Stelle wurde mir in so liebevollen Ausdrücken gemacht, daß sie mich zur Annahme bestimmten, weniger in Betracht der pekuniären Vorteile, die damit verknüpft waren, als weil sie mir die Genugtuung darbot, den Gaukler, der mich verdrängt hatte, wieder zu kränken. Um diese Zeit schrieb ich den *Raub der Proserpina* und den *Triumph der Bruderliebe*, Stücke, welche meinen Ruf vergrößerten und dazu beitrugen, das vorgefaßte Urteil des Sir Mathias in betreff der italienischen dramatischen Werke zu berichtigen; vor allen anderen legte ich großen Wert auf seine Billigung.

Zu gleicher Zeit, als ich diesen Erfolg am Theater errang, nahm mein Handel einen außerordentlichen Aufschwung. Ich will hier nicht die Gelegenheit vorübergehen lassen, ohne denen meinen Dank abzustatten, die mich mit ihren weisen Ratschlägen und ihren Bemühungen unterstützten: die Nardi, die Pananti und eine Menge anderer Gelehrte, Philologen, Grammatiker und Dichter, deren Liste zu lang werden würde. Gleichzeitig erkenne ich mit freudigem Danke die ausgezeichneten Pläne des Sir Mathias an, der, stets der nämliche für mich, eine neue Sammlung unserer Klassiker veröffentlichte, die mit gelehrten Vorreden begleitet waren und viel dazu beitrugen, daß unsere Schriftsteller neben den griechischen und lateinischen Schriftstellern zur Seite gehen konnten.

Alles ging nach Wunsche, bis ich den Fehler beging, mich des Vorteils wegen mit einem gewissen Domenico Corri, einem Manne von Talent, der aber, leichtfertig, sich ohne weiteres allen Träumen seiner Einbildung hingab, zu verbinden. Die Notwendigkeit, mir einen Saal zu verschaffen, der groß genug war, zehn- bis zwölftausend Bände aufzunehmen, und die günstige Lage des Hauses, das er bewohnte, veranlaßten mich, zunächst einen Teil seines Magazins zu mieten, dann aber die ganze Hausmiete auf mich zu nehmen. Dussek, Corris Schwiegersohn, verkaufte hier sehr leicht und zu vorteilhaften Preisen seine schönen Sonaten. Was ich aber nicht wußte, war, daß beide voller Schulden waren und keine Gelder hatten, um ihren Handel mit musikalischen Drucksachen in gehörigen Gang zu bringen. Durch den Anschein und ihre schönen Worte verführt, schloß ich mit ihnen eine Art Gesellschafterkontrakt ab. Ich übernahm auf meine Rechnung ihre Schulden und zahlte pünktlich ab. Aber nach Verlauf eines halben Jahres sah ich den Abgrund unter meinen Füßen geöffnet und konnte mich nicht herausziehen, ohne eintausend Guineen hineinzuwerfen. Dussek entfloh nach Paris, und Corri wurde in das Gefängnis von Newgate geworfen. Ich allein blieb mit einer Masse von Wechseln zurück, die höchstens zum Insfeuerwerfen gut waren.

Ein anderer Zwischenfall hätte noch weit verhängnisvoller werden können. Gallerini, der seit einer Reihe von Jahren von Taylor beauftragt war, seine Wechsel unterzubringen, hatte in seinem Besitz alle diejenigen behalten, welche erneuert worden waren, ohne daß die Unterschrift ausgestrichen wurde. Da sich kein Zahlungsbeweis vorfand, so war es ihm leicht, eine ziemliche Anzahl derselben in Umlauf zu setzen, für welche die Indossanten aufkommen mußten. Das war wenigstens die ausgesprochene Ansicht des Lord Kenion in einem der zahlreichen Prozesse, die diese Wiederinumlaufsetzung hervorrief. Dieser Spitzbube war im Begriff, seine Schändlichkeiten von neuem zu beginnen, als ich davon unterrichtet wurde. Ich eilte zu Perry, dem Herausgeber des *Morning Chronicle*, dem Freund und Geschäftsführer Taylors. Vom Tatbestand in Kenntnis gesetzt, bat er mich, ein Auskunftsmittel ausfindig zu machen, um der Ausführung zuvorzukommen. Es glückte mir, und mittels fünfzig Guineen, welche Perry so zart war, mir wieder zu ersetzen, entzog ich Gallerinis Händen eine Wechselmasse im Gesamtbetrag von fünfundzwanzigtausend Pfund Sterling. Dieser alleinige Dienst hätte mir die Erkenntlichkeit Taylors für mein ganzes Leben sichern sollen.

Nach einem mehrmonatigen Aufenthalt in Paris und überzeugt, daß Perry und Gould, die seine Partner geworden waren, seine Angelegenheiten endlich arrangiert haben würden, kehrte Taylor heimlich wieder nach London zurück, eine Vorsichtsmaßregel, die um so unerläßlicher war, als er nicht mehr im Parlamente saß und seine Person ihre Unverletzlichkeit eingebüßt hatte. Gallerini erfuhr jedoch nichtsdestoweniger seine Ankunft und setzte die Gerichtsboten des Handelsgerichts davon in Kenntnis, die ihn in Haft nahmen. Ein Schauspieler, der von diesem Ereignis unterrichtet war, meldete es mir mit den Worten: »Jetzt ist der Augenblick gekommen, sich in Taylors Augen zu rehabilitieren, indem Sie sich für seine Freilassung verwenden.«

Diese Worte trafen wie ein elektrischer Funke in mein Herz. Sie riefen mir meine Lage in Holland ins Gedächtnis zurück, unsere Tage der Verzweiflung, das von Cera herbeigebrachte Abendmahl, das für uns das Manna in der Wüste war, endlich die

Augenblicke der Herzensangst, welchen Taylor ein Ende gemacht, und trotz der Vorstellungen meiner Frau und meiner Freunde vergaß ich die Schmähungen, Ungerechtigkeiten und sogar die Verluste, die die Folge davon waren; ich eilte mit einem meiner Brüder in das Gefängnis und verlangte, ihn zu besuchen. Man überbrachte ihm meine Botschaft. Als er meinen Namen aussprechen hörte, glaubte er seinen fünf Sinnen nicht mehr; er gab Befehl, uns einzulassen. Um zehn Uhr morgens war er verhaftet worden. Um sieben Uhr abends ging ich zu ihm. Den ganzen Tag hindurch hatte er damit zugebracht, diejenigen um Hilfe anzuflehen, die er seine Freunde nannte. Seine Briefe waren unbeantwortet geblieben. Die Unempfindlichkeit der anderen mußte ihm meinen Besuch weit kostbarer erscheinen lassen, als er unerwartet kam. Ich reichte ihm die Hand, er drückte sie, und ich weiß nicht, wer von uns beiden am gerührtesten war, ich von der Hoffnung, die ich hatte, ihm wieder die Freiheit zu verschaffen, er von Staunen und Bewunderung. Nach einem kurzen Stillschweigen ergriff er das Wort und wir wechselten folgende Reden:

»Da Ponte! Sie hier!«

»Ja, um Ihnen zu Hilfe zu kommen.«

»Halten Sie dies für möglich?«

»Wenn Sie mich hier sehen, so ist dies nur, weil ich davon überzeugt bin.«

»Und was soll ich tun?«

»Setzen Sie mich in die Lage zu handeln.«

Er nahm meine Hand von neuem und drückte sie voll innerer Bewegung, dann setzte er sich nieder, und nach einer kurzen Pause begann er zu überlegen; er sagte mir, daß er wegen zweier Wechsel verhaftet worden sei, der eine von sechshundert, der andere von dreihundert Pfund; der erste in blanko unterschrieben, könnte mittelst Kaution wieder erneut werden, während der zweite mit der Formel *Warrant of attorney* vor seiner Entlassung aus dem Gefängnisse unter jeder Bedingung bezahlt werden müsse. Er setzte noch hinzu, wenn unglücklicherweise seine zahlreichen Gläubiger von dieser Verhaftung erfahren sollten, so müsse er unter dem Gewicht der Anweisungen erliegen und seine Verhaftung würde ewig sein. Mein Entschluß war gefaßt. Ich sandte meinen Bruder an Gould ab, besprach mich darauf mit dem Gerichtsboten, welcher den Haftbefehl hatte, und bestimmte ihn, einen neuen Wechsel von Taylor anzunehmen, den ich mich verpflichtete, für die 600 Pfund zu indossieren; was die dreihundert Pfund anlangt, so bot ich ihm die Hälfte davon in barer Zahlung, die andere einen Monat nach Dato mit der Bürgschaft Goulds an, der gegen zehn Uhr eintraf und nicht ohne einige Schwierigkeiten dazu bewogen werden konnte, seine Unterschrift herzugeben. Gegen ein Geschenk von zwanzig Guineen wurde ich mit dem Gerichtsboten fertig. Noch vor elf Uhr ging Taylor ruhig wieder nach Hause und schied mit den Worten von mir: »Was Sie eben für mich getan haben, das läßt sich nicht mit Worten bezahlen; die Taten sollen Ihnen beweisen, daß ich erkenntlich bin.«

Da die Banti fern von London und Federici zur Flucht nach Italien gezwungen war, so hatte ich die Schwäche, an die Aufrichtigkeit seiner Worte zu glauben und mir einzubilden, daß dieser Dienst nicht vergessen werden konnte; ich fuhr fort, alles für ihn zu tun, was nur ein Vater für seinen Sohn tun konnte. Ein halbes Jahr lang sorgte ich für alle seine Bedürfnisse; ich setzte mich allem aus, ich bezahlte alle seine Schulden und ließ mir in Wahrheit von Gould die nötigen Gelder aushändigen, um mit den Gerichtsboten schön zu tun, die Advokaten zu gewinnen und Aufschub zu erlangen. Ich war es endlich, der nach einem halben Jahre die sechshundert Pfund für den erneuten Wechsel bezahlte, um ihn, nach seinem eigenen Geständnis, von einem ewigen Gefängnis zu befreien. Bei Gelegenheit dieser Wechsel kann ich eine der tausend Proben von Freundschaft, die mir Sir Mathias gegeben, nicht mit Stillschweigen übergehen.

Als Taylor am Verfallstage seiner Verpflichtung in bezug auf Zahlung des Wechsels nicht nachkommen konnte, so mußte ich es an seiner Stelle tun. Da ich jedoch die erforderliche Summe nicht besaß, so entschloß ich mich, einen Teil meiner Bücher zu verauktionieren. Ich erwartete zu Mittag einen Buchhändler, um mich mit ihm in dieser Beziehung zu besprechen. Inzwischen besann ich mich, daß ich Sir Mathias versprochen hatte, um neun Uhr mit ihm zu frühstücken; ich begab mich daher zu ihm. Meine Unruhe entging ihm nicht. Er fragte mich um die Ursache derselben, und ich gestand sie ihm. Er tadelte meine Schwäche. Ich nannte ihm das Auskunftsmittel, zu welchem ich meine Zuflucht zu nehmen beschlossen hatte, um mich aus dieser Affäre zu ziehen.

»Gehen Sie nach Hause«, antwortete er mir. Und, die Uhr in der Hand, fuhr er fort: »Erwarten Sie mich gefälligst in einer halben Stunde.«

Mein Buchhändler war noch nicht erschienen, und als er ankam, brauchte ich ihn nicht mehr. Mein Schutzengel hatte mir folgendes Billett geschrieben:

»Lieber Freund! Sie empfangen hierbei den Betrag Ihres Wechsels. Gott gebe, daß es der letzte ist, den Sie für diesen Mann zu bezahlen haben! Besuchen Sie mich morgen wieder.«

So viel Edelmut rührte mich bis zu Tränen; da ich die Verlegenheiten kannte, die mich zu Boden drückten, und die Unmöglichkeit vorhersah, ihm jemals diese Summe wiederzahlen zu können, so schwankte ich zwischen dem Zartgefühl und der gebieterischen Notwendigkeit, in der ich mich befand. Leider ließ ein Hoffnungsschimmer, der sich auf Taylors letzte Worte gründete, das Zartgefühl schweigen; ich nahm das Geld an. Mit welchen Gewissensbissen habe ich nicht diese Schwäche gebüßt!

Um diese Zeit erhielt meine Gemahlin von ihrer Mutter, die sich in Amerika niedergelassen hatte, eine Einladung, zu ihr zu kommen. Ich war durchaus nicht abgeneigt, ihr meine Einwilligung dazu zu geben, und um sie nicht zu betrüben, gestattete ich ihr, unsere Kinder mitzunehmen, von denen das jüngste kaum entwöhnt war. Das Gute, das ich von diesem Lande hatte erzählen hören und ein unbestimmter Gedanke, sie vielleicht eines Tages daselbst abzuholen, ließen mich keinen Augenblick zaudern. Es ist wahr, daß meine Stellung in London und die tausend Angelegenheiten, in welche ich geschleudert worden war, mir als eben so viele Fesseln erschienen. Ich berührte mit einem flüchtigen Worte gegen Sir Mathias mein Auswanderungsprojekt, das er jedoch entschieden verwarf und eine Narrheit nannte.

Als der zur Abreise festgesetzte Tag erschien, verließ meine Gemahlin mit ihren vier Kindern London, und ich begleitete sie bis Gravesend. Die Reise ging unter steten Tränen vonstatten; nichts kann aber den herzzerreißenden Schmerz schildern, als ich diese teuren Wesen dem Schiffe übergab, das sie mit fortnehmen sollte, und ich sie zum letzten Male in meine Arme schloß; es schien mir, als legte sich eine Eisenhand auf mein Herz und erstickte seinen letzten Pulsschlag. Der Schmerz war so stechend, daß ich überlegte, ob ich sie nicht lieber mit nach London wieder zurücknehmen oder mich mit ihnen einschiffen und der Vorsehung anheimgeben sollte. Mein Bruder war an meiner Seite, teilte meine Angst und bemühte sich, mich zu trösten. Seine schon schwankende Gesundheit (denn schon nach einem Jahre verlor ich ihn) nahm meine ganze Sorgfalt in Anspruch. Welch ein Augenblick! Er war schrecklich! Endlich entriß ich mich all diesen Schmerzen, die Nacht zog ihren Schleier darüber und ich blieb! . . .

Die Abwesenheit meiner Gemahlin sollte nur ein Jahr dauern, das war noch ein Grund des Trostes für mich. Ich kehrte nach London zurück, und als ich mich allein in der großen Stadt und in dem Hause befand, das wir gemeinsam bewohnten, erschien mir alles dergestalt unerträglich, daß ich mehrmals auf dem Punkte stand, alles zu verlassen und nach Amerika zu eilen, um wieder mit ihnen zusammen zu sein. Mein Bruder und Sir Mathias waren die beiden einzigen Wesen, die mich noch an das Leben fesselten; aber welche moralische Leiden erduldete ich! Nur der, welcher die Wonnen des Familienlebens empfunden hat, wird mich verstehen.

Der Tag, wo ich mich von den Meinen trennte, war ein Sonntag. Gegen zwei Uhr nachmittags kehrte ich nach London zurück; ich konnte mich also, ohne Zerstreuung, meinem Schmerze ganz hingeben. Anders war es jedoch am nächsten Morgen, wo meine Geldtrübsale wieder begannen und sich so vervielfältigten, daß ich nicht mehr wußte, welchen Heiligen ich anrufen sollte, und mich entschied, meine Gläubiger zusammenkommen zu lassen. Bevor ich jedoch diesen äußersten Schritt unternahm, wollte ich Taylor davon in Kenntnis setzen, der sich noch immer in Illusionen wiegte und sich begnügte, über mich mit den Worten zu spötteln: »Reisen Sie baldmöglichst nach Amerika; es zieht Sie eine geheime Neigung dahin; warten Sie dort, bis meine Angelegenheiten arrangiert sind. Ich bin noch immer Eigentümer des Theaters, obschon man mir die Verwaltung abgenommen hat. Ich werde fortfahren, Ihre Gage auszuzahlen, und Sie werden mir Ihre Werke zukommen lassen.« Eine solche Ausgleichung würde mich verführt haben, wenn jeder andere als Taylor es mir angeboten hätte; von dieser Seite her vorgeschlagen, konnte sie meinen Entschluß nicht ändern. Die Versammlung meiner Gläubiger fand statt; mein Advokat legte meine Rechnungen vor und erbot sich, das Eingehen meiner Außenstände zu bewerkstelligen und mit diesen Überbleibseln meine Schulden zu bezahlen. Man hörte ihn ruhig an und trennte sich, ohne zu einem Beschluß zu gelangen.

Als ich nach Hause kam, warf ich mich aufs Bett und versank

bald in einen tiefen Schlaf. Mitten im Traume wurde ich durch eine befreundete Stimme aufgeschreckt; es war die eines Gerichtsboten, dessen wohlwollende und menschenfreundliche Gesinnungen ich kannte; er kam, mich zu benachrichtigen, daß man ihm an diesem Morgen seitens meiner Gläubiger elf Haftbefehle übergeben und eine bedeutende Summe versprochen habe, wenn ich noch vor Mittag im Gefängnis wäre; in seinem Schrecken war er herbeigeeilt, um mir zu raten, London auf der Stelle zu verlassen. Ich wollte meinen Dank mit einigen Guineen begleiten, die ich diesem würdigen Manne anbot; statt sie jedoch anzunehmen, drang er in mich, aus seiner Börse die Summe, die mir zur Flucht ohne allen Verzug nötig sei, zu entnehmen, was ich jedoch entschieden zurückwies. Er wünschte mir glückliche Reise, und wir trennten uns. Es war Mitternacht; ich lief zu Gould, dem Unterdirektor des Theaters; ich setzte ihn von allem, was vorgefallen, in Kenntnis, ebenso auch von den Versprechungen Taylors, und bat ihn um eine Akontozahlung von hundert Guineen auf mein Honorar. Ich kehrte nach Hause zurück. Mit Tagesanbruch war ich bereits in der City, um mich nach Segelschiffen zu erkundigen; endlich machte ich vor einem Fahrzeuge halt, das vom Kapitän Hyden befehligt wurde und nach Philadelphia abging. Nachdem ich im *Alien-Office* mir meinen Reisepaß entnommen hatte, brachte mich ein Postwagen nach Gravesend. Mein unglücklicher Bruder begleitete mich; er war über meine plötzliche Abreise untröstlich; endlich behielt seine Vernunft die Oberhand, aber nur erst dann, als ich ihm die förmliche Versicherung gab, binnen einem halben Jahre nach London zurückzukehren oder ihn zu uns nach Amerika zu rufen. Eitle Pläne! Ich kehrte nicht zurück, und er starb ein Jahr darauf.

Bevor ich London für immer verlasse und um später nicht mehr von ihm sprechen zu müssen, glaube ich, hier ein letztes Andenken, das sich an Casti anknüpft, einschalten zu müssen. Es ergänzt die Geschichte meiner Beziehungen zu Casti, dem Anstifter all dieser Quälereien, denen ich bei meinem ersten Auftreten in Wien preisgegeben war, der aber später alles Unrecht durch seinen mir zuerteilten Schutz bei dem Grafen Saur, wie dadurch, daß er mir die Mittel erleichterte, über meine Feinde zu triumphieren und vom Kaiser Franz meine vollständige Rehabilitation zu erlangen, wieder gutmachte.

Zur Zeit seiner Durchreise durch Triest hatte mir Casti, wie schon erzählt, seinen Plan, zum Poeten des Kaisers Leopold ernannt zu werden, mitgeteilt. Diesen Plan hatte er mit einer Hartnäckigkeit verfolgt, die er in allen Dingen behauptete, und war endlich glücklich ans Ziel gelangt. Er hatte es veranstaltet, daß Bertati, der eben seine Oper *Die heimliche Ehe*, die er in Gemeinschaft mit Cimarosa geschrieben, von seinem Posten vertrieben wurde. Welche Federn hatte er wohl spielen lassen? Ich weiß es nicht, aber es war ihm gelungen. Einmal angestellt, ließ er sich, sei es nun, daß er seine Aufmerksamkeit auf andere, dem Theater fern liegende Werke richtete, oder sei es Faulheit oder endlich, daß seine dramatische Muse eingeschlafen war, einen Koadjutor beigeben, der nun seinerseits dieselbe Rolle gegen ihn spielte, die er früher gegen Bertati gespielt, und ihn verdrängte; allein er ging noch weiter, und da er von keinem Verbrechen zurückschreckte, suchte er, um seine Intrigen nicht weiter fürchten zu müssen, ihn aus Wien vertreiben zu lassen. Er denunzierte ihn als einen von revolutionären Grundsätzen eingenommenen Menschen, der vom Jakobinismus angesteckt sei, ein Wort, das in diesem Augenblicke ein Schreckbild für alle Souveräne Europas war. Casti hatte, wohlverstanden, in gewisser Hinsicht Veranlassung zu dieser Anklage gegeben. Er entwarf sein Gedicht *Die redenden Tiere*, eine Kritik der Gouvernemental-Regierung im allgemeinen; Bruchstücke davon hatte er seinen Freunden vorgelesen; es geschah damit, was fast immer zu geschehen pflegt. Von Mund zu Mund gehend, wurden diese Verse entstellt und mit boshaften Zusätzen versehen. Man fand darin persönliche Anspielungen, eine Satire gegen die Großen und gegen den Kaiser selbst. Die besorgte Polizei bemächtigte sich seines Manuskripts, und Casti erhielt den Befehl, die Hauptstadt zu verlassen. Er reiste nach Paris. Die literarische Welt gewann dabei.

In dieser Stadt legte er die letzte Hand an dieses Gedicht, in welches er alle Galle seines Gefühls und die ganze Bitterkeit seiner Rache niederlegte. Das Buch machte großes Aufsehen. Unter dem Schleier der Dichtung fand man darin das Bild der Hauptpersonen dieses Zeitraums wie die kritische Geschichte der Ereignisse der französischen Revolution und der Ursachen, die sie herbeigeführt haben. Das Treffende dieser Kritik hat sich seitdem abschwächen können, aber der poetische Teil ist derselbe geblieben und man findet darin Züge von Lebhaftigkeit und Begeisterung, die eines Monti und Foscolo würdig sind und die Leser dieses Gedichtes stets durch Interesse fesseln, ja mit Vergnügen erfüllen werden.

Während ich mit Corri assoziiert und in Geschäftsverbindungen mit allen Buchhändlern Londons war, kam ich auf den Gedanken einer Ausgabe dieses Gedichtes, das in England viele Bewunderer hatte. Ich rechnete auch auf den Reiz der Neuheit, um den Geschmack an der italienischen Literatur in London zu verbreiten. Während es gedruckt wurde, kam Colombo, jener Mitschüler vom Seminar zu Ceneda, dem ich verdanke, in meinen ersten literarischen Versuchen ermutigt worden zu sein, derselbe, der die Wahl meines Berufes entschied, in London an. Wir hatten uns seit jener Zeit aus den Augen verloren. Er traf hier als Lehrer zwei junger italienischer Edelleute ein. Man kann denken, mit welcher Freude wir uns wiedersahen. Wir verlebten unsere Tage zusammen. Er befand sich gerade bei mir, als man mir die Korrekturbogen brachte, und befragte mich nach meinem Urteil über dieses Werk. Ich lobte es, fügte aber hinzu, daß es noch zahlreicher Verbesserungen bedürfe, um vollkommen zu werden; zunächst müßten die Anspielungen noch schlagender, die Längen gekürzt, die verstümmelten Verse ergänzt und vor allem der allzu freie Stil veredelt werden.

Colombo setzte seine Reise mit seinen Zöglingen fort, verließ London und wendete sich nach Paris. Er besuchte Casti und sprach mit ihm von mir; ohne Zweifel teilte er ihm die Verbesserungen mit, über welche ich mit ihm mich unterhalten, und Casti, der in dem Glauben stand, ich hätte sie mir anzubringen erlaubt, schrieb mir sofort eine strenge Epistel voller Vorwürfe über diesen Akt der Unredlichkeit; ich beeilte mich, ihm zu antworten, und versprach ihm, um mich vollständig zu rechtfertigen, die Zusendung eines Exemplars meiner Ausgabe, die ihm meine Wahrhaftigkeit beweisen würde. Ich gestehe, daß ich mir nur einfach gestattet hatte, einige allzu grelle Ausdrücke zu mildern, damit es auch der englischen Frauenwelt vorgelegt werden könne, der ich vor allem sein Buch bestimmt hatte.

Eine Indigestion, die kurze Zeit darauf Castis Tod in seinem achtzigsten Jahre herbeiführte, beraubte mich seiner Antwort. Ich übergab meine Ausgabe der Öffentlichkeit.

11. Kapitel

Überstürzte Abreise nach Amerika – Die Überfahrt – Speze-
reihändler in New York – Erneut unter dem Druck von Gläu-
bigern, weitere Intrigen – Lehrer der italienischen Sprache und
Literatur in New York – Übersiedlung nach Sunbury – Da
Ponte als Drogist und Destillateur – Der betrügerische Ange-
stellte – Pfändung seines Hauses – Wieder als Sprachlehrer und
Buchhändler in New York – Übersetzung von Byrons Prophe-
zeiung Dantes – *Tod des Sohnes – Aufführung des* Don Giovanni *in New York – Was Da Ponte mit seinen Memoiren*
bezweckte

Meine Überfahrt von London nach Philadelphia war lang und
langweilig; sie dauerte sechsundachtzig Tage, in welcher Zeit mir
alle, für mein Alter so notwendigen Bequemlichkeiten abgingen.
Ich hatte sagen hören, daß es, wenn man sich nach Amerika
begeben wolle, genüge, eine mit dem Kapitän vereinbarte
Summe zu zahlen, und dieser dann gehalten sei, für alle übrigen
Bedürfnisse zur See zu sorgen. Dies findet auch in der Tat statt,
wenn man einen ehrenhaften Mann trifft, der darauf hält, seinen
Verpflichtungen nachzukommen. Ich war dagegen in die Krallen
eines Flibustiers von Nantucket, eines Walfischfängers, geraten,
der seine Passagiere wie seine Matrosen niemals wie Menschen
behandelte. Sein kaum ausreichender Proviant bestand in groben
Nahrungsmitteln. Mein erster Fehler war, ihm vierundvierzig
Guineen zu zahlen, bevor ich noch einen Fuß auf das Schiff
gesetzt hatte; ohne schriftlichen Kontrakt und ohne mich auch
nur im geringsten unterrichtet zu haben, hatte ich nur ausgemacht, daß er mich an den Ort meiner Bestimmung bringen und

unterwegs beköstigen sollte. Schon bei meiner ersten Mahlzeit erkannte ich meine Unvorsichtigkeit; die Zubereitungen zu diesem Mahle wurden auf dem Verdeck vorgenommen. Ein wurmstichiger Holztisch, ein Tischtuch, das schwärzer als das Hemd eines Kohlenbrenners war, drei aufgesprungene Teller und drei Kuverts von verrostetem Eisen, das waren die vor meinen Augen zur Schau ausgestellten Gegenstände. Der Kapitän setzte sich und forderte mich auf, ein Gleiches zu tun; ein Küchenjunge, ein echtes afrikanisches Kind, hielt in einer Hand einen Holznapf und in der andern eine Zinnschüssel, setzte beide Gegenstände auf den Tisch und entfernte sich.

»Odoard«, schrie jetzt der Kapitän mit einer Stentorstimme, »Odoard, zu Tische!« Beim zweiten Rufe kam Odoard aus einem Gemach, in dem er die Nacht zugebracht hatte. Dieser Odoard, dessen Bekleidung noch schmutziger als unser Tischtuch war, machte auf mich den Eindruck eines Betrunkenen, den man eben aus dem Schlafe aufgeschreckt hat. Er setzte sich, ohne ein Wort zu sagen und ohne mich auch nur eines Blickes zu würdigen, an die Seite des Kapitäns. Während ich diese Beobachtungen anstellte, hatte man vor mich einen Teller hingesetzt, der einige Löffel von einer Flüssigkeit enthielt, die ich im Anfang für Kastanienwasser hielt. Da der Kapitän sah, daß ich meinen Teller betrachtete, ohne es zu wagen, ihn zu berühren, rief er mir zu: »Signore Italiano, warum kosten Sie diese schöne Hühnerbouillon nicht?« Ich war hungrig und aß Geflügel äußerst gern; deshalb warf ich die Blicke auf das, was man eben auftrug. Wie wurde mir, als ich, statt des schönen und fetten Huhns, das ich erwartete, in dieser Schüssel ein unglückliches schwindsüchtiges Tier, das eher einem Raben als jedem anderen Vogel glich, erblickte; es war so schwarz, daß man glauben konnte, es sei von den Katzen das ganze Verdeck entlang geschleppt, nicht aber von einem Koche hergerichtet worden. Ich überließ es meinen beiden Tischgenossen, sich dieses kostbare Mahl zu teilen, und begnügte mich mit einem Stückchen Käse, das sich zum Glück in meiner Nähe befand. Der Kapitän verwunderte sich darüber, machte aber keine weiteren Bemerkungen; nur als er sah, daß eine Flasche Wein ganz nahe bei mir stand, und befürchtete, ich möchte mich ihrer bemächtigen, erhob er sich, entpfropfte sie, schenkte mir ein kleines Glas davon ein, ein ähnliches seinem Gefährten, dann machte er sie wieder zu und verschloß sie. Das war die Art und Weise, wie mich dieser Seeräuber während der doppelten Fastenzeit, die ich an seinem Bord verbrachte, behandelte; war es nicht Bouillon und Huhn, von welchem ich die Gattung nie gesehen, so wechselte unsere Mahlzeit zwischen geräuchertem Ochsenfleisch und einem Schnittchen eingesalzenen Schweinefleisches, dessen bloßer Anblick genügte, auch den größten Heißhunger zu stillen.

Ich hatte vergessen, mich mit einer Matratze zu versehen, und war daher genötigt, mich zum Ersatz dafür meiner Kleidungsstücke zu bedienen, um nicht meine Glieder zu zerquetschen, wenn ich mich auf meiner engen Pritsche ausstreckte. Trotz aller dieser Leiden landete ich doch am Morgen des 4. Juni in Philadelphia.

Ich eilte sogleich zum Kapitän Collet, der meine Familie herübergebracht hatte. Er benachrichtigte mich, daß sie in New York wohnte. Deshalb reiste ich gegen zwei Uhr ab und hatte die Genugtuung und die Freude, am nächsten Morgen mit Tagesanbruch daselbst anzukommen.

Ich wußte nicht einmal den Namen der Straße, in welcher die Meinigen wohnten. Deshalb überließ ich mich dem Zufall; einer inneren Eingebung folgend, klopfte ich an die erste, beste Tür. Welches Glück! es war das Tor des von mir gesuchten Hauses! Die Freuden des Wiedersehens standen im Verhältnis zu den Ängstigungen, welche meine lange Reise und die Gefahren, die das Atlantische Meer in der Winterzeit darbietet, und in jüngster Zeit noch heftiger der Untergang eines Schiffes an diesen Küsten hervorgerufen hatten. Nach einigen Tagen, die ganz und gar der Süßigkeit der Wiedervereinigung gewidmet waren, ging ich, ohne einen Augenblick zu verlieren, an meine Geschäfte. Die Waren, die ich von London mit herübergebracht, waren nicht schwer; sie bestanden in einem kleinen Kästchen Violinsaiten, einigen italienischen Klassikern von einigem Wert, einer kleinen Anzahl Exemplare eines prachtvollen Virgils, einer fast gleichen Anzahl von Davilas Geschichte und vierzig bis fünfzig Piastern. Dies war alles, was ich der Raubgier der Londoner Wucherer, Sbirren und Advokaten zu entreißen vermocht hatte.

Ich war nach Amerika in der Hoffnung gekommen, hier ein stilles Leben zu führen; ich wurde jedoch grausam enttäuscht. Schon mein erstes Auftreten daselbst war unglücklich. Meine Unerfahrenheit in den Geschäften wie im Lande selbst stürzte mich bald wieder in jene Klatschereien und Zwistigkeiten, denen ich durch meine Flucht von London entgehen wollte. Ich will sie nicht im einzelnen erzählen, sondern mich darauf beschränken, die hervorspringendsten Züge aus meinem dortigen Leben anzuführen.

Ich hatte meine gute Frau im Besitz von sechs- bis siebentausend Piastern gefunden, die sie von ihrer Mutter geerbt hatte und die folglich ihr persönliches Eigentum waren. Die Furcht, dieses schwache Kapital zu verringern, ließ mich blind den Ratschlägen meines Schwiegervaters folgen, in dem ich einen vollkommenen Kaufmann zu finden glaubte. Meine Nachgiebigkeit, die aus Achtung vor seinen Ansichten entsprang, war die erste Ursache zu den neuen Unglücksfällen, die meiner in diesem Lande harrten, in welchem ich während der Träume meiner Phantasie eine gastlichere Aufnahme zu finden gehofft hatte. Ich warf mich auf den Handel mit Spezereien und mietete mir einen Laden, um sie im einzelnen zu verkaufen. An mein Comptoir gefesselt, konnte ich mich nicht mit ernsteren Sachen abgeben; ich, der Poet, der bis jetzt ein geistiges Leben geführt, war verurteilt, eine Unze

Tee oder Tabak abzuwiegen oder dem ersten besten Matrosen und Karrenführer ein Gläschen Gin für drei Pfennige einzuschenken. So geht's aber in dieser Welt; was mich einzig und allein bei diesem prosaischen Geschäft tröstete, war, daß es, wenn es auch weniger nobel als der Handel mit wissenschaftlichen Erzeugnissen war, doch mindestens weit gewinnbringender sich herausstellte. Alles ging bis zum 1. September materiell gut.

Um diese Zeit brachte das gelbe Fieber eine Unterbrechung in die Stadt; und, um meine Familie davor zu bewahren, sah ich mich genötigt, nach Elisabeth-Town zu flüchten, wo ich mir ein kleines Besitztum kaufte. Hier setzte ich den nämlichen Handel fort; da ich jedoch nicht alles besorgen konnte, mußte ich einen Compagnon suchen. Ich fand ihn in einem Manne, den man mir als ehrenhaft und intelligent schilderte, der aber weder das eine noch das andere war und nur meine Liste von Spitzbuben, die mich auszogen, um einen Namen vermehrte. Ich zögerte nicht, unsere Compagnieschaft wieder aufzulösen; allein er blieb mein Schuldner mit tausend Piastern, für welche er mir einen Wechsel, drei Monate nach dato zahlbar, ausstellte, aber in seinem ganzen Leben nicht einen Groschen darauf bezahlt hat. Ich hatte einen Widerwillen gegen den Handel und war fast entschlossen, ihn aufzugeben, aber was mir infolge einer Einladung zum Mittagessen zustieß, schnitt plötzlich all mein Zaudern ab.

Meine Erzählung dürfte lehrreich sein. Ich werde sie in kurzen Worten geben und mich jedes Kommentars enthalten.

Ich war einem Spezereihändler in New York einen Saldo schuldig geblieben. Bei einer Durchreise durch diese Stadt ersuchte ich ihn um eine Regulierung desselben. Wir gingen seine Bücher durch; ich fand zahlreiche Irrtümer in denselben, die ich ihn zu verbessern bat, und alles ging ohne den geringsten Wortwechsel vorüber. Es bestand nur noch eine einzige Differenz zwischen unseren gegenseitigen Rechnungen; er verlangte von mir 150 Piaster, und ich war gewiß, ihm nicht mehr als 120 schuldig zu sein. Bevor wir uns noch gänzlich über diesen Punkt geeinigt hatten, nahte die Stunde des Mittagessens. Er bat mich auf das dringendste, dieses Mahl mit bei ihm einzunehmen; ich nahm es an. Man sprach bei Tische wenig von Geschäften; ich bemerkte jedoch, ohne gerade der Sache eine große Aufmerksamkeit zu schenken, daß mein Wirt mich über das gehörige Maß zu trinken aufforderte; allein, treu meiner Gewohnheit des Nüchternbleibens, hielt ich mich zurück. Nach beendigtem Mittagsmahle nahmen wir die Durchsicht der Bücher, die ziemlich lang dauerte, wieder auf.

Es wurde immer später; da ich mich nicht des Nachts auf den Weg machen wollte, ließ ich ihn merken, daß ich, da meine Anwesenheit in Elisabeth-Town unumgänglich nötig sei, abzureisen wünschte. Ich versprach ihm, in zwei bis drei Tagen wiederzukommen, wollte ihn in aller Muße diese Rechnung justifizieren lassen und bot ihm an, sie durch eine Anweisung auf einen Handelsmann in der Stadt, bei welchem ich mir zugehörige Ware deponiert hatte, zu decken. Er antwortete mir weder mit Ja noch Nein, flüsterte aber, unter dem Vorwand, seinem Commis einen Auftrag zu geben, diesem einige Worte ins Ohr und der junge Mann eilte schleunigst davon. Um Zeit zu gewinnen, ging er in ein benachbartes Zimmer, holte eine Flasche Wein und lud mich ein, noch einen Abschiedstrunk anzunehmen. Immer noch ohne Mißtrauen, schrieb ich ihm, ohne auf seinen Vorschlag einzugehen, die besprochene Anweisung und übergab sie ihm. In diesem Augenblicke kehrte der Commis außer Atem und in Schweiß gebadet zurück; da er keinen Vorwand mehr hatte, mich zurückzuhalten, sagte er mir ein herzliches Lebewohl, und wir trennten uns.

Kaum hatte ich aber drei Schritte auf die Straße gesetzt, als ich eine kräftige Hand auf meine Schulter herabfallen fühlte und in mein Ohr die Worte: »ich verhafte Sie« drangen. Ich wendete mich um und gewahrte, daß dieser Sbirre niemand anderes als der Commis meines Amphitryon war. Auf meine Frage, kraft welchen Rechts er so verfahren könne, und was er von mir wolle, antwortete er mir: »Im Namen des Sheriffs; und was ich von Ihnen will, das sind die hundertfünfzig Piaster, die Sie meinem Prinzipal schulden, oder die Bürgschaft von zwei zahlungsfähigen Personen, falls nicht, so folgen Sie mir ins Gefängnis.«

Ich habe mir gelobt, keinen Kommentar zu dieser unerhörten Geschichte zu geben, und ich halte Wort. Sofort deponierte ich bei Bradust und Fould in New York die 120 Piaster, die ich schuldig war, nicht aber die 150, die man von mir verlangte. Vier Jahre später las ich in einem öffentlichen Blatte: »John Mackinsy, Handelsmann aus New York, ist in Savannah vom Blitz erschlagen worden.« Das war der Mann, der mir diese Beschimpfung antat.

Nach meiner Rückkehr in Elisabeth-Town wollte ich nichts mehr von Geschäften hören. Ich rechnete, und da der Verkauf meiner Waren nicht hinreichte, mußte ich noch zur Deckung meiner Schulden mein kleines Besitztum hingeben, in welchem ich eine Zufluchtsstätte für meine alten Tage zu finden gehofft hatte.

Ich kehrte nach New York zurück und suchte von neuem im Handel mit den schönen Wissenschaften die mir fehlenden Hilfsquellen zu finden. Wenige Tage genügten, um mich zu überzeugen, daß die italienische Literatur in dieser Stadt noch gänzlich unbekannt war und daß die Herren Amerikaner sich für die lateinische Literatur hinlänglich gelehrt zu sein anmaßten, um sich eines Dolmetschers zu bedienen. Ich verlor daher alle Hoffnung, als mein guter Geist mich in den Laden von Rislay, Buchhändler am Broadway, eintreten ließ. Ich fragte ihn, ob er irgendein italienisches Werk auf dem Lager hätte. »Leider ja!« erwiderte er mir, »denn niemand fragt darnach.« Während dieser Unterredung trat gleichzeitig ein Amerikaner ein und mischte sich in unser Gespräch. Ich erriet schnell, daß ich es mit einem Gelehrten zu tun hatte. Der Gegenstand riß uns fort, und wir besprachen uns über Sprache und Poesie meines Vaterlandes. Ich fragte ihn, wie es käme, daß die eine wie die andere in Amerika so vernachlässigt würden.

»Ah!« entgegnete er mir, »das neue Italien ist leider nicht mehr das Italien der alten Zeiten. Es ist nicht mehr jenes Land, das Jahrhunderte hindurch Wetteiferer, ich will noch mehr sagen, Nebenbuhler Griechenlands war. Heutzutage würde es schwer sein, mehr als fünf bis sechs Schriftsteller zu finden, auf welche es stolz sein könnte.«

Ich bat ihn lächelnd, sie mir zu bezeichnen. Nachdem er mir Dante, Petrarca, Boccaccio, Ariosto und Tasso genannt, hielt er inne, dann fuhr er fort:

»In der Tat, ich würde in Verlegenheit geraten, wollte ich Ihnen den sechsten sagen.«

»Wollen Sie mir nun gestatten, Ihnen meinerseits alle die Männer zu nennen, welche Italien während der Jahrhunderte, von denen Sie eben gesprochen, mit Ruhm verherrlicht haben; die Aufzählung dürfte lang werden.«

»Das ist nicht nötig, wir kennen sie doch nicht.«

»Ich sehe es.« Ich änderte das Thema: »Sind Sie wohl der Meinung, daß ein Lehrer der italienischen Sprache hier einige Aufmunterung zu finden hoffen darf?«

»Daran ist nicht zu zweifeln.«

»Wenn dem so ist, so wäre ich der glücklichste Sterbliche, der den Amerikanern den Wert unserer Sprache zeigen und sie unsere Meisterwerke zu schätzen lehren wird.«

In drei Tagen zählte ich zwölf Zöglinge in meinem Kursus, und am 15. Dezember 1807 trat ich zum ersten Male unter dem

Schutze des hochwürdigen Bischofs Moore in dieser Laufbahn auf. Unter diesem ehrenvollen Schutze legte ich den Grund zu meinem neuen Gebäude. Die Zöglinge, die mir bei meinem ersten Auftreten die größte Ehre machten, waren sein Sohn, sein Neffe und zwei andere junge Leute, alle vier in New York ihrer geistigen Ausbildung wegen wohnhaft. Noch ehe ein Monat vergangen war, zählte ich sechsundzwanzig und im Augenblick, wo ich dieses schreibe, mehr als fünfhundert.

Der Eifer, den man mir zeigte, die Gunst, der sich diese Sprache und der Meister, der sie lehrte, erfreuten, stiegen bis zur Begeisterung. Nach Verlauf von drei Monaten hätte ich meiner Aufgabe nicht mehr genügen können, wenn nicht die Vorsehung, die stets die Kräfte im Verhältnis zur Aufgabe verteilt, mir zu Hilfe gekommen wäre.

Ihnen, hochwürdiger Clemens Moore, gebührt alle Ehre des glücklichen Erfolgs. Gestatten Sie einem dankbaren Herzen, Ihrem Gedächtnis diese Huldigung darzubringen.

Ich versäumte keine Gelegenheit, dieses heilige Feuer zu unterhalten; ich erbat mir von allen Buchhändlern Italiens und Frankreichs alles, was ihre Magazine Gutes oder Schlechtes enthielten. Ich will die guten Dienste nicht mit Stillschweigen übergehen, mit denen bei dieser Gelegenheit die Herren Bossange, Buchhändler in Paris, sich beeilten, alle Bücher ihres Magazins zu meiner Verfügung zu stellen, und mir auf meine einfache Einladung alles, was ich bezeichnete, zusandten, außerdem mir aber auch noch die größte Leichtigkeit in der Bezahlung bewilligten. Mein Bruder Paolo half mir mit der ganzen Lebhaftigkeit seiner Freundschaft, indem er mir unsere besten Klassiker zusandte, die ich an meine Zöglinge verteilte, und in weniger als drei Jahren hatte ich die Genugtuung, in der Bibliothek aller Leute von Geschmack außerhalb meiner Klasse diese Bücher zu erblicken. Ich rief auch kleine Versammlungen ins Leben, um meine Eleven zu üben; man sprach hier nur italienisch. Ferner ließ ich in meinem

Hause ein Theater einrichten, wo man die Meisterwerke Alfieris und anderer guter Schriftsteller hören und würdigen konnte. Somit hatte ich den Zweck erreicht, den ich mir vorgesetzt hatte; ich konnte reichlich den Unterhalt meiner Familie bestreiten. Glücklich, wenn ich verstanden hätte, meinem Ehrgeize Schranken zu setzen, und mir selbst Zügel angelegt hätte.

Der erste, der mich von neuem in die so unselige und so wenig für mich geschaffene Bahn des Handels zog, war ein Engländer, den ich in London kennengelernt hatte, wo er mich schon betrogen hatte. Als ich ihn in New York wiedersah, stellte er sich mir so reuig vor, hatte er sich, wie er sagte, so gebessert, flehte er meine Verzeihung so inständig an, daß ich dem Zuge meines Herzens nachgab und ihn für aufrichtig hielt. Er betrieb das Geschäft eines Destillateurs, stellte sich sehr geschickt an und versprach mir unermeßliches Vermögen, wenn ich ihm einige Gelder verschaffen könnte, das einzige, was ihm noch fehlte, um sein Glück zu machen. Ich vertraute ihm eine ziemlich bedeutende Summe an, und alles ging mehrere Monate lang nach Wunsch. Bald aber ließen seine Trägheit und seine Unordnung mich bitter bereuen, daß ich mich mit ihm eingelassen hatte. Ich faßte daher den Entschluß, mit ihm zu brechen und, um jeder Gelegenheit, wieder schwach zu werden, zu entgehen, wie überhaupt nicht mehr versucht zu werden, die alte Schule noch einmal durchzumachen, aus New York fortzugehen. Ich bildete mir auch ein, der Enthusiasmus meiner Zöglinge sei erkaltet. In einer solchen Geistesstimmung befand ich mich, als ich einen Brief einer Verwandten, die seit kurzem zu Sunbury wohnte, empfing. Sie machte mir eine so schöne Beschreibung dieser Stadt, daß in mir der Wunsch entstand, mit meiner Familie dahin überzusiedeln. Am 10. Juni 1811 kam ich daselbst an, und drei Tage reichten hin, um mich zu entscheiden, obschon die Aufnahme, die mir hier zuteil wurde, weit weniger liebenswürdig als der Brief war, der mich verführt hatte; allein das Bedürfnis der Ruhe, die reizende Gegend und mein Vertrauen in die Vorsehung ließen kein Bedenken in mir aufkommen. Ich hatte mir in New York drei- bis viertausend Piaster gesammelt und glaubte mit dieser Summe und ein wenig Verstand mich aus dem Geschäft herausziehen zu können. Ich teilte meinen Plan dem Doctor G., welchen ich für meinen Freund zu halten Ursache hatte, mit; er billigte ihn und äußerte gegen mich, daß ich, wenn mein kleines Kapital disponibel wäre, am besten beraten wäre, es im Ankauf von verschiedenen Waren anzulegen, namentlich in pharmazeutischen Drogen, von denen er mir einen um so gesicherteren Absatz versprach, als er selbst Arzt war. Ich folgte seinem Ratschlage blindlings. Bald darauf kehrte ich nach New York zurück, um meine Angelegenheiten in Ordnung zu bringen und einen Teil meiner Einkäufe zu besorgen; von hier aus reiste ich nach Philadelphia, um das nötige zu ergänzen, und begab mich in dieser Absicht nach einem Laden, in dem ich italienisch sprechen hörte. Der Prinzipal, namens Astolfi, verkaufte daselbst Liköre und Zuckerwerk. Ich besaß gerade in diesen Artikeln ein gutes Sortiment; deshalb bot ich sie ihm an und nahm ihn mit in meine Wohnung, um ihm Proben davon zu geben. Er forderte mich auf, ihn wieder zu besuchen. Ich erschien bei ihm in dem Augenblicke, wo man sich zu Tische setzen wollte; diese Stunde war bestimmt, mir verhängnisvoll zu sein. Er lud mich ein, ich schlug es aus, allein er verschloß die Türe und zwang mich so, es anzunehmen. Ich muß gestehen, daß er mich an diesem Tage wie an den folgenden sehr aufmerksam behandelte. Der ausgezeichnete Ruf, in welchem er stand, freute mich. Er war ordentlich, ökonomisch; er besuchte die Kirchen, und alle Welt hielt ihn für einen vollendeten Ehrenmann. Die Waren, die ich ihm anbot, gefielen ihm, allein er glaubte, ein zu großes Kapital beim Ankauf hineinzustecken. Ich besiegte jedoch seine Bedenken und schlug ihm vor, sie auf meine Rechnung zu verkaufen. Nach Abzug der Spesen wollten wir den Gewinn teilen. Da er mich so vertrauensvoll sah, glaubte er sich alles erlauben zu können; er bot mir eine zweirädrige Chaise und ein Pferd an, wofür ich ihm vierhundertfünfzig Piaster zahlte. Nachdem ich meine Angelegenheiten beendigt hatte, reiste ich wieder ab. Unser Abschied war zärtlich; er drückte mich in seine Arme, half mir in den Wagen steigen und ich, ich dankte dem Himmel, daß er mir einen solchen Freund geschenkt hatte.

Als ich durch Reading fuhr, um meinem Pferde Hafer zu geben und selbst eine leichte Mahlzeit einzunehmen, wurde ich der Gegenstand eines Irrtums, der schon verdient erzählt zu werden.

Ich trat in einen von Reisenden angefüllten Saal ein. Unter dieser Menge befand sich ein Franzose, der bei meinem Anblick ausrief:

»Ah, Herr Dupont, ich bin glücklich, Sie wiederzusehen«, und alle anderen wiederholten im Echo: »Dupont! Dupont!« Ich sah mich bald von Menschen umringt, die sich so um mich drängten, als wären es meine ältesten Freunde. Sie boten mir um die Wette verschiedene Handelserzeugnisse an und überließen die Art und Weise der Bezahlung meinem Belieben. Ich konnte mir ein solches Vertrauen bei Kaufleuten, denen ich völlig unbekannt und deren Vorsicht in Geschäften sprichwörtlich war, nicht erklären. Trotzdem machte ich einige kleine Einkäufe, die ich bar bezahlte, und alle sprachen den Wunsch gegen mich aus, bedeutendere Geschäftsverbindungen mit mir anzuknüpfen. Dies tat ich auch in der Folge. An diesem Tage aber hätte ich ganz Reading mitnehmen können, wenn es auf meinen Wagen gegangen wäre. Erst wenige Minute vor meiner Abreise löste mir der Franzose, die alleinige Ursache dieser Verwicklung, das Rätsel: diese braven Leute hatten in meiner Person den reichen Dupont, einen in Sunbury wohnenden Branntweinfabrikanten, den Bruder des bekannten Dupont, welcher auf Rechnung der Regierung das Monopol der Kriegspulverfabrikation genoß, zu begrüßen geglaubt.

So kam ich denn frisch und gesund wieder in Sunbury an, ohne einen andern Unfall, als daß eine Wagenfeder zerbrach, was jedoch keine weiteren Folgen hatte. Der Doctor G., mein Arzt, in welchen ich mein ganzes Vertrauen gesetzt hatte, machte mir den Vorschlag, diese Drogen bei ihm niederzulegen, da sie ihm hier mehr zur Hand wären, wie er sagte. Ich sah nichts Nachteiliges darin und willigte deshalb ein; meine anderen Waren, die in mein Haus geschafft wurden, verkaufte ich ziemlich schnell und mit Vorteil gegen bares Geld. Über alle Maßen zufrieden mit meinem ersten Auftreten kehrte ich nach Philadelphia zurück, um meine Operation von neuem zu beginnen. Ich besuchte hier meinen neuen Freund, von dem ich dieselben Artigkeiten und dieselben Versicherungen wie früher empfing; allein ich konnte mich nur wenige Tage daselbst aufhalten, da eine andere Angelegenheit meine Anwesenheit in New York erheischte.

Zur Zeit meiner Niederlassung in Elisabeth-Town hatte ich in Geschäftsverbindungen mit Kaufleuten in New Jersey gestanden; unter andern Schuldnern, die ich daselbst zählte, befand sich auch ein gewisser W. Teller, der mir ungefähr hundert Piaster schuldete. Ich hatte bereits alle Hoffnung aufgegeben, sie jemals bezahlt zu bekommen. Trotz seines Rufes als schlechter Zahler prellte er doch mit so viel Geschicklichkeit, daß sich auch die Verschmitztesten stets von ihm fangen ließen. Er war in ganz New York so verschuldet, daß er sich nicht daselbst zu zeigen wagte, weil er in die Hände der Konstabler zu geraten befürchten mußte. Eines Tages, als ich eben in meinem Zimmer mit Ordnung meiner Papiere beschäftigt war, sah ich ihn mit Hast bei mir eintreten: »Ich will nur sehen«, sagte er zu mir, »wie sich mein Freund Da Ponte befindet.« In demselben Augenblicke ließen sich wiederholt Schläge an meiner Türe vernehmen; ich ging deshalb herab und fand hier den Sohn eines Handelsmannes mit einem Konstabler, die ihn verhaften wollten. Es schien mir wenig edelmütig, ihn auf diese Weise ins Gefängnis schleppen zu lassen; zudem handelte es sich nur um einen Wechsel von achtzig Talern. Für eine so geringe Summe leistete ich daher Bürgschaft, und sein Gläubiger zog sich zurück. Als ich in mein Zimmer zurückkam, fand ich meine Papiere nicht mehr in der Ordnung, wie ich sie verlassen hatte. Niemand anderes als er war hereingekommen; doch faßte ich noch keinen Argwohn, und während ich sie verschloß, erzählte ich ihm den Dienst, den ich ihm eben geleistet hatte. Er dankte mir, versprach auch, es nie zu vergessen und pünktlich zu sein. Monate vergingen, innerhalb welcher er mich jene achtzig Taler bezahlen ließ. Ich schrieb ihm. Da ich keine Antwort erhielt, suchte ich ihn in New Jersey auf; er machte mir eine Menge Lügen vor und bot mir endlich als Zahlung ein Reit- und ein Paar Zugpferde für meine Chaise an, was ich auch annahm, denn ich gedachte des Sprichworts: »Besser was als gar nichts.« Deshalb stellte ich ihm sofort eine Quittung aus. Kaum hatte ich jedoch die Schwelle seiner Türe überschritten, als einer seiner Söhne mit einem Konstabler erschien und mir sagte, er habe einen auf mich von Taylor gezogenen Wechsel gekauft, den ich bezahlen müsse, wenn ich nicht ins Gefängnis wandern wolle.

Jetzt löste sich das Rätsel. Im nämlichen Augenblicke, wo ich Teller durch meine Bürgschaft von der Verhaftung rettete, hatte dieser Spitzbube meine Papiere durchwühlt und sich einer Tratte bemächtigt, die ich während Taylors Aufenthalt in Paris eingelöst hatte. Der Eigentümer des Hotels, in welchem ich wohnte, und W. Scott, Advokat aus Brunswick, leisteten Bürgschaft für mich, und so blieb ich frei. Teller hatte sogar die Kühnheit, die Sache vor Gericht zu bringen. Ich erschien; allein so weit wagte er doch nicht die Frechheit zu treiben, daß er ein Gleiches tat, und so wurde ich freigesprochen. Sieben Jahre später starb Teller in einem Staatsgefängnis, wohin man ihn wegen eines Diebstahls in den öffentlichen Archiven gebracht hatte.

Ach! das ganze Land hatte eine moralische Umgestaltung erlitten, die im steten Wachsen seit dem Tage begriffen war, wo ich zuerst den Fuß auf amerikanische Erde gesetzt hatte. Die Korruption verbreitete sich von den Städten auf die Dörfer, und das Sunbury von 1818 war nicht mehr das von 1811. Selbst mein Schwager wurde von dieser Pest angesteckt; er war nicht mehr derselbe, wie ich ihn in Triest gekannt hatte. Sein Herz war vertrocknet. Goldsammeln war sein einziges Lebensziel. Sein Handel und der Gewinn, den er ihm abwarf, genügten seinen Leidenschaften und den daraus hervorgehenden Zügellosigkeiten nicht mehr.

Bis zu diesem Tage hatte ich meine Waren gegen bares Gold umgesetzt; mein Verdienst war gering; aber er stellte mich gegen alle ungünstigen Wechselfälle sicher. Mein Schwager zeigte mir, wie das entgegengesetzte System weit größere Vorteile darbot. Ich ließ mich verführen und folgte seinen unseligen Ratschlägen; dieser Mann hatte mich jedoch dergestalt bezaubert, daß ein *very good* aus seinem Munde genügte, mich zu überreden. Ich gab seinen Einflüsterungen nach und begann auf Zeit zu verkaufen. Als diese Mode zu operieren einmal bekannt geworden war, kamen Abenteurer von allen Seiten herbei; in einigen Wochen waren meine Magazine leer, ohne daß meine Börse besser gespickt gewesen wäre; dagegen strotzte meine Brieftasche von Anweisungen, deren Einlösungsversprechen jedoch leider, wie die Blätter des Herbstes, vom Winde weggeweht wurden. Mein Schwager hörte nicht auf, mir Glück zu wünschen, und wiederholte bei jedem Namen meiner Debitoren: »Good, very good, all very good«. Am Verfallstag klang es anders. Die Ausrufungen hatten sich geändert und wurden ersetzt durch: »Bad, very bad, all very bad«. Indessen mußte ich doch wieder daran denken, meine Magazine zu füllen. Ich gedachte, mich nach Philadelphia zu begeben, wo ich einige hundert Piaster bei meinem Freunde Astolfi, sowohl für die ihm anvertrauten Waren wie dadurch zu finden hoffte, daß ich ihm Pferd und Wagen, die er mir verkauft hatte, zurückgäbe und nötigenfalls auch Tellers Pferd veräußerte, dieses Geld aber in Ware umsetzte. Da mir die Reisegelder fehlten, so wendete ich mich an meinen Schwager, der sich für einen Krösus ausgab, und bot ihm als Pfand eine jener Anweisungen *very good* an, deren Verfalltag nahe bevorstand. Er schlug mir vor, mich in Verbindung mit seinem Schwiegervater zu setzen, der vielleicht meine pharmazeutischen Drogen brauchen könne, zumal sich Doktor G... nicht viel damit abgegeben hatte. Ich war damit zufrieden, und nachdem der Handel abgeschlossen war, erhielt ich für sechshundert Piaster, die mich diese Drogen gekostet hatten, eine Repetieruhr, welche ich für hundertsechzig Piaster wieder verkaufte, einen Wechsel, dessen Betrag ich erst nach fünf Jahren einzutreiben vermochte, und vierzig Taler in klingender Münze; mit diesem Schatz in den Händen stieg ich in meinen Wagen, der mit meinen zwei Pferden bespannt war, und in drei Tagen gelangte ich nach Philadelphia. Das Pferd Astolfis war nicht schlecht, das von Teller hinkte zwar etwas, schien aber Flügel zu haben; als ich in der Stadt ankam und es stärker als gewöhnlich hinken sah, ließ ich es von einem Hufschmied untersuchen, der mir sagte, es habe einen unheilbaren Fehler am Fuße, doch wolle er mir sechs Piaster dafür zahlen. Ich dankte ihm und setzte meinen Weg weiter fort. Nun eilte ich zu Astolfi. Sein Empfang weissagte mir ein Unglück.

»Wie befindet sich Signor Da Ponte?« sagte er zu mir, indem er mir einen Stuhl anbot; darauf setzte er sich an meine Seite, wir plauderten über Regen und schönes Wetter, aber nicht von Geschäften. Dieser Empfang beunruhigte mich, trotzdem verstellte ich mich und fragte ihn mit der größten Kaltblütigkeit, wie sein Handel ginge.

»Schlecht, sehr schlecht, die Geschäfte stocken.«

»Und meine Liköre?«

»Der Maraschino ist nicht kräftig genug, der Zimt ohne Parfüm; ich glaube nicht, das Geld daraus zu lösen, das ich dafür bezahlt habe.«

»Wenn dem so ist, so geben Sie ihn mir wieder zurück.«

»Das wird sich nicht machen«, unterbrach er mich, »ich habe einen Teil davon verkauft und hoffe auch den Rest noch abzusetzen.«

»Und der Gewinn?«

»Welcher Gewinn? Ich will äußerst froh sein, wenn ich nicht einhundert Piaster daran verliere.«

Ich sah ihn an, ohne ein Wort zu sprechen, dann verließ ich diesen falschen Ehrenmann schnell und fluchte über seine Scheinheiligkeit und mein närrisches Vertrauen.

Da ich weder meine Pferde verkaufen noch die Wechsel, die ich bei mir hatte, in Geld umsetzen konnte, so machte ich nur wenig Einkäufe und trat den Rückweg nach Sunbury wieder an. Auf einer Anhöhe, von welcher herab man das Dorf Orvisbourg erblickt, brachen die beiden Schwangbäume meiner Chaise mit einem Male. Die erschrockenen Pferde gingen durch, der Wagen stieß heftig an einen Baumstumpf, und dieser Prall schleuderte mich zehn Schritt weit auf ein Felsenstück, wobei ich eine Rippe brach und mir die linke Schulter ausrenkte. Ein Vorübergehender, der Zeuge dieses Vorfalls war, ließ mich nach einem Gasthofe im Dorfe bringen, woselbst ich zwanzig Tage verweilte, um mich zu pflegen. Nach Verlauf dieser Zeit trat ich die Weiterreise wieder an, mußte jedoch sechsundfünfzig Piaster an den Wirt, der mich beherbergt hatte, bezahlen.

Trotz aller Sorgfalt, mit welcher mich meine Familie pflegte, war ich doch drei Monate lang infolge dieses Unfalls außerstande, etwas zu tun; vorzüglich litt ich an einem inneren Übel, das nicht wegzubringen war; man veranlaßte mich, nach Philadelphia zu gehen und einen dortigen Arzt zu befragen; ich entschloß mich dazu. Inzwischen nahte die Zeit der Einlösung der Wechsel heran; allein niemand erschien. Ich konnte jedoch nicht abreisen und meine Sachen im Stiche lassen. Deshalb ließ ich meine Schuldner zusammenkommen, und bei der Unmöglichkeit, für den Augenblick etwas von ihnen zu bekommen, sah ich mich gezwungen, ihnen eine Frist bis zur Ernte zu bewilligen, dem einzigen Zeitpunkt, wo ich irgendeine Abschlagszahlung aus dem Ertrag ihrer Ländereien zu erhalten hoffen konnte. Als dieser Augenblick gekommen war, hielten sie sämtlich Wort, und ich sah mein Haus vollgefüllt von Lebensmitteln aller Art. Ich behielt nur das, was ich zu meinem eigenen Bedarf für notwendig erachtete, und verkaufte das übrige mit Ausnahme des Korns, das ich zur Destillation aufhob, denn dieser Art von Fabrikation schenkte ich fortwährend einige Aufmerksamkeit und hoffte, dank der Lehrjahre, die ich in New York bestanden, daraus größeren Vorteil zu ziehen.

Zunächst suchte ich eine Destillation, dann einen Mann, den ich an die Spitze meines Etablissements stellen konnte. Statt eines fand ich deren drei, die mir um so mehr gefielen, als sie sich mir mit den ausgezeichnetsten Empfehlungen vorstellten. Ich stellte den einen als Chef, die beiden andern als Werkführer an, und nachdem ich ihnen das Getreide anvertraut hatte, reiste ich nach Philadelphia ab. Ich ließ einen Arzt rufen, der mir eine äußere Arznei verordnete und mich ins Bett legen ließ. Auf meine Frage, welche Nahrung ich zu mir nehmen könnte, antwortete er mir: »Keine, kommen Sie morgen zu mir.«

Nach einem zweistündigen Schlaf ging ich ein wenig spazieren, und ohne mich an seine Vorschriften zu halten, kaufte ich, als ich bei einem Fischmarkt vorüberging, einen sehr schönen Fisch, den ich mir nach Hause tragen, daselbst zubereiten ließ und ganz und gar mit dem besten Appetit verzehrte. Am nächsten Tage war ich bei meinem Doktor; er war außerordentlich erfreut, mich zu sehen, noch erfreuter aber, daß ich die mir vorgeschriebene Diät genau beobachtet hätte; er verordnete mir, damit fortzufahren; fünf Tage lang befolgte ich dasselbe Manöver und befand mich vollkommen hergestellt.

Nachdem ich wieder zu Kräften gekommen war, beschäftigte ich mich mit meinen Angelegenheiten. Ich verkaufte meine Uhr, meine Pferde und eine ziemlich starke Quantität meiner gebrannten Wasser; so sah ich mich bald wieder im Besitz von sieben- bis achthundert Piaster, mit denen ich meinen Handel wieder anfing. Es verbreitete sich das Gerücht, daß ich aus Getreide einen Branntwein zu bereiten verstünde, der wenig von dem verschieden sei, welchen die französischen Destillateure aus ihren Weinen zögen. Zwei Handelsleute kamen zu mir und schlugen mir vor, ihnen alles, was ich fabrizierte, abzutreten. Wir schlossen einen für mich sehr vorteilhaften Kontrakt ab, in welchem sie sich verpflichteten, mich in barer Münze oder mit allen den Artikeln, die ich brauchen würde, zu bezahlen.

Das Glück lächelte mir zu, ich glaubte nach Sunbury zurückkehren zu müssen, um daselbst alles disponible Getreide aufzukaufen. In dieser Absicht nahm ich einen Platz in der Landpost, welche in Reading anhielt. Wir fuhren abends ab. In einer Entfernung von zwei Meilen kamen wir durch ein Dorf, la Trappe genannt; der Himmel war sehr dunkel. Als wir eine Brücke passieren mußten, warf uns der stockbetrunkene Kutscher in einen Hohlweg, und von zehn Passagieren, die mitfuhren, gab es auch nicht einen einzigen, der nicht mehr oder minder verletzt gewesen wäre. Was mich betrifft, so erhielt ich eine starke Quetschung am linken Arme, das Schulterblatt war gebrochen und das Rückgrat so verletzt, daß ich die geringste Bewegung nicht aushalten konnte. Man brachte mich mehr tot als lebendig in einen Gasthof, und erst nach drei Wochen konnte ich nach Philadelphia zurückkehren, um hier von neuem ärztliche Hilfe zu suchen. Schon war ich im Begriff, den Doktor rufen zu lassen, der mich das erste Mal behandelt hatte, als einer meiner Freunde in Begleitung des Doktor Barton eintrat.

Die Worte sind zu schwach, um die Art und Weise zu loben, in welcher dieser vortreffliche Mann mich pflegte. Nicht damit zufrieden, mir die Hilfe seiner Kunst im reichsten Maße zukommen zu lassen, lieh er mir Bücher, um mich zu zerstreuen, machte mir täglich zwei bis drei Besuche und blieb jedesmal ganze Stunden an meinem Bette; in drei Wochen war ich wieder hergestellt. Ach! zum Unglück für die Menschheit ist der Mann, dem ich eine so schnelle Genesung verdanke, tot; sein Andenken wird mir aber stets teuer sein.

Es stand in meinem Schicksalsbuch geschrieben, daß ich immer der Betrogene sein sollte. Natürlich wäre es erschienen, wenn ich nach siebzig Jahren Lebenserfahrung genug gesammelt und wenn die Klippen, an welchen ich mich gestoßen, mich klug und weise gemacht hätten; dem war aber nicht so. Es stand im Gegenteil geschrieben, daß ich fortwährend die Beute der Intriganten sein würde. Man könnte sagen, daß ich mich, wenn ich aus einem Abgrund gerettet war, blindlings in einen andern stürzte.

Bei meiner Ankunft in Sunbury fand ich meine Destillatfabrik im traurigsten Zustande, oder vielmehr, ich fand nichts davon als die vier Mauern. Die drei Personen, denen ich die Leitung der Fabrik anvertraut hatte, waren drei Taugenichtse aus Northumberland, noch größere Spitzbuben als all die andern Spitzbuben, welche meine Aufrichtigkeit ausgebeutet, seitdem ich meinen Fuß auf amerikanische Erde gesetzt hatte. Ich war vollständig ausgeplündert. Alle meine Fabrikwaren hatten sie verkauft, und nachdem das letzte Stückfaß an Mann gebracht, hatten auch sie das Weite gesucht. Ich mußte an der Stelle dieser Leute andere haben, und die, mit denen ich zu tun hatte, zeigten sich weder ehrenhafter noch dankbarer.

Glücklicherweise blieb mir noch ein ziemlich starker Vorrat von Korn übrig, den ich schleunigst in Branntwein verwandelte; auf diese Weise konnte ich meine erste Lieferung ausführen, für welche ich eine Ladung Waren erhielt, die mir einen ausgezeichneten Gewinn abwarfen.

Ich hatte meine Art des Handelns gänzlich geändert; die Pächter brachten mir ihre Ernten, die ich in barem Gelde oder nach ihrem Belieben bezahlte. Alle Chancen waren demnach zu meinen Gunsten, und ich hatte allen Grund, auf einen glücklichen Erfolg zu hoffen. Ein gewisser Robins, der sich aus den Geschäften zurückgezogen, nachdem er sein Glück gemacht hatte, und nunmehr nicht wußte, was er mit seinen Magazinen anfangen sollte, stellte dieselben zur Miete. Die Gelegenheit schien mir um so günstiger, als ich, aus einem Verkäufer in einen Einkäufer umgewandelt, keine Lokalitäten besaß, in welchen ich die mir überbrachten Ernten aufbewahren konnte. Ich trat in Verbindung mit ihm; er zeigte sich kulant, und ich schloß ab. Nach beendigtem Geschäft empfahl er mir einen jungen Mann, für welchen er mit seiner Person einstand; diese Empfehlung kam mir um so gelegener, als ich jemand brauchte, auf welchen ich mich verlassen konnte. Ich glaubte nichts Besseres tun zu können, als mich mit einer Person, die so ausgezeichnete Zeugnisse beibrachte, zu verständigen. Ich stellte den Empfohlenen bei mir an und machte ihn gleichzeitig zu meinem Sekretär wie zu meinem Agenten. Das erste Jahr hindurch ging alles so, daß ich auch nicht den geringsten Grund zur Klage fand; er war tätig, intelligent, im Geschäft erfahren, vorsichtig; ich freute mich über meine Wahl.

In diesen Tagen des Glücks befriedigte ich einen längst gehegten Wunsch, mir ein Haus bauen zu lassen; in acht Monaten war es vollendet, und ich hatte die Freude, eins der schönsten Grundstücke in Sunbury, in dieser so reizend gelegenen Gegend, zu besitzen. Wenn ich meinerseits mit meinem Agenten zufrieden war, so schien auch er sich bei mir sehr glücklich zu fühlen. Im Augenblick, wie ihn Robins mir vorstellte, befand er sich in einem solchen Zustande des Mangels, daß er in den ersten zwei Monaten nicht einmal den Wirt bezahlen konnte, bei dem er zu Mittag aß. Nachdem jedoch die ersten Monate vorüber waren, sah ich ihn wohlgekleidet, er mietete sich eine komfortablere Wohnung, mit einem Worte, es war eine vollständige Umwandlung in seinen Gewohnheiten und in seinem Äußern vor sich gegangen. Alle diese Dinge, die mir nicht entgangen waren, hätten mir die Augen öffnen sollen; allein es geschah nicht. Er hatte sich bei einer Familie niederen Standes, die aus einer Mutter und ihrer Tochter bestand, in Kost gegeben. Nach und nach zog er unter verschiedenen Vorwänden die beiden Frauen ins Haus. Die Mutter reinigte meine Magazine, die Tochter machte sich durch tausend kleine Dienste nützlich. Am Ende waren sie es, wenn wir beide abwesend waren, denen alles anvertraut wurde; ich lebte in der größten Sicherheit ohne die geringste Besorgnis, und doch stand ich nahe an einer Katastrophe.

Jener junge Mann hatte mein Pferd und meinen Wagen zu seiner Verfügung, und er bediente sich derselben zur Fortschaffung der verkauften wie zur Herbeischaffung der eingekauften Waren. Eines Morgens war er mit diesem beladenen Wagen abgereist, bevor ich herabkam; da er nun fortwährend Waren zu expedieren oder nach Hause zu schaffen hatte, schöpfte ich daraus nicht den entferntesten Verdacht. Der ganze Tag verging, ohne daß er wiederkam, aber noch immer beunruhigte mich dies nicht. Ich wartete bis zum folgenden Tag; niemand erschien. Diese Abwesenheit verlängerte sich, und einige dumpfe Gerüchte kamen mir zu Ohren; jetzt ängstigte ich mich doch etwas und machte der Polizei meine Anzeige, die auch Miene machte, ihn zu verfolgen, am Ende aber nichts zu entdecken vermochte. Gleichzeitig nahm ich ein Inventar meiner Magazine auf und erhielt nun die traurige Überzeugung, daß die Gegenstände, die er mit fortgenommen, gerade die allerwertvollsten waren. Unter andern hatte ich ein sehr schönes Sortiment von Pelzwaren, das ich nicht wiederfand. Ich begab mich in seine Wohnung, um die Frau, bei der er wohnte, zu befragen; sie war abends vorher abgereist. Zwei Tage später, als sie in den Flecken zurückgekehrt war, ließ ich sie vor den Friedensrichter zitieren, dem sie gestand, das sie seit länger als sechs Monaten von einem Handelshause, das sie näher zu bezeichnen sich weigerte, alles, was in einer Haushaltung nötig sei, sowohl Nahrung wie Kleidung, geliefert erhalte. Ihre Geständnisse wurden durch die Tochter, als man diese darum befragte, bestätigt. Der Richter konnte keine weiteren Nachweise herausbringen. Da beide Frauen keine Zahlungsfähigkeit darboten, sich auch kein materieller Beweis der Mitschuld bei ihnen vorfand, mußte ich auf meine Verfolgung verzichten, die auch weiter kein Resultat hatte, als daß noch zu dem Verluste, dessen Opfer ich war, die Kosten kamen, die ich der Polizei und dem Friedensrichter zu bezahlen hatte.

Später gab mir mein Dieb ein Lebenszeichen. Er hatte die Frechheit, mir zu schreiben, mich wie einen Verleumder zu behandeln; ich mußte mich noch glücklich schätzen, daß ich ihm keine Entschädigungskosten zu entrichten hatte.

Seit einem Dutzend Jahren hatte ich in meinem innern Hauswesen eine junge Amerikanerin, die mir alle Beweise von Unbescholtenheit und Ehrenhaftigkeit, die man nur wünschen konnte, gegeben hatte. Ich sah nichts lieber als ihr die Leitung meiner Geschäfte anzuvertrauen. Eines Abends zeigte man mir an, daß das Essen aufgetragen sei. Ich war eben dabei, etwas ins Hauptbuch einzutragen; schnell legte ich einige Bankscheine hinein und nahm das Buch mit mir fort. Im Speisesaal angekommen, legte ich es auf den Tisch. Der Platz dieses jungen Mädchens war an meiner Seite; sie setzte sich, nahm das Buch, legte es auf ihren Stuhl hinter ihrem Rücken, wobei sie es umdrehte, so daß sich die Blätter öffneten und die Banknoten herausfallen konnten. Nach beendigter Mahlzeit kehrte ich in mein Zimmer zurück und nahm mein Buch wieder mit, von dem ich mich nie trennte und meiner Gewohnheit gemäß sogar des Nachts unter mein Kopfkissen legte. Am Morgen, nachdem ich aufgestanden war, suchte ich meine Bankscheine; es fehlten mir drei, darunter einer von fünfzig Piastern. Ich lief in den Speisesaal, suchte überall herum, fand aber nichts. Hierauf ließ ich jenes junge Mädchen rufen; ich befragte sie; Bitten, Drohungen, alles war vergebens. Drei Tage später brachte mir eine Nachbarin einen Bankschein, den sie unter einem Stein an dem nämlichen Orte gefunden, wo sie am Abend des Diebstahls jene junge Person sich hatte bücken sehen, als wolle sie etwas daselbst verstecken. Sie hatte in diesem Augenblicke jedoch nicht das mindeste Gewicht darauf gelegt. Ich begab mich an den bezeichneten Ort; ich wühlte alle Steine herum, aber ohne allen Erfolg. Alle Welt sagte mir, das Gericht in Anspruch zu nehmen, hieße nur meine Zeit verlieren; und ich erinnerte mich selbst, wie es mir bei dem Friedensrichter bei Gelegenheit des obenerzählten Diebstahls ergangen war, deshalb begnügte ich mich, sie zu verabschieden. Auf diese Weise verlor ich hundert Piaster.

Ich bitte wegen dieser Einzelheiten, die kindisch erscheinen können, um Verzeihung; aber in meiner Lage waren sie für mich wichtige Ereignisse.

Inzwischen starb die Schwester meiner Gemahlin. Dieser Todesfall schien eine Änderung in unserer Lage herbeizuführen. Meine Schwägerin war Witwe, kinderlos, im unbedingten Besitz eines ziemlich schönen Vermögens, das sie auf meinen Rat und unter Mitwirkung meiner Nancy erworben hatte. Ich kannte zwar ihre sehr geringe Sympathie für mich ganz wohl; weit entfernt war ich aber daran zu denken, daß sie auf ihrem Todesbette die Ungerechtigkeit begehen würde, ihre Familie nicht allein der

Erbschaft zu berauben, sondern sogar dessen, was ihre Schwester in ihre Hände niedergelegt hatte. Der Verlust dieser Erbschaft brachte uns um vierzehn- bis fünfzehntausend Piaster. Möge ihr der Himmel die Vernachlässigung aller ihrer Pflichten verzeihen!

Da meine pekuniären Hilfsmittel bedeutend verringert waren, sah ich mich gezwungen, meine Zuflucht zu einer Anleihe zu nehmen, um meinen Verpflichtungen nachzukommen. Ich mußte deshalb mein Haus als Hypothek einsetzen, eine Formalität, die nur langsam vonstatten ging, was übrigens zunächst an der Ignoranz oder vielmehr an der Unredlichkeit meines Sachwalters lag. Mein Kredit litt unter diesen Verzögerungen. Meine Außenstände gingen nur schwierig ein. Meine Gläubiger drängten, begannen, ihre Drohungen in die Tat umzusetzen mich zu verfolgen. Zu dieser Privatnot gesellte sich noch eine öffentliche. Der Friede mit England rief eine Baisse um mehr als die Hälfte in allen Artikeln hervor und war Ursache vieler Fallissements, unter andern auch jener Handelsleute von Philadelphia, mit denen ich einen Vertrag wegen der Destillationsfabrikate abgeschlossen hatte. Ich sah mich von allen Seiten zu Boden gedrückt. Es blieb mir ein einziger Entschluß zu fassen übrig, das wieder zu beginnen, was ich schon in London getan, das, was ich hatte, preiszugeben, meinen Gläubigern den Inhalt meiner Magazine zu überlassen, mein Haus zu verkaufen und Sunbury zu verlassen, um wieder nach New York, jener Stadt in Amerika, für welche ich eine besondere Vorliebe hegte, zurückzukehren.

Ich hätte vielleicht noch gegen das Mißgeschick ankämpfen und meinen Fall, wenn nicht verhindern, doch wenigstens weiter hinausschieben können, wenn nicht der Sachwalter, der meine Anleihe negozierte, mir, in der Absicht, sich etwas dabei zu verdienen, den letzten Streich versetzt hätte, indem er meine Verluste übertrieb und die verleumderischsten Gerüchte auf meine Rechnung verbreitete. Er erschreckte meinen Darleiher dergestalt, daß dieser dreimal, obschon vergeblich, mein Haus zum Verkauf bringen und es sich um einen wohlfeilen Preis aneignen wollte. Die Folge dieser Machenschaften war, daß der Schrecken allgemein wurde und jeder glaubte, daraus in seinem Interesse Vorteil zu ziehen. Die, welchen ich Waren geliefert und die meine Schuldner waren, fanden laufend Ausflüchte, um in einem solchen Augenblicke ihre Rechnungen nicht in Ordnung zu bringen. Die Kaufleute in Reading dagegen, die meine Gläubiger waren, drängten mich, ihnen das, was ich ihnen schuldete, zukommen zu lassen. Die Pächter, die mir bisher ihre Ernten auf Zeit verkauft hatten, verlangten, daß ich sie bar bezahle; um die Not aufs höchste zu steigern, machte ein Handelsmann in Philadelphia, der mir seit langer Zeit einen Kredit bei sich eröffnet hatte, Bankrott; so sah ich mich mit einem Schlage der Gelder wie des Kredits beraubt.

Ich war so weit herabgekommen, daß ich nicht einmal mehr die Zinsen für das Kapital, das ich als Hypothek auf mein Haus genommen, bezahlen konnte. Dieses Mal gelang es meinem Darleiher, es zum Verkauf auszubieten. Dies war mein Gnadenstoß. Zu häufigen Reisen gezwungen, verbrachte ich meine Zeit auf den Heerstraßen von Sunbury nach Philadelphia. Robins benutzte meine Abwesenheit eines Tages, um mir einen Streich zu spielen, der, ohne weitere Erklärung, für ihn spricht. Er erschien in meiner Behausung und ließ sich, unter dem Vorwande, mir meinen Wagen und meine beiden Pferde zu erhalten, dieselben von meinem Diener aushändigen. Nach meiner Rückkehr ging ich zu ihm, um mich zu bedanken und um die Herausgabe zu bitten; er erwiderte mir jedoch, er behalte sie für die Zinsen, die ich ihm noch schuldete.

Ein letzter Betrug harrte meiner. Ich schuldete einem Manne in Philadelphia, den ich stets als einen meiner zuverlässigsten

Freunde betrachtet hatte, 680 Piaster. Ich besuchte ihn und bat ihn, mir damit zu helfen, daß er einige meiner Gläubiger, auf welche er Einfluß hatte, zu beruhigen suchen möchte. Er zeigte sich gerührt über das Vertrauen, mit dem ich ihn beehrte, und versprach, es zu rechtfertigen. Er beklagte mich, lobte meine Energie bei diesen so traurigen Verhältnissen und sagte mir zu, mich am nächsten Tage zu besuchen und mir Bericht über seine Schritte zu erstatten, empfahl mir aber vor allem, ihn in meinem Hause zu erwarten. Am nächsten Tage wartete ich vergeblich; allein statt seiner erschien ein Konstabler, der mir einen Haftbefehl überbrachte. Während ich ihn beschäftigt glaubte, zu meinen Gunsten meine Gläubiger zu bearbeiten, war »mein guter Freund« zu einem derselben gegangen, dem ich hundert Piaster schuldete, hatte ihm meinen Aufenthaltsort verraten und ihm angeraten, mich vorläufig im Gefängnis zu behalten; nachdem er ihm diesen Rat erteilt hatte, war er nach Sunbury gereist, wo er mittelst eines Vergleiches, den er mir abgepreßt, sich meiner letzten Güter zu bemächtigen hoffte.

Beim Anblick meiner weißen Haare wollte dieser Konstabler, der hundertmal menschlicher als er war, die Ausführung seines Befehls gern aufschieben und mir Zeit lassen, eine Bürgschaft aufzusuchen. Dies war das zweite Mal, daß ich bei einem Manne dieses Standes Gefühle antraf, die ich nur selten bei Menschen, die weit höher als er auf der sozialen Stufe standen, gefunden hatte. Nachdem ich, ohne ein glückliches Resultat zu erreichen, die ganze Stadt durchlaufen war, befand ich mich um sechs Uhr am Tore des Gefängnisses. Mein edelmütiger Konstabler bewilligte mir noch einen Aufschub, der mir gestattete, zwei Personen zu finden, die für mich einstehen wollten, und so war ich frei. Sofort reiste ich nach Sunbury ab, wo ich mein Haus verkauft und Robins mit dem Auspacken meiner Magazine beschäftigt sah, deren Inhalt eine Beute der Justiz und des Fiskus wurde. Was sollte ich anfangen? Meine Person und meine Familie in

Sicherheit bringen, das war der einzige Entschluß, den ich fassen konnte.

Ich kehrte nach Philadelphia zurück, wo mir noch eine leider! ziemlich schwache Hoffnung blieb! Mein Schwiegervater und sein Sohn waren beide in dieser Stadt gestorben, nachdem sie Bankrott gemacht hatten. Ihre Gläubiger hatten sich im Besitz ihrer liegenden Güter, die sie daselbst besessen und deren Wert ihre Schulden weit überstieg, gesetzt; seit langer Zeit riet man mir, das in dieser Angelegenheit gefällte Urteil revidieren zu lassen. Ich hatte es immer aufgeschoben; in meiner jetzigen kritischen Lage hielt ich es aber für meine Pflicht, nichts zu versäumen, und noch einmal unterlag ich infolge der Weise, wie in diesem Lande Recht gesprochen wird.

»Le leggi sono; ma chi pone mani ad esse!«
(Die Gesetze sind da; aber welchen Menschen ist ihre Ausführung anvertraut!)

Dieser letzte Schlag des Geschicks bestimmte mich, in meine gute Stadt New York zurückzukehren; ich kam daselbst an, aber wie ein Mensch, den man mit den Haaren aus einem Flusse zieht, in dem er sich gebadet, und der die Hälfte dieser Haare in den Händen dessen, der ihn gerettet hat, zurückläßt!

Ich brachte nach New York mehrere schöne Ausgaben verschiedener Autoren mit. Einer meiner Söhne, ein junger, mit den glücklichsten Anlagen begabter Mann, der einen guten Unterricht genossen hatte, begleitete mich; meine erste Sorge war, ihn in einem Institut, wo er seine Studien ergänzen könnte, unterzubringen. Hierauf beschäftigte ich mich, meine alten Bekanntschaften wieder anzuknüpfen und neue zu machen, um meinen Plan, mein erstes Geschäft, den Sprachunterricht, wieder aufzunehmen, zu einem glücklichen Ende zu bringen. Dieser Plan wurde von allen, mit denen ich darüber sprach, mit großer Teilnahme aufgenommen; die Zöglinge strömten mir in solcher Fülle zu, daß ich bald imstande war, mir ein Haus zu mieten, in welchem ich mich mit meiner Familie einrichtete und meinen Kursus eröffnete. Alle Welt freute sich darüber. Ich war zu vorteilhaft bekannt, als daß es hätte anders kommen können. Meine alten Zöglinge unterstützten mich mit aller Kraft, die einen, indem sie wieder ihre alten Sitze einnahmen, die anderen, indem sie ihre Verwandten und Freunde anfeuerten, meine Unterrichtsstunden zu besuchen. In kurzer Zeit sah ich mich an der Spitze eines Instituts, das nichts zu wünschen übrig ließ.

Nichts beunruhigte mein Leben von materieller Seite mehr, als ich eines Tages beim Eintritt in das Zimmer meines Sohnes diesen in tiefe Traurigkeit versenkt und beschäftigt fand, mir zu schreiben. Ich las seinen Brief; er enthielt die Bitte, ihm zu gestatten, seine Studien in Philadelphia fortzusetzen, da er fest überzeugt sei, dort bessere Erfolge als in New York zu erzielen.

Ich glaubte, diesem Wunsche kein Hindernis in den Weg legen zu dürfen, und gab ihm die Erlaubnis, dorthin zurückzukehren.

Um diese Zeit hatte ganz Europa die Augen auf den Prozeß gerichtet, der in England zwischen der Prinzessin Caroline von Braunschweig und ihrem königlichen Gemahl eingeleitet wurde. Die Hauptperson dieses Prozesses war ein Italiener, namens Bergami. Ein irischer in Amerika wohnhafter Advokat hatte in dieser Beziehung gegen die gesamte italienische Nation eine Schmähschrift geschrieben, die in den amerikanischen und englischen Journalen ihr Echo fand. Als Vorsteher der Italiener in New York hielt ich es für meine Pflicht, eine Widerlegung dieses Pamphlets zu versuchen und meine Landsleute in Schutz zu nehmen. Ich veröffentlichte diese Widerlegung und empfing vielfältige Danksagungen wegen des Werkchens.

Seit der Abreise meines Sohnes war ein halbes Jahr verflossen, währenddessen ich fortwährend die vortrefflichsten Nachrichten empfing. Ach! wie konnte ich wohl ahnen, daß das größte Unglück für einen Vater mich bedrohte und daß alle Welt darüber einig war, mich zu hintergehen! Welch schmerzliches Erstaunen ergriff mich nicht, als ich eines Tages, wo ich am wenigsten dessen gewärtig war, ihn, kaum wieder erkenntlich, bleich, abgezehrt von Leiden und in einem Zustande gänzlichen Verfalles in mein Zimmer treten sah. Sorgsame Pflege, Arzneimittel, alles war nutzlos; nach Verlauf von abermals sechs Monaten verschied er, noch nicht zwanzig Jahre alt, in meinen Armen. Die ungeheueren Kosten der Krankheit, beträchtliche Schulden, die er ohne mein Wissen in Philadelphia gemacht hatte, die ich aber sofort bezahlte, brachten mich wieder sehr zurück. Das Dasein war mir zur Last geworden; meine Schüler zeigten mir bei dieser schmerzlichen Veranlassung ein mitfühlendes Herz; sie forderten mich auf, einige Zeit auf dem Lande zu verbringen; ich entschloß mich dazu. Einer von ihnen schlug mir eine Wohnung vor, die ich auch annahm. Mehrere besuchten mich, und ihre aufmerksame Sorgfalt milderte nach und nach meine moralischen Leiden.

Ich teilte hier meine Stunden also ein: Mit Sonnenaufgang stand ich auf; nachdem ich eine Stunde der Lektüre gewidmet, nahmen wir ein bescheidenes Frühstück ein; hierauf ließ ich mich unter den Bäumen nieder und atmete frische Luft; dann übte ich mich, Lord Byrons *Prophezeiung Dantes* in italienische Verse zu übersetzen, was ich so schön in Übereinstimmung mit meinen traurigen Gefühlen fand. Wenn mich diese Arbeit ermüdete, kehrte ich ins Haus zurück, wo die Gesellschaft meines wohlwollenden Wirtes mir noch süße Stunden bereitete. In dieser Weise vergingen zwei Monate, binnen welchen ich meine Kräfte und meinen Mut, die mich beide verlassen hatten, neuaufleben sah.

Nach der Stadt zurückgekehrt, konnte ich mich mit dem

Schicksal meiner beiden anderen Söhne beschäftigen; der eine hatte sich für das Rechtsfach, der andere für die Arzneikunst bestimmt, und ich hatte die Freude, sie ihre Laufbahn unter den besten Auspizien betreten zu sehen. Zu derselben Zeit empfing ich Briefe aus Florenz, die mir die Lobeserhebungen wegen der veröffentlichten Bruchstücke meiner Übersetzung der Danteschen *Prophezeiung* wiederholten; was mir jedoch mehr schmeichelte, war das, was mir Giulio Trento aus Venedig in bezug auf die Widerlegung der Schmähschrift des irischen Advokaten gegen die italienische Nation mitteilte; meine Antwort hatte alle meine Landsleute, namentlich aber meine zahlreichen Freunde und ihn selbst elektrisiert und die Teilnahme verdoppelt, die sie für mich empfanden. Er lud mich ein, wieder ins Vaterland zurückzukommen und hier meines Triumphes mich zu erfreuen. Bei der Durchlesung seines Briefes netzten Freudentränen meine Augenlider.

Das Unglück schien sich erschöpft zu haben und bewilligte mir einen Waffenstillstand; meine Gesundheit wie die der Meinigen war vollkommen gut; hätte ich nicht den Verlust meines Sohnes zu beklagen gehabt, so würde nichts meinem Glücke gefehlt haben.

Ein denkwürdiges Ereignis machte plötzlich in New York großes Aufsehen; es war die Ankunft des berühmten Garcia und seiner unvergleichlichen Tochter, der Malibran.

Es ist schwer, den Enthusiasmus der Amerikaner, als sie diese beiden Künstler hörten; zu beschreiben. Der *Barbier von Sevilla* des unsterblichen Rossini war ihr Debut. Ich erinnere mich, daß eines Tages, vor ihrer Ankunft, ein junger Mann in New York, der, obgleich er ein großer Musiker war, doch ein wenig leichtfertig über dieses Werk sprach. Von meiner Lebhaftigkeit hingerissen, konnte ich mich nicht enthalten, ihm zu erwidern, daß er nichts davon verstände. Diese Worte schienen ihn zu beleidigen;

ich beruhigte ihn jedoch und versprach, ihm zu beweisen, daß ich recht hätte. Später führte ich ihn in die Vorstellung des *Barbiers*. Aus seinem Entzücken, seinen Exklamationen wurde es mir nicht schwer, auf den Eindruck, den dieses Werk auf ihn machte, zu schließen. »Sie haben recht«, sagte er zu mir, indem er mir die Hand ohne allen Groll drückte. Auf den *Barbier* folgte Mozarts *Don Giovanni*; es fehlte ein Darsteller, um die Rolle des Ottavio zu übernehmen. Ich erbot mich, ihn zu beschaffen. Der Impresario scheute sich vor den Kosten; meine Zöglinge, einige Freunde und ich traten zusammen und bezahlten ihn. Die Oper wurde aufgeführt. Worte, Musik, Schauspieler und vor allem die Malibran in der Rolle der Zerlina, alle waren bewunderungswürdig. Die Kunstliebhaber teilten sich in zwei Lager, für Rossini und für Mozart. Es mag bemerkt werden, daß Mozart, aus deutschem Blut entsprossen, alle seine Landesgenossen zu Anhängern hatte, während Rossini, ein Italiener, einen großen Teil seiner Landsleute zu Gegnern hatte, da Italien, mehr als jedes andere Land, mit erbitterten Neidern gegen seine hervorragendsten Ruhmesgrößen bevölkert ist. Einer dieser Neider wagte sogar gegen Rossini zu schreiben, was man nur einem Narren oder höchstens einem Dummkopf verzeihen kann. Ich glaubte, die Verteidigung des berühmten Maestro in einem Briefe, den ich veröffentlichte, übernehmen zu müssen. Es macht mir heute Vergnügen zu bekennen, daß, wenn Mozart an Tiefe und Gründlichkeit der Kunst über seinen Nebenbuhler den Sieg davonträgt, Rossini doch nicht seinesgleichen in bezug auf Melodie und die Leichtigkeit hat, welche der Sänger, der ihn interpretiert, empfindet. Finden sich in seiner Musik zuweilen auch Wiederholungen, so ist dies weder Unfruchtbarkeit an Ideen noch Mangel an Gefühl, der Fehler liegt dann ganz und gar an den Impresarios, die aus Sparsamkeit den Poeten das Wortmaß seines Stückes vorzeichnen und ihn zwingen, es mit unbedeutenden Worten auszufüllen; wenn Rossini, anstatt gezwungen zu sein, nach den »Worten« zu komponieren, seine Musik der »Situation« anpaßt, so erreicht er das Höchste im Genre, wie dies der *Barbier* bezeugt.

Ich glaube, mir noch die Anführung einer kurzen Anekdote hinsichtlich der Mittelmäßigkeit dieser Stücke gestatten zu dürfen. Ich wohnte der Aufführung einer Oper an der Seite eines Amerikaners bei. Um die Mitte des ersten Aktes sagte er zu mir: »Signor Da Ponte, gegen Ende des Stückes, das man eben singt, will ich mich zu einem bequemen Schläfchen einrichten; versprechen Sie mir, mich bei der ersten Arie zu wecken, die es wert ist, sie anzuhören; dieses Drama ist das beste Schlafmittel, das ich kenne; übrigens gleicht es allen, die aus Italien kommen.«

Ich hatte noch nicht die Zeit gehabt, ihm zu antworten, als er laut schnarchte. Kam ein bemerkenswertes Stück, so weckte ich ihn; er hörte es mit an und legte sich dann wieder schlafen. Drei Tage darauf gab man den *Don Giovanni* wieder. Ich begab mich in der Morgenstunde ins Theater, und da ich den Namen des Amerikaners auf der Liste fand, auf welcher die, welche Billetts bestellt hatten, eingezeichnet waren, setzte ich den meinigen neben den seinigen. Er war am Abend schon in der Loge, als ich ankam. Ich setzte mich neben ihn. Am Ende des ersten Aktes suchte ich ein Wort an ihn zu richten, er gebot mir jedoch Stillschweigen. Nach beendigter Darstellung bat er mich um Verzeihung wegen seiner Gebärde zum Schweigen und wünschte zu wissen, was ich ihm hätte sagen wollen.

»Ich wollte Sie nur fragen, ob Sie vielleicht Lust zu schlafen hätten und Ihnen erklären, daß ich bereit sei, Ihnen den früheren Dienst des Weckens zu leisten.«

»Vielleicht morgen; aber bei einem solchen Stücke schläft man nicht allein nicht ein, sondern wird von Gefühlen erfaßt, daß man eine ganze Nacht wach bleiben möchte.«

Dieses Kompliment kitzelte meine Eigenliebe um so mehr, als ich ihn überrascht hatte, wie er den Rezitativen eine ebenso große Aufmerksamkeit wie den schönsten Musikstücken schenkte. Er lud mich ein, mit ihm zu Nacht zu speisen, und unsere Unterhaltung, die zwei ganze Stunden dauerte, drehte sich einzig und allein ums Theater. Er schwärmte für Goldoni und Alfieri, welche er die Säulen unserer dramatischen Literatur nannte.

»In Frankreich«, sagte er mir zum Schluß, »fehlt noch viel, bevor man daselbst die Kunst des Gesanges, wie sie in Italien blüht, besitzt, aber welche Überlegenheit in der Anordnung der Stücke! Welcher Geist, welches Studium der Natur in dem Zuschnitt der Szenen und namentlich im Spiel der Darsteller!«

Am Schluß meiner Laufbahn, im siebenundneunzigsten Lebensjahre, lasse ich, um zugleich meine Mußestunden zu verwenden, meine Memoiren drucken. Ich weiß, daß die Kritik mir meinen Stil vorgeworfen hat, der weder brillant noch sorgfältig ist. Ich will antworten, daß ich, da ich nicht die Geschichte einer wichtigen Persönlichkeit, sondern nur die eines bescheidenen Mannes schreibe, dessen Leben, in einem engen Zirkel abgeschlossen, keinen großen Glanz ausstrahlt, auch darnach streben mußte, dieses in einer einfachen Sprache zu tun; daß ferner, wenn ich es nach Maßgabe der aufeinanderfolgenden Ereignisse in seiner ganzen Wahrheit schildere, ich auch Unterbrechungen anbringen mußte, schon wegen der Lücken, die sich darin vorfinden und die ich nicht, wie so manche weniger bedenkliche Schriftsteller, mit Erfindungen ausgefüllt habe. Mit einem Worte: ich habe ohne Prätention, aber auch ohne Übertreibung geschrieben; glücklich, wenn ich einen Augenblick zu interessieren oder wenigstens zu zerstreuen vermocht habe.

Gleich einem Professor der Botanik, der mit seinen Zöglingen die Pflanzen aufgesucht hat, mit welchen er seine Sammlung bereichert, von seinem Lehrstuhl herab sie beim Namen nennt und ihre Eigentümlichkeiten nachweist, gleich ihm fasse ich mein Leben zusammen und erzähle die Prüfungen, welche das launische Schicksal auf meine Lebenswege zu säen beliebt hat. Ich habe die Städte, in denen ich gelebt, die Rollen, die ich daselbst gespielt, die ausgezeichneten Personen, in deren Gesellschaft ich gelebt, genannt.

Es ist möglich, daß man in diesen Erzählungen eine Lehre findet, wie in den Fabeln des Äsop, wo unter dem Schleier anscheinend gehaltloser Worte die Lehre oder die Wahrheit verborgen ist. Viele Schriftsteller behaupten, daß man bei Durchlesung eines Privatlebens mehr als in der Geschichte eines Volkes erlernt. Wenn ich in meiner Jugend durch ein Buch mit dem Leben eines Mannes, dem meine Abenteuer zugestoßen wären, vertraut geworden wäre, wie viel Fehler, wie viel Kümmernisse hätte ich mir erspart, die noch in diesem Augenblicke mein Greisenalter betrüben! Ich sage mit Petrarca: »Ich kenne mein Vergehen und entschuldige es nicht!«

Aber ach! für das Üble gibt es kein Mittel. Es bleibt mir nichts übrig, als es zu bereuen. Lerne man von mir, was ich nicht von anderen zu erlernen vermochte:

sich vor zu großem Eigendünkel zu hüten und die Schmeichler zu fliehen;

honigsüßen Worten zu mißtrauen;

zu vermeiden, sich denen hinzugeben, deren Charakter und Gewohnheiten man nicht zu studieren die Zeit hatte;

die Rechtlichkeit der anderen nicht nach der seinigen zu bemessen;

nicht zu glauben, daß der, welcher kein Interesse daran zu haben scheint, uns zu betrügen, dieses nicht eines schönen Tages tun könne;

sich nicht der Täuschung hinzugeben, daß ein schlechter Mensch jemals wieder hochherzige Gesinnungen haben könne.

Alsdann könnte die Veröffentlichung meiner Memoiren vielleicht einigen Nutzen bringen.

Nachwort

Wer war Da Ponte? Um ihm gerecht zu werden, sollten wir, was wohl kaum noch möglich ist, seine Beurteilung durch Mozarts Biographen weitgehend vergessen. Die ›schillernde Persönlichkeit‹, als die er überall erscheint, schließt zwar das Element mißbilligender Anfechtung, des ›Schrägen‹, in sich ein, ist aber im allgemeinen noch die günstigste Feststellung, die ihm zuteil geworden ist, allerdings ist sie auch so vieldeutig, daß sich ihr Wahrheitsgehalt kaum leugnen läßt. Meist aber geht es tiefer hinab, bis zum ›charakterlosen‹ (Erich Valentin), ›skrupellosen‹ (Schurig) durch Abenteurertum und Frauenaffairen abgebrühten Opportunisten, der vor allem, und bei allem, auf seinen Vorteil bedacht gewesen sei, vornehmlich auf seinen Anteil am Nachruhm Mozarts. Und irgendwo erscheint denn auch meist, versteckt, aber deutlich, der antisemitische Affekt, dessen Ton bereits bei seiner Konversion angeschlagen wird, der natürlich utilitaristische Motive unterschoben wurden. In Wirklichkeit hatte der Bischof von Ceneda, Monsignor Da Ponte, schon eine Taufe des Neunjährigen vorgeschlagen, doch kam die Gelegenheit erst, als der Vater, der Lederhändler Geremia Conegliano, Witwer wurde und sich entschloß, eine Katholikin zu heiraten. Am 29. August 1763 ließ er sich und seine drei Söhne aus erster Ehe taufen, darunter den damals vierzehnjährigen Emanuele, den der Bischof zum Priester bestimmte und dem er, gemäß dem Brauch, seinen eigenen Namen gab, Lorenzo Da Ponte, und sämtliche Kosten für Studium und Unterhalt bezahlte. Lorenzo muß ein vielversprechender Junge gewesen sein.

Am 27. März 1773 empfing er die Weihen, doch hat er niemals ein Priesteramt ausgeübt, hätte sich auch kaum dazu geeignet. Dagegen muß er sich seltsamerweise zum Erzieher geeignet haben, seine Tätigkeiten als Lehrer an verschiedenen Seminaren des Veneto waren eigenartig erfolgreich; offensichtlich verstand er es, seine Schüler anzuregen und ihnen Gebiete zu vermitteln, die er sich selbst simultan erarbeitete: Klassische lateinische, italienische und französische Literatur. Er wurde zum Anhänger der Aufklärung, zum Bewunderer Rousseaus und daneben zum homme à femmes, der einige Liebesaffairen unterhielt, und gänzlich geklärt ist es nicht, welche Seite dieses Doppellebens ihn schließlich zur Flucht zwang: Die Affaire mit einer hochgestellten venezianischen Dame, die ein Kind von ihm bekam, oder die öffentliche Debatte, die er 1776 mit seinen Schülern am Seminar von Treviso abhielt, deren Thema die Infragestellung der herrschenden Gesellschaftsordnung war: Die Frage, ob Zivilisation durch Kirche und Staat die Menschen glücklicher gemacht habe oder nicht. Jedenfalls tauchte er zuerst in Venedig bei seiner – oder einer – Geliebten unter, ging von dort nach Görz, und als der Boden ihm auch dort zu heiß wurde, nach Dresden, wo ihn der ›sächsische Hofpoet‹ Caterino Mazzolà, der spätere Bearbeiter des ›Tito‹, in seine neue Materie einarbeitete. 1782 kam Da Ponte mit einer Empfehlung an Salieri nach Wien, wo er schließlich als Librettist angestellt wurde, ›poeta dei teatri imperiali‹, und zehn Jahre blieb. Bei seinem ›Stammesgenossen‹ (Albert!), dem Baron Wetzlar, lernte er Mozart kennen, der seinem Vater mehrmals, doch nur andeutungsweise über diese Bekanntschaft berichtete und die Hoffnung geäußert hat, daß sich hier vielleicht eine Zusammenarbeit ergebe. Mehr wissen wir über diese wichtige künstlerische Beziehung nicht. Denn Da Pontes eigene Lebenserinnerungen sind zwar lesenswert, doch unverläßlich und von beträchtlichem Geltungsdrang gefärbt.

Da Ponte war also in seinen späten Dreißigern, als er die drei Libretti für Mozart schrieb, und hatte nicht nur verschiedene Libretti für andere, sondern einige Berufe und Perioden wechselnden Glückes hinter sich. Als zufolge des Türkenkriegs Leopold II. 1790 die musikalischen Aktivitäten und Veranstaltungen in Wien einschränkte, wurde Da Ponte zu einem der ersten Opfer. Er ging zunächst nach Triest, verliebte sich dort in eine junge Engländerin namens Nancy Grahl oder Krahl, zog mit ihr nach Paris, dann nach London, wo er dreizehn Jahre blieb und einige Libretti für zweitrangige Komponisten schrieb. 1805 wanderte er mit Nancy nach Amerika aus, inzwischen ein völlig anderer Da Ponte, lebte meist in New York als Sprachlehrer, zeitweise sogar als Professor am Columbia College. Mit Nancy hatte er vier Kinder, war ein Jahr lang nicht zu trösten, als ihm eines davon starb: Der ehemalige Abenteurer war zum vorbildlichen Ehemann und liebevollen Familienvater geworden. 1838 starb er, neunundachtzigjährig.

Wir haben diese Umrisse deshalb kurz skizziert, um ein wechselhaftes, anfangs gewiß nicht ›makelloses‹, immer aber gefaßtes, zuversichtliches und letztlich ungebrochenes Leben anzudeuten, das seinen Höhepunkt um beinah fünfzig Jahre überdauert hat; einen Mann, der dieses Überdauern mitsamt seinen immerwiederkehrenden Schicksalswenden, und zwar immer zum Schlechteren, mit seltener Zuversicht und Ergebenheit hinnahm. Anders als die Lebensläufe der zahlreichen Abenteurernaturen jener Zeit, war der seine, zumal nach seiner frühen Wende, kein Kampf, um sich immer wieder in der Rolle eines Großen zu etablieren, sondern um überhaupt zu überleben und sich im Überleben zurechtzufinden. Im Alter, in Amerika, haben wir ihn uns als kleinen Mann innerhalb einer Gemeinschaft kleiner Leute, einer frühen italienischen Kolonie, vorzustellen; dieses Absinken nahm er mit Fassung in Kauf, freilich um sich in seinen

Erinnerungen eine glanzvollere Vergangenheit aufzubauen. Nehmen wir ihm nicht übel, daß er seine kleinen Siege und Erfolge übertrieben hat. Mozarts Glanz strahlt auch auf ihn, seinen besten – oder, besser gesagt: seinen einzigen guten – Textdichter.

Wolfgang Hildesheimer

Editorische Notiz

Die Erinnerungen Lorenzo Da Pontes sind zuerst 1823, 1826 und 1827 in vier Bänden in italienischer Sprache in New York erschienen. Die Übersetzung von Eduard Burckhardt ist eine gekürzte Fassung der Erstausgabe. Sie erschien erstmals 1861 im Opetz Verlag, Gotha. Für die vorliegende Ausgabe wurde die Übersetzung durchgesehen und dem heutigen Sprachgebrauch behutsam angepaßt.